동기화의
인지언어학적 탐색

동기화의
인지언어학적 탐색

임지룡·김동환·김령환·김억조·김학훈·송현주
임태성·정병철·정수진·리우팡·왕난난

한국문화사

머리말

『동기화의 인지언어학적 탐색』은 인지언어학적인 관점에서 언어에 나타난 동기화를 탐구하기 위해 기획되었다. 이 책은 언어학, 국어교육, 한국어교육, 대조언어학 영역에서 동기화를 바라본 것으로, 『문법교육의 인지언어학적 탐색』, 『비유의 인지언어학적 탐색』, 『어휘 의미의 인지언어학적 탐색』, 『의미관계의 인지언어학적 탐색』에 이어서 출간하는 '경북대학교 인지언어학 및 국어교육 연구실'의 다섯 번째 책이다.

구조언어학을 비롯하여 기존의 객관주의 언어학에서는 한 언어 표현의 형태와 의미의 관계가 자의적으로 연결되어 있다고 규정하였다. 즉, 언어의 형태가 의미에 어떻게 관여하는지, 의미가 형태에 어떻게 작용하는지에 대한 탐구는 원천적으로 봉쇄되어 왔다. 그러나 인지의미론에서는 한 언어 표현의 형태와 의미 사이의 관계는 상당 부분 동기화되어 있으며, 언어 표현에서 형태의 선택은 화자가 전달하려는 의미 및 의사소통 목적에 의해 동기화된다고 본다. 그런 뜻에서 동기화는 종래의 형태와 의미의 자의성에 대한 편향적인 시각을 극복할 수 있게 해 준다.

우리는 지난 한 해 동안 인지언어학의 관점에서 '동기화'에 대해 탐색하였고, 그 결실을 이 책에 담았다. 이 책은 총 4부, 10장으로 구성된다. 제1부는 동기화의 이해를 위한 길잡이로 동기화의 개념과 유형(임지룡·송현주)을 실었다. 제2부는 동기화의 언어학적 탐색으로, 전환에 대한 환유적 동기화(김동환), 부정 구문에 나타난 동기화(김억조), 가상 이동에 나타난 동기화(임태성), 관형사 어순의 동기화(김령환), 시간표현 '-았-'에 나타난 동기화(김학훈)로 구성된다. 제3부는 동기화의 교육적 탐색으로,

동기화 이론으로 보는 한국어 음운론과 음운 교육(정병철), 동기화에 기반한 한국어 어휘 교육(정수진)으로 구성된다. 제4부는 동기화의 대조언어학적 탐색으로, 한국어와 중국어의 말소리에 나타난 동기화(왕난난), 한중 동물명 기반 물고기 이름의 동기화(리우팡)로 구성된다.

  이 책을 출간하기까지 많은 분들의 도움을 받았다. 지난 10년간 20차에 걸친 '인지언어학 및 국어교육 연구실'의 논문 발표회에서 인지언어학에 관한 많은 가르침을 주신 윤희수 교수님, 김동환 교수님, 나익주 교장선생님, 고 이정화 교수님, 임성출 교수님, 요시모토 하지메 교수님, 최경봉 교수님, 권익수 교수님, 김진해 교수님, 이성하 교수님, 윤병천 교수님께 감사드린다. 또한, 성근 원고를 좋은 책으로 만들어 주신 한국문화사의 정성과 노고에 깊이 감사드린다.

  우리는 이 책을 준비하면서 인지언어학이라는 넓고 깊은 세계에서 동기화에 대한 탐구를 수행할 수 있음에 큰 보람을 느꼈다. 이 연장선상에서, 이 책이 우리 학계의 연구와 교육에서 형태와 의미의 동기화에 대한 새 지평을 여는 데 기여할 수 있기를 희망한다.

2018년 5월 30일 임 지 룡

차례

머리말 / v

제1부 · 동기화의 이해
제1장 동기화의 개념과 유형   임지룡 · 송현주   3

제2부 · 동기화의 언어학적 탐색
제2장 전환에 대한 환유적 동기화   김동환   41
제3장 부정 구문에 나타난 동기화   김억조   69
제4장 가상 이동에 나타난 동기화   임태성   90
제5장 관형사 어순의 동기화   김령환   112
제6장 시간 표현 '-았-'에 나타난 동기화   김학훈   128

제3부 · 동기화의 교육적 탐색
제7장 동기화 이론으로 보는 한국어 음운론과 음운 교육   정병철   149
제8장 동기화에 기반한 한국어 어휘 교육   정수진   178

제4부 · 동기화의 대조언어학적 탐색
제9장 한국어와 중국어의 말소리에 나타난 동기화   왕난난   201
제10장 한 · 중 동물명 기반 물고기 이름의 동기화 양상   리우팡   223

찾아보기 / 264

제1부

동기화의 이해

제1장

동기화의 개념과 유형

임지룡·송현주

1. 들머리

이 글의 목적은 인지언어학의 주요 관점 가운데 하나인 동기화의 개념과 유형에 대한 주요 내용을 살피는 것이다.

소쉬르가 '단어 'X'에 대해 'X 같은' 것은 아무 것도 없다'라는 '자의성(恣意性, arbitrariness)'에 대해 언급한 이래, 자의성은 구조언어학에서부터 생성문법에 이르기까지 언어의 특성의 하나로 강조되어 왔다.

(1) 자의성 원칙이 제한 없이 적용된다면 최악의 복잡성을 초래할 수 있다. 그러나 마음은 수많은 기호의 어떤 부분에 대해 순서(질서)와 규칙성을 고안하며, 이것은 '상대적인 동기화(relative motivation)'의 역할이다. 만약 언어 메커니즘이 전적으로 이성적이라면, 이것은 독립적으로 연구되어야 할 것이다. 그러나 언어 메커니즘은 자연의 무질서한 시스템에 부분적으로 수정을 가하므로, 우리는 언어의 본성에 의해 부과된

견해를 선택하고 자의성을 제한함으로써 연구한다(Saussure 1916/1959: 133).

(1)에서 인용한 소쉬르의 논의를 고려하면, 구조언어학과 생성문법에서 자의성만을 부각해 온 것은 재검토될 필요가 있다. 소쉬르의 '상대적 동기화'의 개념과 인지언어학의 '언어의 구조와 의미는 동기화되어 있다'는 관점은 크게 다르지 않다.[1] 다만, 소쉬르는 자의성이 기본적이고 동기화는 자의성을 제한하는 역할을 한다고 보지만, 인지언어학에서는 언어는 기본적으로 동기화되며 자의성은 최후의 수단으로 간주된다(Lakoff 1987: 346). 즉 소쉬르와 인지언어학자 모두 동기화에 대해 인식하고 있으나, 동기화의 가치에 대한 인식에는 차이가 있다.[2]

인지언어학은 언어 표현의 구조와 의미는 상당 부분 동기화되어 있다고 보며, 주요 내용은 다음과 같다.

첫째, 언어에 있어 '동기화'란 정도(degree)의 문제이다. 일찍이 Lakoff & Johnson(1999: 464)은 "대부분의 언어는 전적으로 자의적이지도 않고 전적으로 예측이 가능한 것도 아니며, 오히려 어느 정도 동기화되어 있다."라고 하였다. 또한, Radden & Panther eds.(2004: 2)는 동기화에 대해 '자의성과 예측성의 양극단 사이에 있는 연속적인 영역'이라고 하였다.[3]

둘째, 자의성은 한 언어의 '단일어' 대부분에 대해서는 적용될 수 있지만, 형태 속에서 의미를 찾는 인간의 일반적인 성향과는 일치하지 않는

---

[1] 소쉬르는 복합어 dix-neuf(19)를 예로 들면서 dix-neuf는 dix(10)와 neuf(9)라는 구성 요소에 의해 상당 부분 동기화되었음을 지적하였다.

[2] 인지주의자들은 언어의 구조가 인간 인지의 직접적인 반영이라고 주장하기 때문에 인지주의에서는 언어 표현의 구조와 의미의 '동기화(motivation)'와 '도상성(iconicity)'을 강조하고 있다(임지룡 2008: 7).

[3] '예측성(predictability)'은 동기화보다 훨씬 강한 개념이다. 어떤 언어 단위가 예측성을 갖는다는 것은 그것의 의미를 구성요소를 통해 해당 언어 단위의 의미를 완전히 예측할 수 있다고 말하는 것이다.

다. 새말이나 이미 존재하던 단어에 새로운 의미가 추가될 때 그 관계는 대체로 동기화되어 있다. 또한, 통사구조나 담화구조 역시 전적으로 자의적으로 구성된 것이라기보다 언어 기능과 언어 주체의 인지 경향을 반영한 것이다(임지룡 2008: 328). 즉 언어 표현에서의 구조의 선택은 화자가 전달하려는 의미 및 의사소통 목적에 의해 동기화된다.[4]

인지언어학에서는 언어의 자의성보다는 언어의 구조와 의미의 동기화에 주목한다. 즉 인지언어학자들은 언어의 구조가 인간 인지의 직접적인 반영이라고 주장하며, 이는 특정 언어 표현은 주어진 상황을 개념화하는 특정 방법과 관련이 있다고 보기 때문이다(Lee 2001: 1). 따라서 임지룡・윤희수 옮김(2009: 13-14)에서는 '동기화(motivation)'는 인지언어학에서 중요한 개념이며, 언어 현상들의 이면에 있는 동기화를 이해할 때 우리는 언어 구조에 대한 통찰력을 획득하고 언어가 현재의 모습대로 존재하는 이유를 이해하게 될 것이라고 하였다. 이와 같은 인지언어학의 동기화 개념은 종래의 언어학에서 구조와 의미 간의 자의성만을 강조해왔던 기존 시각을 극복할 수 있게 해 준다는 점에서 의의가 있다.

동기화에 대한 국내외의 대표적인 선행 연구는 다음과 같다.[5] 먼저 국외 연구로는 Zipf(1935)[6], Haiman(1980, 1985), Cuyckens *et al*.(2003), Radden & Panther eds.(2004), Dirven & Verspoor(2004), Ungerer & Schmid(2006) 등이 대표적이다. 이 가운데 Haiman(1980, 1985)은 동기화를 '경제적 동기

---

4   같은 관점에서 리치(Leech 1983: 24, 27)는 "문법 규칙은 '대화적 목적'에 관해 동기화되어 있다."라고 하였다.
5   도상성은 동기화의 한 유형인데, 동기화에 대한 초기 논의는 주로 도상성을 중심으로 전개되어 온 경향이 있다. 따라서 여기에서는 도상성에 대한 선행 연구를 함께 살펴보기로 한다.
6   Zipf(1935)는 "자주 사용하는 것은 형태를 최소화한다(High frequency is the cause of small magnitude)."라고 하였는데 이것은 언어 외적 동기화 가운데 경제적 동기, 즉 의사소통적 동기에 대한 언급이라 할 수 있다.

(economic motivation)'와 '도상적 동기(iconic motivation)'로 나누어 살피고, 언어 형태에서 가장 중요한 두 가지 경쟁적인 동기로 도상성을 최대화하는 경향과 경제성을 최대화하는 경향을 제시한다.[7] Radden & Panther eds.(2004)는 동기화에 대한 본격적인 논의를 모은 것으로 동기화의 개념과 유형은 물론이고, 언어의 다양한 층위에서 발생하는 동기화를 '생태적 동기(ecological motivation)', '발생적 동기(genetic motivation)', '경험적 동기(experiential motivation)', '인지적 동기(cognitive motivation)'로 나누어 살피고 있다.

국내 연구로는 박종갑(1996, 2000, 2013), 임지룡(2004), 김규철(2005), 김해연(2007, 2009), 임지룡·송현주(2015), 송현주(2010, 2011, 2017), 정병철(2015, 2016) 등을 주목할 수 있다.[8] 이 가운데 박종갑(1996, 2000, 2013)의 연구는 동기화의 여러 유형 가운데 도상성에 주목한 연구로 사동문에 관한 새로운 관점의 논의라는 점에서 의미가 있다. 임지룡(2004)은 도상성을 양적 도상성, 순서적 도상성, 거리적 도상성으로 나누고, 단어와 문장, 텍스트의 다양한 층위에서 도상성의 실례를 풍부하게 수집하여 제시했다는 점에서 선구적이다. 송현주(2010, 2011, 2017)의 일련의 연구는 동기화에 대한 폭넓은 연구로 언어의 다양한 층위를 대상으로 하였다는 점에서 의의가 있다. 또한 정병철(2015, 2016)은 동기화의 관점에서 피동문과 사동문 교육 내용에 대한 구체적이고 실천적인 방안을 제안하였다는 점에서 국어교육학적 가치가 큰 논의이다.

---

[7] Haiman(1980)은 도상성을 '영상적(imagic) 도상성'과 '도형적(diagrammatic) 도상성'으로, Taylor(2002)는 '모방적(imitative) 도상성'과 '구조적(structural) 도상성'으로 나누어 살핀 것이다.

[8] 국내에서 도상성에 관한 초기 논의는 이기동(1988), 임상순(1989, 1990, 1991), 권영문(1999), 김광현·황규홍(2001), 김광현(2003) 등과 같이 영어를 대상으로 한 연구가 다수를 차지하고, 송은지(2006), 이기웅(2006) 등과 같이 러시아어를 대상으로 한 연구가 일부 있다.

이 글은 다음과 같이 구성된다. 2절에서는 동기화의 개념을, 3절에서는 동기화와 기호관계에 따른 동기화 유형을 살펴보기로 한다. 4절에서는 언어 외적 동기화에 대해 기술하고, 5절은 마무리이다.

2. 동기화의 개념

'동기화(motivation)'는 인지언어학 연구에서 가장 중요한 개념 중 한 가지로 'motivation'은 국내에서 '유연성(有緣性), 배의성(配意性), 동기화, 동기, 동기 부여' 등으로 번역해 사용하고 있다.

'동기화'에 대한 대표적인 정의를 살펴보면 다음과 같다.[9]

(2) a. Haiman(1980, 1985): 동기화는 '구조동형성(isomorphism)'[10]과 반대되는 것으로 실재를 이해하는 데 있어 언어의 구조적 유사성이다.
b. Lakoff(1987: 448): 동기화는 어떤 A와 어떤 B가 '말이 되는' 연결 관계 L이다.
c. Hiraga(1994: 8): 동기화는 구조와 의미 간의 비자의적 관계이다.
d. Heine(1997: 3): 동기화는 자의적으로 발생하는 것이라기보다는 어떤 특정 기능을 유도하는 의미 있는 것이다.[11]

---

[9] 'motivation'의 번역어로 용어 '동기화'의 적절성에 대한 논의는 송현주(2011: 14-16) 참고.

[10] Haiman(1980: 19-20)에서 구조동형성이란 "의사소통 기능에 있어서 다른 구조는 항상 다름을 함의한다."라는 것이며, 동기화 가설은 "의미에 있어서 다름은 구조의 다름에 대응한다."라는 것이다.

[11] Heine(1997: 3)는 자의성을 주장하는 사람들은 언어의 자의성에 대해서 입증할 책임이 있다고 하면서, 인간의 행동은 자의적이지 않고 동기화되어 있기 때문에 인간 행동의 산물 중의 하나인 언어 역시 동기화되어 있음을 주장했다. 즉 인간의 삶이 동기화되어 있는 것과 마찬가지로 인간이 사용하는 언어도 동기화되어 있다는 주장이다.

e. Taylor(2004: 57): 언어 구조는 언어 내에서 다른 구조와 관련된 확장으로 동기화된다. 언어 구조는 언어에 대한 다른 사실과 독립적으로 존재하는 것이 아니다.
f. Radden & Panther eds.(2004: 4): 만약 그것의 속성의 일부가 언어적 근원(구조/의미)과 언어 외적 요인에 의해 형성된다면 언어적 단위(목표)는 동기화된다.[12]

이상과 같이, 학자들마다 '동기화'의 개념을 다소 다르게 정의하고 있으나, 언어의 구조와 의미가 자의적이기보다는 서로 관련이 있으며, 이러한 관련성을 동기화라고 한다는 점에서는 공통적이다.

종래의 언어 연구 방식에서는 언어와 인간, 언어와 세상사의 지식을 별개의 것으로 보면서, 실험실 안의 정제된 언어를 분석 대상으로 삼았다. 그러나 인지언어학에서는 언어 지식 역시 일반적 지식의 일환으로 보고, 언어와 다른 정신적 처리 과정 간의 차이는 정도의 문제라고 본다. 따라서 이 글은 언어의 구조와 의미는 언어를 사용하는 인간의 인지적 필터를 통해 이해되고 동기화된다는 관점에서 동기화의 유형과 언어 외적 동기화 요인에 대해 살펴보기로 한다.

---

[12] Radden & Panther eds.(2004: 3-4)는 동기화에 관해 상당히 정교하고 포괄적인 정의를 제시하고 있는데, 그 내용은 다음과 같다. "먼저, 언어에서의 '동기화(motivation)'는 언어 단위의 구조와 의미에 작용하는 동기화의 과정에 대한 잠재적인 '매체(trigger)'로 제공되는 기초이다. 우리는 동기화의 과정에 대한 근원으로서 앞에서 주어진 기초를 지시할 것이다. 다음으로, 동기화의 과정은 일반적으로 언어 독립적 요인에 의해 유도된다. 언어적 근원과 언어 독립적 요인의 상호작용은 동기화 과정의 출발점이 된다. 적어도 부분적으로, 동기화의 과정은 화자의 언어적 행동을 형성할 것이며, 우리는 언어의 모든 동기화 과정은 화자의 언어적 행동에 영향을 미칠 것으로 가정한다. 언어적 행동은 반복되고 안정된 언어적 구조 안에서 '동결(freeze)'될 것이다. 즉 언어적 체계 내에서 규칙화되고, 견고해질 것이다. 언어 단위의 이 마지막 견고한 단계를 일반적으로 '동기화되었다'라고 한다. 우리는 이 마지막 단계를 동기화 과정의 '목표(target)'라고 부를 것이다. 그러나 언어에서 동기화는 통시적으로 작용할 뿐만 아니라, 공시적인 수준에서도 작용한다는 것을 강조할 필요가 있다."

3. 동기화의 유형

Radden & Panther eds.(2004: 15)에서는 기호 관계에 따라 동기화를 4가지 유형으로 구별하여 제시하고 있는데, 의미(내용)와 구조(형태) 간의 기본적 기호 관계는 다음의 <그림 1>과 같다.

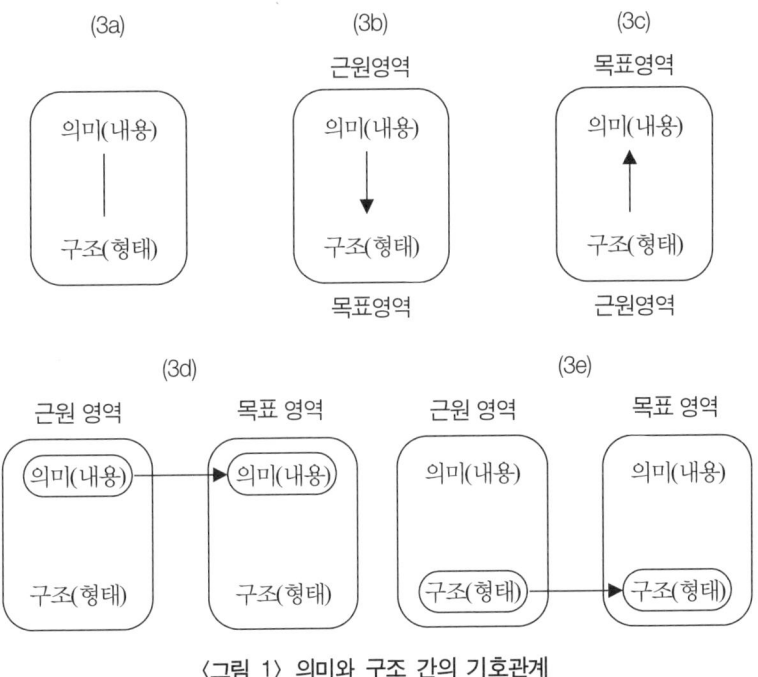

〈그림 1〉 의미와 구조 간의 기호관계

(3a)는 의미와 내용이 자의적인 관계이고, (3b)-(3e)는 의미와 구조가 동기화된 관계이다. 즉 (3b)는 의미(근원)가 구조(목표)를 동기화하는 경우, (3c)는 구조(근원)가 의미(목표)를 동기화하는 경우를 표현한 것이다. (3d)는 의미가 또 다른 의미를 동기화하는 경우이며, (3e)는 구조가 또 다른 구조를 동기화하는 경우를 보인 것이다. 다음에서는 이들 각각의 동기

화의 유형과 그 예를 살펴보기로 한다.

3.1. 의미가 구조를 동기화하는 경우

의미가 구조를 동기화하는 경우로서, 이 기호 관계는 일반적으로 동기화의 가장 전형적인 유형으로 간주되며 그 대표적인 예는 '도상성(iconicity)'과 '환유(metonymy)'이다.

임지룡(2010: 26-29)에 따르면 '도상성(iconicity)'이란 언어의 구조(형태)와 의미(내용) 간에 존재하는 유사성으로, 도상성에는 '도상적 양', '도상적 순서', '도상적 거리'의 원리 등이 있다.[13]

(4) a. 사람-사람들
    b. 컵이 **떨어져서 깨졌다**.
    c. 청량한 가을 햇살 아래 빛나는 갈대**꽃**

먼저, '도상적 양(iconic quantity)'의 원리는 개념의 복잡성 정도가 언어적 재료의 양과 비례하는 것이다.[14] (4a)에서 '사람들'은 '사람'에 비해 의미상 더 많은 정보를 갖고 있는데, 의미의 양이 구조의 양을 동기화한 예가 된다.

다음으로, '도상적 순서(iconic sequencing)'의 원리는 시간적 순서나 우선성의 정도가 언어 구조에 반영된 것이다. (4b)는 사건의 자연스러운 시간적 순서와 일치하는 것으로 사건의 의미가 문장의 구조를 동기화한 것이다.

---

[13] 도상성에 관한 상세한 논의는 임지룡(2004)과 임지룡(2018: 375-385) 참고.
[14] 인도네시아어에서 복수는 낱말을 중복하여 사용하기 때문에 도상적이다. 예를 들어, orang은 '사람'인데, orang-orang은 '사람들'을 의미한다. 후자의 형태가 '두 사람'뿐만 아니라 둘 이상의 사람에게도 적용된다(Langendonck 2007: 401-402).

마지막으로, '도상적 거리(iconic distance)'의 원리는 개념적 거리와 언어적 거리가 비례 관계를 형성하는 것이다. (4c)는 '꽃'을 수식하는 여러 표현들은 '꽃'과 개념적으로 가까운 순서대로 배열되는데, 이는 꽃을 수식하는 표현들의 의미적 근접성이 문장의 구조를 동기화한 것이다.

자의성은 주로 단일어의 구조와 의미 간에 국한되며, 복합어를 비롯한 어휘 층위, 문장 층위, 그리고 담화 층위에서는 구조와 의미 간에 도상성이 존재함이 확인된다. 도상성은 언어 구조와 개념 구조 간의 유의미한 동기화에 바탕을 두고 있다. 이러한 도상성은 효율성, 경제성, 자연성, 현저성 등에 대한 국어 사용자의 인지 경향성이 발현된 것으로 국어 공동체의 몸과 마음의 경험과 구조, 사회문화적 배경과 뿌리 깊은 상관성을 지니는 것이라 하겠다.[15]

다음으로, 의미가 구조를 동기화하는 예로 '환유(metonymy)'가 있다. '환유'는 동일한 영역 또는 틀 안에서 '매체(vehicle)', 또는 '근원(source)'이라는 한 개념적 실체가 '목표(target)'라는 다른 개념적 실체에 정신적 접근을 제공하는 인지 과정을 가리킨다(임지룡 2018b: 274).

합성 표현의 의미는 구성요소의 '문자적' 의미를 합한 것보다 더 풍부하기 때문에 복잡한 언어 구조는 <부분은 전체를 대표한다>라는 환유에 의해 동기화된다. 여러 언어에서 복합 표현의 의미를 나타내기 위해서는

---

[15] 도상성을 고려한 언어 연구 결과는 국어 어휘 교육에 적용할 수 있다. 예를 들어, '도상적 순서'와 관련하여 특정 어순을 선호하는 어휘쌍들의 예를 분석하고, 이를 통해 합성어나 구를 구성할 때 더 중요하고 현저한 요소를 앞에 놓고자 하는 의미적 동기가 어순이라는 구조를 결정에 중요한 역할을 담당하고 있음을 알게 할 수 있다. 실제로 21세기 세종계획에 의해 구축된 말뭉치에서 용례를 검색해 본 결과 '남녀'는 387건, '동서'는 125건, '너나' 51건을 확인할 수 있었으나, 어순을 바꾼 '여남, 서동, 나너'는 전혀 검색되지 않았다. 좀 더 최신의 자료인 Trend21을 검색해 본 결과도 별로 다르지 않다. 즉 이 말뭉치에서 '남녀'는 '51,315'건, '동서'는 13,415건, '너나'는 1,088건이 출현하는데 반해 '여남'은 15건 나타나며, '서동'과 '나너'는 전혀 나타나지 않는다.

다양한 언어 구조를 사용할 수 있는 잠재력이 있다.

(5) a. 한국어: 세숫비누(세수하다+비누)　　　동작+대상
　　b. 일본어: 化粧せっけん(화장하다+비누)　동작+대상
　　c. 중국어: 香皂(향기롭다+비누)　　　　　속성+대상
　　d. 영　어: face soap(얼굴+비누)　　　　　동작 대상+대상

(5)에서 보다시피, 동일한 대상에 대해 언어마다 각기 다른 언어 구조를 갖고 있다. 한국어와 일본어는 비누를 이용하여 하는 동작인 '세수, 화장'에, 중국어는 비누의 속성 중 하나인 '향기'에, 영어는 비누를 사용하는 대상인 '얼굴'에 현저성을 부여한 언어 구조를 선택한다.[16] 이들 표현은 '세숫비누'의 의미 중 일부를 언어 구조를 형성하는 데 사용하여 전체의 의미를 드러내므로, <부분은 전체를 대표한다>라는 환유에 의해 동기화된 것이다.

요컨대, 의미가 구조를 동기화한 예로서 도상성과 환유는 언어가 자의적인 것이 아니라 상당 부분 동기화되어 있음을 잘 드러내 준다. 따라서 이러한 점을 고려한 언어 연구는 언어를 통해 인간의 사고방식을 이해하고 이를 바탕으로 창조적으로 언어를 사용하는 데 기여할 수 있다.

3.2. 구조가 의미를 동기화하는 경우

구조가 의미를 동기화하는 경우의 대표적인 예는 '구조동형성(isomorphism)'이다. 구조동형성이란 구조와 의미 간의 일대일 대응 관계

---

[16] 김해연(2009: 19)은 '한국식 영어 표현(일명 콩글리시)'을 분석하여, 한국인들이 사물을 어떻게 인식하고 이를 언어 구조에 반영하는지 살펴본 바 있다. 예를 들면, 미국식 영어 emergency brake는 한국식 영어 표현으로는 side brake라고 하는데 동일한 대상에 대해 영어 사용자들은 '위급함'에 현저성을 부여하지만, 한국어 사용자들은 '위치'에 현저성을 부여하여 단어를 만들어 사용함을 알 수 있다.

로, 하나의 구조에는 하나의 의미만 존재한다는 것인데 이 말은 구조가 다르면 의미가 다름을 함축한다. 이러한 입장에 서면 언어 표현의 구조가 다르다면 의미는 다를 것으로 예상할 수 있다.[17]

(6) a. hamburg-er
 b. cheese-burger, chicken-burger, beef-burger, fish-burger

(6a)의 hamburger는 원래 독일의 도시 함부르크(Hamburg)와 관련되는 것으로 Frankfurter, Londoner와 같이 형태론적으로 hamburg+-er로 분석된다. 그런데 어떤 시점부터 화자들은 이 단어를 ham+burger로 재분석하기 시작하고 (6b)와 같은 단어를 만들어 사용하게 되었다. 이는 Hamburg라는 의미적 고려 없이 단어를 분석한 결과이며, 이러한 재분석은 음운론적인 동기가 작용한 것이다. hamburger의 강세 패턴은 dog-lover, man-hater 등과 같은 일반적인 복합어의 강세 패턴과 동일하다.[18] 이와 같은 강세 패턴의 유사성으로 인해 hamburger는 'ham-burger'로 재해석된다. 즉 음운론적 강세 구조가 합성어의 의미를 동기화한 것이다.

(7)은 언어 구조의 차이가 의미의 차이를 유발하는 또 다른 예이다.

(7) a. 주인은 우리가 이사 가기를 바랐다.

---

[17] 구조동형성의 측면에서 Hiraga(1994: 14)는 동명사와 부정사는 언어 구조가 다르므로 의미도 다름을 보인 바 있다. 즉 가상적 상황에서는 "Waiting would have been a mistake."와 "To wait would have been a mistake."가 모두 가능하다. 그러나 실제 상황에서는 "Waiting has been a mistake."는 가능하지만, "*To wait has been a mistake."는 불가능하다.

[18] hamburger[ˈhæmbɜːrgə(r)]와 man-hater[mǽnhèitər]는 둘 다 둘째 음절에서 [ɜː], [èi]와 같이 모음이 길게 소리 나므로 '강-약 강세 패턴'을 갖게 된다. 이에 반해 Londoner[ˈlʌndənə(r)]는 둘째 음절이 [ə]로 짧은 모음이기 때문에 둘째 음절에 강세가 놓이지 않는다. 따라서 Londoner는 hamburger와는 달리 '-doner'와 같이 분석될 여지가 없다(Taylor 2004: 61 참조).

b. 그들이 밤새 이사 갔**음**은 분명하다.

(7)에서 보다시피, 국어에서 '-기'와 '-(으)ㅁ'은 서로 다른 언어 구조를 갖고 있으나, 동일한 문법적 의미를 갖는다. 그런데 (7a)의 '기'와 결합하는 언어 구조는 [예측적 사건성]을 의미하고 (7b)와 같이 '(으)ㅁ'과 결합하는 언어 구조는 [선행적 사건성]을 의미한다. 이는 '(으)ㅁ'과 '기'라는 서로 다른 구조의 차이가 의미의 차이를 동기화하는 사례가 된다.[19]

3.3. 의미가 의미를 동기화하는 경우

의미가 의미를 동기화하는 경우의 대표적인 예는 '다의어(polysemy)'로, 인지언어학자들은 동기화의 가장 주된 사례로 간주한다.

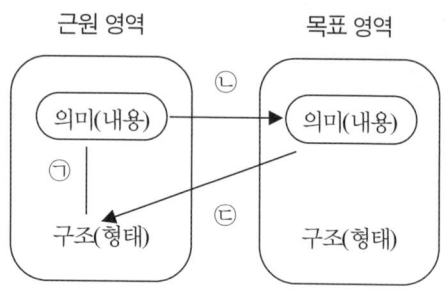

〈그림 2〉 의미-의미 동기화 과정

<그림 2>에서 ㉠은 의미와 구조 간의 자의적 기호 관계이며, ㉡은 두 가지 이상의 내용 간의 동기화된 개념적 연결이며, ㉢은 동기화된 기호적 연결을 뜻한다. 다의어는 이러한 세 가지 기본적 관계의 조합을 포함한다. 즉 ㉡은 근원 영역의 의미와 목표 영역의 의미 사이의 연결인데 이

---

[19] 좀 더 상세한 논의는 정주리(2006) 참조.

는 이 두 가지가 의미적으로 관련성이 있을 때 가능하며, 따라서 ⓒ과 같이 동일한 구조 아래에 포함될 수 있다.

(8) a. The puppy is **in** the box.
 b. She is **in** love.
 c. Ok, class, put your chairs **in** a circle.

(8)에서 다의어 'in'은 (8a)의 3차원적 공간의 의미가 (8b)-(8c)의 추상적 의미를 동기화하며, 'in'이라는 하나의 구조로 나타난다.[20] 즉 (8a)에서 공간의 '안'이라는 의미가 (8b)의 특정 상태의 안, (8c)의 경계의 안이라는 의미를 동기화한다.

(9) a. 창문 **틈**으로 바람이 들어온다.
 b. 쉴 **틈**이 없다.
 c. 친구들 사이에 **틈**이 생겼다.

(9)는 단어 '틈'이 '공간, 시간, 추상'의 의미를 갖는 경우이다. (9a)의 공간상의 벌어짐이라는 의미가 (9b)의 시간상의 벌어짐과 (9c)의 관계상의 벌어짐이라는 의미를 동기화한다.[21]

요컨대, 다의어는 구체적인 의미가 추상적인 의미로 확장되도록 동기화되어 있으며, 이러한 경향성은 인간의 경험 및 의사소통적 동기와 밀접

---

[20] 전치사 'in'의 다의성에 대한 방사상 네트워크 도식은 Evans & Tyler(2004: 173) 참고.
[21] 임지룡(2010: 18)에서 밝힌 바와 같이 인지언어학에서는 철학의 '가족 닮음 현상'과 심리학의 '원형 범주화'를 수용함으로써, 전통적으로 어휘의미론의 난제 중의 하나였던 다의어 연구에 발상의 전환을 가져왔으며 인지언어학 연구에서 가장 핵심적인 분야가 되기에 이르렀다. 특히 의미 확장 양상을 이해하는 것은 언어를 사용하는 인간의 개념화 방식을 이해하는 데 도움을 줄 수 있으므로, 의미가 의미를 동기화하는 방식 즉 의미 확장 방식을 염두에 둔 언어 연구가 필요하다.

한 관련을 맺는다.

3.4. '구조/의미'가 '구조/의미'를 동기화하는 경우

구조와 의미의 쌍 전체가 새로운 구조와 의미를 동기화하는 경우가 있다.[22]

먼저, 아래의 (10)은 금기를 피하기 위해 (10a)가 아니라 (10b)를 사용한 경우인데, 근원 영역의 의미와 구조의 쌍 전체가 목표 영역의 의미와 구조의 사용을 동기화한다.

(10) a. God!, (what the) hell!
　　 b. Gosh!/Golly!, (what the) heck!

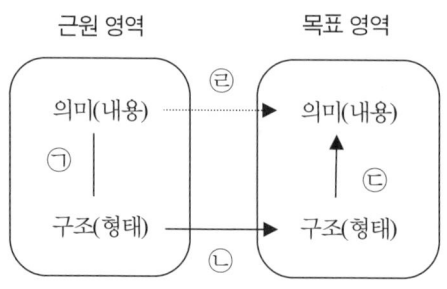

〈그림 3〉 관련 구조의 동기화 구조

<그림 3>에서 ㉠은 의미와 구조 간의 자의적 관계를 의미하고, ㉡은 'God'이라는 구조가 약간의 음운론적 변화를 겪은 Gosh!/Golly!를 동기화한다. 근원 영역의 구조인 God과 목표 영역의 구조인 Gosh!/Golly!는

---

[22] <그림 1>에서 (3e)의 구조가 구조를 동기화하는 경우는 음운론적 층위에서만 가능하다. 한 음운론적 구조와 다른 음운론적 구조 사이의 관계는 동화, 모음조화, 음위전환, 자음군 단순화 등과 같은 규칙적인 음운 변동 또는 음운과 음소의 결합에서 개별적 음운 또는 음소를 포함할 수 있다. 또한, <그림 3>과 <그림 4>의 'God/Gosh', 'that(지시어/보문자)'에 대한 예는 Radden & Panther eds.(2004: 22-24)를 요약하여 제시한 것이다.

구조상 충분히 구별되기 때문에, 목표 영역의 Gosh!/Golly!의 의미는 God이 갖는 종교적 의미를 훼손하지 않는다.

이러한 점을 고려하면, 국어 음운 연구에 있어서도 좀 더 다양한 논의가 가능할 것이다.[23]

(11) a. 큰일[크닐] (중요한 일)
     b. 큰일[큰닐] (잔치)

(11)은 동일한 구조를 갖고 있지만 품사나 의미가 달라지면 음운 구조가 달라진 예이다. 구조가 동일한 어휘가 발음까지 동일할 경우 실제 의사소통 장면에서 원활한 소통에 장애가 될 수 있다. 이때에는 언어의 형태 구조는 동일하게 유지하여 경제성을 유지하면서, 발음 구조에 변화를 주어 의사소통의 효율성을 높일 수 있을 것이다. 즉 (11a)와 (11b)의 의미의 차이는 발음 구조의 차이를 동기화한다.

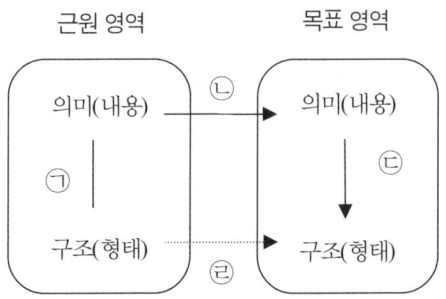

〈그림 4〉 문법화의 동기화 구조

---

[23] 음운의 동기화에 관해서는 이 책의 7장 '동기화 이론으로 보는 한국어 음운론과 음운 교육(정병철)'과 9장 '한국어와 중국어의 말소리에 나타난 동기화(왕난난)'에서 상세히 다루고 있다.

영어에서 지시어 that은 [ðæt]으로 발음되는데 반해, 보문자 that은 [ðət]으로 발음한다. 이는 <그림 4>에서와 같은 과정에 따른 것인데, 먼저 ㉠은 자의적 관계이며, ㉡에서와 같이 어휘적 의미를 갖는 that(지시어)이 문법적 의미를 갖는 that(보문자)과 의미적으로 가깝기 때문에 근원 영역의 의미가 목표 영역의 의미를 동기화한다. 다음으로, ㉢처럼 that이 보문자로서 새로운 문법적 의미를 갖게 되면, 종전의 어휘적 의미를 가진 that과는 다소 다른 음운론적 구조를 가져 차별을 꾀하게 된다. 즉 목표 영역의 새로운 의미는 목표 영역의 구조 변화의 동기가 된다.

또 다른 예는 '문법화(grammaticalisation)'로, 문법화란 한 언어에서 문법 형태들이 발전하는 '의미적 탈색(semantic bleaching)' 또는 '화용론적 강화(pragmatic strengthening)', 그리고 범주 변화의 과정이다(Riemer 2010: 384 참조). 구체적으로, 어휘적 기능을 하던 언어 요소가 문법적 기능을 하게 되는 것뿐 아니라 문법적 기능을 하던 언어 요소가 새로운 문법적 기능을 갖게 되는 현상을 이른다.

에웨어(Ewe)에서 'megbé'는 (12a)에서 신체어로 '등'을 의미하였는데, (12b)-(12d)에서와 같이 문법화된다.

(12) a. épé **megbé** fá. (그의 **등**은 차갑다.)
 b. é-le xɔ á **megbé**. (그는 집 **뒤**에 있다.)
 c. é-nɔ **megbé**. (그는 **뒤**에 있다.)
 d. é-kú le **é-megbé**. (그는 그 사람 **뒤**에 죽었다.)

(12b)는 '공간의 뒤', (12c)는 '방향의 뒤', (12d)는 '시간의 뒤'를 의미하게 된다(Heine et al. 1991: 65-69 참조). 즉 (12)에서 보듯이 'megbé'는 신체부위인 '등'을 의미하는 보통명사에서 부사(12c), 후치사(12b), (12d)로 변화된다. 이 변화는 구체적인 의미에서 추상적인 의미로, 그리고 내

용어에서 기능어로의 문법화를 나타낸다. 이것은 곧 문법화가 범언어적으로 의미에 있어서 '구체적>추상적', 범주에 있어서 '어휘적>문법적'으로 그 변화의 방향이 '단일방향성 가설(unidirectionality hypothesis)'을 띤다는 것을 의미한다(이성하 2016: 205-206 참조).

4. 동기화와 언어 외적 요인

지금까지 동기화의 개념과 ·기호 관계의 유형에 따른 동기화의 여러 유형을 살펴보았다. 여기에서는 언어 단위에 작용하는 언어 외적 동기화에 대해 살펴보기로 한다.

언어 외적 동기화는 언어 단위 전체에 작용하기도 하고, 구조 또는 의미에 작용하기도 한다. 동기화에 대한 언어 외적 동기화는 언어 구조나 의미에 한 가지만 작용한다기보다는 여러 가지 동기화가 동시에 적용되는 경향이 있다. 무엇보다도, 언어에 있어 동기화는 궁극적으로는 인간의 인지 능력과 관련된다.

여기에서는 언어 외적 동기화로 다음의 일곱 가지를 살펴보기로 한다. 생태적 동기화(생태적 지위), 발생적 동기화(문법화), 경험적 동기화(신체화, 영상 도식), 지각적 동기화(유사성, 현저성), 인지적 동기화(추론, 사상, 혼성), 의사소통적 동기화(경제성, 표현성), 기타 동기화이다.

4.1. 생태적 동기화

생태적 동기는 체계 내에서 '생태적 지위(ecological niche)'와 관련한 동기화를 의미한다.

언어 범주의 특별한 의미는 인접한 범주들 및 전체 체계와 관련하여 정의되고, 새 범주의 도입은 다른 범주에도 영향을 미친다.

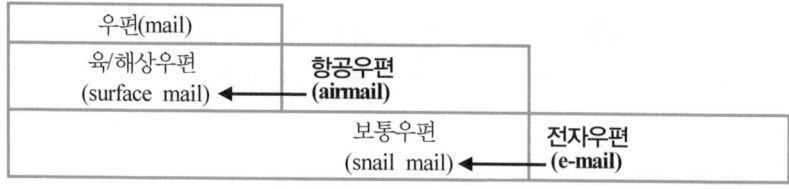

〈그림 5〉 'mail'의 도식

〈그림 5〉에서 보다시피, 옛날에는 '우편물'을 나타내는 낱말은 'mail' 뿐이었다. 그런데 항공우편을 뜻하는 'airmail'이 도입되면서, 어휘 체계에 영향을 미치게 되고, 전통적인 우편배달은 'surface mail'로 불리게 되었다. 새 범주 'surface mail'은 대립되는 범주 'airmail'과 대조적으로 이해되고, 이것은 그 명칭 'surface of the earth(지표면)'에서도 나타난다. 'mail'만 존재하던 것에서 'airmail(항공우편)'의 도입으로 'surface mail(육/해상우편)'과 'airmail'이 대립되어 사용되었다. 그런데 최근 'e-mail'의 도입으로 인해 그 대립되는 범주, 즉 비-전자메일에 대한 새로운 생태적 지위가 생기게 되었다. 비-전자메일은 육/해상우편과 항공우편으로 구성되고, 비공식적으로 'snail mail'로 기술된다. 명칭 'snail mail'은 전자우편과의 대립을 반영한다(임지룡·윤희수 옮김 2010: 29 참조).

(13) a. **어린** 빅셩이 니르고져 홇 배 이셔도 (世訓民 2)
　　 b. 무디ᄒᆞ고 **어린** 빅셩이 人倫(인륜)의 즁ᄒᆞᆫ 줄을 아디 못ᄒᆞ거든 (警民序 2a)
　　 c. **어려셔부터** 효힝이 잇더니 (東新 孝 6: 79)
　　 d. 엄마는 **어린** 남매를 한 차례씩 껴안아 주었다.

'어리다'는 후기 중세국어에서는 (13a)에서와 같이 '어리석다'를 뜻했으나, 근대국어에서는 (13b)의 '어리석다' 뿐만 아니라 (13c)의 '나이가 적다'의 의미도 갖고 있었다. 이후 현대국어에서는 (13d)와 같이 '나이가 적다'라는 의미만 남게 되었다. '어리다'의 의미가 '어리석다→어리석다・나이가 적다→나이가 적다'로 변화하는 과정에는 의미적으로 상관성이 존재한다.

또, 중세국어 '하다(多, 大)'는, '만ᄒ다(多)'와 '크다(大)'가 유의어로서 공존했으나 현대국어에서는 형용사 '하다'는 소멸되었다.[24] 그 이유는 다음과 같다. 먼저, 형용사 '하다'와 동사 'ᄒ다'는 다른 구조와 의미를 갖고 있었는데, 국어 음운 체계에서 'ㆍ'가 소실되면서 동사 'ᄒ다'는 형용사 '하다'와 같은 꼴이 되었다. 이에 형용사 '하다'는 동사 '하다'와 동음 경쟁을 치르게 되었다. 또한 형용사 '하다'는 '많다'와 '크다'의 두 가지 의미를 가져 의미 기능 부담량이 많았기 때문에 하나의 의미만 갖는 '만ᄒ다'와 '크다'에 비해 유의 경쟁에서 불리한 위치에 놓이게 되어 사라지게 되었다. 이처럼 중세국어 '하다'가 소멸한 것은 국어의 음운 체계 변동과 의미 기능 부담량을 경감하고자 하는 동기가 작용한 결과이다.

4.2. 발생적 동기화

발생적 동기화란 과거의 언어 구조가 과거와는 다른 구조로 현재에 나

---

[24] 홍사만(2008: 61-62)에서는 단어 사이의 의미 관계를 논하면서 소위 의미 경쟁과 어형 경쟁의 생태론적 원리에 대해 논했다. 사적으로 유의 경쟁이나 동음 경쟁에서 이기고 지는 승패의 원리는 자연의 평범한 생태적 원리에 크게 의존하고 있다는 설명이다. 즉 단어 간의 유의 경쟁에서 음절이 길거나 다른 동음어를 가진 쪽, 그리고 음감이 좋지 않거나 발음하기 어려운 쪽이 불리한 위치에 있다는 것은 사리로 따져보아 당연한 자연의 논리이다. 동음 경쟁에서도 구체적인 의미를 가진 단어가 추상적인 것보다 경쟁에서 유리하고, 유의어를 가지지 않은 것이 가진 것보다, 형태 구조상 안전도가 높은 것이 낮은 것을 이길 가능성이 높은 것도 마찬가지이다. 또한 기초어휘처럼 언어생활에 필수적인 단어들이 경쟁에서 우위에 선다는 것도 생태적으로 타당한 논리를 지니고 있다.

타나는 데 작용하는 동기로서 이것은 통시적인 개념이다. '문법화(grammaticalisation)'가 가장 대표적인 예인데, 문법화란 내용어가 기능어로, 기능어가 더 추상적인 기능어로 바뀌는 현상이다.

영어의 예를 들면, between은 'by+two'에서 파생되었고, 서법동사 can은 'know'를 의미하는 어휘 동사로 거슬러 올라가고, 부정관사 a(n)는 수사 one에서 점진적으로 변했다. 문법화의 과정에서 원래의 어휘적 의미와 음운 구조는 축소되는, 즉 '탈색'되는 경향이 있는데, 예를 들어 a(n)이 문법화되면서 수사로서의 의미는 탈색되고 발음 구조는 중립 모음(schwa)으로 약화되었다(임지룡·윤희수 옮김 2010: 75-76 참조).

국어에서 문법화의 예로 내용어가 기능어, 기능어가 기능어로 바뀐 경우의 예를 보이면 다음과 같다(임지룡 1997: 428-430 참조).

(14) a. **법**을 제정하다. (법률)
    b. 음식 만드는 **법**을 알려줄게. (방법)
    c. 바다의 아침은 일찍 오는 **법**이다. (이치)
    d. 그는 좀처럼 서두르는 **법**이 없다. (태도)
    e. 그런 일이 있을 **법**하다. (가능성)

(15) a. 칼**로** 연필을 깎다. (도구)
    b. 손**으로** 풀을 뽑다. (수단)
    c. 분위기**로** 청중을 사로잡다. (방법)
    d. 과로**로** 입원하다. (원인)
    e. 그는 부잣집의 막내**로** 태어났다. (신분/자격)

(14a)는 내용어로서 '법률'의 의미에서 기능어인 (14e)의 의미로 바뀐 것이고, (15)는 기능어로서 '도구'의 기능이 뚜렷한 (15a)에서부터 점차 추상화되어 (15e)에 이르면 '신분'의 기능으로 변한 것이다.

이 외에도 언어의 통시적 변화와 관련하여, 발생적 동기로 다음의 예를 더 들 수 있다. 국어에서 '물'과 '고기'의 합인 '물고기'는 '물고기'라고 하는데, '살'과 '고기'의 합은 '*살고기'라고 하지 않고 '살코기'라고 한다. 이는 '살ㅎ'이 중세에 'ㅎ' 곡용 체언이었기 때문이다. 즉, '살ㅎ'은 '살고기'가 아니라 '살코기'로 표기하는 데 발생적으로 동기를 부여한다. 이와 유사한 예로 '좁쌀(조+ᄡᆞᆯ), 휩쓸다(휘+ᄡᅳᆯ다), 수컷(수ㅎ+것)'과 같은 것이 있다.

4.3. 경험적 동기화

경험적 동기는 신체화와 신체 경험에서 발생하는 영상 도식이 언어 단위를 동기화하는 것이다. '영상 도식'은 개념 구조의 한 형태, 즉 신체적 경험의 반복되는 사례로부터 발생하는 '개념적 표상(conceptual representation)'이다(Hamawand 2016: 92 참조).

'영상 도식(image schema)'은 이른 시기에 획득하며, 인간이 세계를 인식하는 데 필요한 기본 요소이다. 어린이는 반복적인 감각 및 지각 경험을 통해 개념적 체계 내에서 영상이라는 추상적 도식을 형성하는데, 이러한 영상 도식에는 '그릇', '경로', '연결', '힘', '균형' 도식, 그리고 '위-아래', '앞-뒤', '오른쪽-왼쪽' 도식 등이 있다.

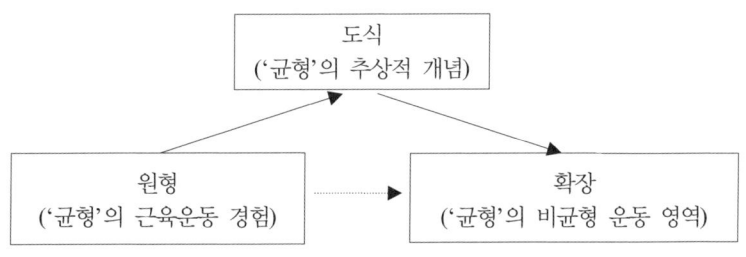

〈그림 6〉 범주 삼각형에 의한 '균형'의 영상 도식

<그림 6>은 신체적 경험에 바탕을 둔 '균형'의 영상 도식을 나타낸 것이다.

첫째, '균형' 개념의 '원형(prototype)'은 신체화에 의한 근육운동 경험이다. 균형의 개념은 직립 자세를 유지하고자 하는 어린이의 신체적 경험을 통해서 발생한다. 즉 아기는 서고 비틀거리고 넘어지는 과정을 통해 균형 잡힌 직립 자세를 유지하게 된다. 이와 같이 균형이라는 개념은 규칙을 이해하는 것이 아니라 신체적 경험으로 학습하는 것이다.

둘째, 반복되는 균형과 불균형의 신체적 경험을 통해 균형의 추상적 개념인 '도식(schema)'을 확립하게 된다. 이 경우 도식은 서로 다른 경험들 간의 유사성을 추상화한 것이다.

셋째, 균형의 개념은 비 근육운동 영역·비 신체적 영역으로 '확장(extension)'이 일어난다. 즉 신체적 균형의 영상 도식은 '균형 있는 발전', '수요 공급의 균형', '여야 간 힘의 균형', '마음의 균형'에서 보듯이 심리적 상태, 판단, 재정 상태, 권력 관계, 예술적 구도 등을 망라한다.

요컨대 인간의 반복되는 신체적 경험은 영상 도식을 형성하고, 이를 통해 세계를 인식하며, 이 세계 인식이 언어 구조와 의미를 동기화한다(임지룡 2018b: 256-257 참조).

4.4. 지각적 동기화

지각적 동기에는 '주의(attention)', '관점 배열(viewing arrangement)' 등이 있다. 즉 언어 구조는 화자가 사건의 어느 부분에 주의를 기울이는지, 사건에 대해 어떤 관점을 갖고 있는지와 같은 인간의 지각적 능력에 의해 동기화된다.

(16) a. **아이가 꽃을** 꺾었다.
　　b. **꽃이** 꺾였다.

　(16)은 화자가 사건의 어떤 부분에 주의를 기울이고 있는지에 따라 다른 문장 구조를 갖는 경우로, (16a)는 행위자(agent)인 '아이'와 수동자(patient)인 '꽃' 둘 다에 주의를 집중한 표현이지만 (16b)는 수동자에만 주의가 집중된 표현이다. 이처럼 우리가 동일한 사건을 바라보더라도 화자가 사건의 어떤 부분에 주의를 집중하느냐에 따라 문장의 구조가 달라질 수 있다.

(17) a. 내일 김 과장 결혼식에 **갈** 거야?
　　b. 내일 김 과장 결혼식에 **올** 거야?

(18) a. 사건은 발생할 뿐 그것이 당신을 넘어뜨리는 **걸림돌**이 될지 사고를 방지하는 **과속방지턱**이 될지는 받아들이는 당신의 몫이다. 당신은 넘어질 것인가? 넘어설 것인가? (김수현. 2015.『180도』. 마음의숲)
　　b. 불닭(불붙은 코스닥) 앞 3대 난관. **위기**인가 **기회**인가. (조선일보 2015.11.16.)

　(17)과 (18)은 사건에 대한 화자의 관점 배열이 언어 구조를 동기화한 예이다.[25] 동일한 사건에 대해 (17a)의 화자는 자신과 청자를 같은 관점에 두고 말한 것이고, (17b)의 화자는 결혼식 당사자인 김 과장과 자신을 같은 관점에 두고 청자와는 다른 관점에서 말한 것이다.
　(18)은 같은 상황에 대해 '걸림돌'과 '과속방지턱', '위기'와 '기회'로 부정적 관점과 긍정적 관점이 대립된 것으로, 개념화자가 대상이나 사태

---

[25] 사건에 대한 해석은 '사건 구조(event-structure)'와 '관찰지점(point of view)' 좌표로 구성되며, 관찰지점과 사건 구조 간의 특별한 관점 배열을 구성한다(Hart 2014: 124 참조).

를 해석하기 위해 배열한 관점이 언어 구조 선택의 동기가 된다(임지룡 2017: 316-320 참조).

4.5. 인지적 동기화

인지적 동기는 '범주화(categorization)', '틀(frame)', '정신 공간(mental space)'과 같이 지식에 접근하고 지식을 발달시키는 인간 능력과 '추론(inference)', '혼성(blending)', '사상(mapping)'과 같이 지식에 대한 인지적 작용을 형성하는 것을 포함한다. 인지적 동기화는 다른 요인과 상호작용하며, '개념적 은유(conceptual metaphor)'와 '개념적 환유(conceptual metonymy)'를 사용할 수 있도록 해 준다.

개념적 은유는 다른 개념 영역 간에 유사성을 확보하여 구체적인 '근원영역(source domain)'을 통해 추상적인 '목표영역(target domain)'을 개념화하는 인지전략이다. 또, 개념적 환유는 동일한 개념 영역 안에서 인접성을 확보하여 개념적으로 현저한 실체인 '매체(vehicle)'를 통해 또 다른 개념적 실체인 '목표(target)'에 정신적 접근을 제공해 주는 인지전략이다(임지룡 2017: 16 참조).

(19) a. (hire) new **brain**
 b. the **brain** of a computer

〈그림 7〉 'brain'의 환유와 은유(임지룡·윤희수 옮김 2010: 41)

(19)는 'brain'에 대한 개념적 환유와 은유의 예이고 <그림 7>은 이를 그림으로 표현한 것이다. (19a)에서 'brain'은 '사람'을 의미하는데, 'hire new brain'에서 사람을 나타내기 위해 brain을 사용한 것은 업무의 영역에서 brain이 사람의 여러 신체 부위 중에서 가장 현저하게 지각되기 때문이다.[26] (19b)에서 'brain'은 컴퓨터의 CPU에 사상된다. 이것은 인간의 뇌와 컴퓨터의 기능 사이의 유사성을 지각하는 능력과 이 둘을 연결하는 사상이라는 인지적 동기화의 결과이다.[27]

(20) a. 불의의 사고를 당해 그는 **한줌의 재가 되었다**.
　　　b. 병원에 도착했을 때는 이미 **심장이 멈춘** 상태였다.
　　　c. 엄마는 길었던 투병 생활을 뒤로하고 **눈을 감았다**.
　　　d. 그의 부인은 공동묘지에 **잠들어 있다**.

(20)은 모두 죽음을 뜻하는데, (20a)-(20c)는 '화장 후의 결과물인 재, 심장이 멈춘 사건, 눈을 감은 행위'에 각각 현저성을 부여하여 죽음과 관련된 일련의 사건 중 일부분을 통해 죽음 전체를 나타내는 환유적 표현이다. 반면, (20d)는 눈을 감고 몸을 움직이지 않는다는, 죽음의 상태와 수면의 상태 사이의 유사성을 기반으로 한 은유적 표현이다.[28]

---

[26] 사람 전체를 표현하기 위해서 'brain'이 아닌 다른 신체 부위를 사용할 수 있을 것이다. 즉, 어떤 축구팀의 코치가 새 선수를 데려오고 싶을 때, 'We need fresh legs'와 같은 표현을 사용할 수 있다.

[27] 컴퓨터의 가장 핵심적인 부분을 인간의 두뇌를 통해 표현한 이 구절은 'memory', 'virus'와 같은 인간의 영역에 속하는 다른 원소들도 컴퓨터의 영역과 연결한다.

[28] 김억조(2017)는 죽음 및 성과 관련된 금기어를 어떤 완곡어를 통해 표현하는지에 대해 인지언어학적으로 해석한 논의이다.

4.6. 의사소통적 동기화

의사소통적 동기화는 경제적이고 명시적으로 의사소통을 하려는 것과 관련된다. 언어 사용자는 최소한의 노력을 통해 최대한의 개념적 내용을 부호화하고자 하며, 이러한 경향성은 언어 보편적일 뿐만 아니라 인간 활동의 전반에 걸쳐 나타나는 특징이다.

Zipf(1949)는 단어의 출현 빈도와 그것의 길이 사이의 관계에 대한 연구에서 자주 쓰이는 단어가 더 짧은 음운 구조를 갖고 있음을 확인하였다.[29] 또한 Crystal(1997: 87)에 따르면 다음절 단어가 단음절 단어보다 더 많은 독일어에서도, 거의 50%가 단음절이었다. 이처럼 음절 수가 적은 단어를 더 많이 사용하는 경향성은 음운론적인 부호화에 필요한 노력을 최소화하려는 경제성의 동기가 작용한 것이다.

이러한 경제성은 최소한의 노력을 통해 최대한의 의미를 전달하고자 하는 노력과 관련되므로, 앞에서 살펴본 합성어 구성, 줄임말 사용과 함께 '대화의 함축(implicature)'은 경제적인 표현 사용이라는 의사소통적 동기화의 결과이다.

(21) a. 엄마: 여권이랑 지갑, 휴대폰 잘 챙겼어?
　　 b. 아들: 여권은 챙겼는데.

(22) a. 준형: 이번 주 토요일에 영화 볼까?
　　 b. 재호: 그날 어머니 생신이어서.

(21)에서 엄마의 질문에 대해 아들은 '여권은 챙겼고, 지갑이랑 휴대폰

---

[29] 국립국어원에서 조사한 '현대국어사용빈도 조사'에서 빈도 순위 100위 안의 단어만을 살펴보면, 1음절어가 34개, 2음절어가 47개, 3음절어가 18개, 4음절어가 1개로, 음절수가 짧은 1-2음절어가 77개나 된다.

은 챙기지 않았어.'라고 답하지 않고 (21b)와 같이 말한다. 이렇게 짧게 표현하여도 지갑과 휴대폰을 챙기지 않았음을 경제적으로 표현할 수 있기 때문이다. (22a)의 질문에 대한 (22b)의 대답은 '그날은 어머니 생신이어서 가족과 함께 시간을 보내야 하기 때문에 영화를 같이 볼 수 없다.'를 경제적으로 표현한 것이다.[30]

4.7. 기타 동기화

앞에서 살펴본 6가지 동기화 이외에도, 문화, 사회, 심리, 인류학, 생물학, 생리학 등이 언어 구조와 의미 간의 동기화를 유발한다.
먼저, 문화적 동기화를 살펴보기로 한다.[31]

(23) a. 징역을 다 살고 나오자말자 아들은 눈알이 **허옇게** 뒤집혀가지고 기어코 연놈을 붙잡아 제 손으로 죽이고야 말겠다고 길길이 미쳐 날뛰었다. (윤흥길. 1983: 104. 『완장』. 현대문학)
b. I was beginning to see **red**. (나는 화로 눈이 붉게 보이기 시작했다.)
c. Wo qi de liang yan **fa hei**. (나는 화가 나서 눈이 캄캄해졌다.)

'화'에 대한 신체 생리적 반응은 언어별로 많은 공통점이 있는데 이것은 인간이 지닌 보편적인 경험에 기반하기 때문이다. 그런데 (23)에서 보다시피, '화'가 날 때의 시각과 함께 나타나는 색채어는 '흰색, 붉은색, 검은색'으로 언어마다 다른 방식으로 나타나는데, 이는 문화적 동기 때문이다.[32]

---

[30] 윤평현(2013: 358-360)에서는 (21)과 같은 예는 일반 대화함축으로 (22)와 같은 예는 특정 대화함축으로 나누어 설명하고 있다. 특정 대화함축은 일반 대화함축과는 달리, 함축을 이해하기 위해 특별한 배경지식을 갖고 있어야 하는 경우를 이른다.

[31] '화(anger)'에 대한 문화적 변이 양상에 대한 상세한 논의는 임지룡(2017)의 21장 참조.

[32] 송현주(2017)에서 살펴본 바와 같이 한국어 관용 표현에서도 문화적 동기화의 예

다음으로, 심리적 동기화이다. 김규남(2000: 18)에서는 전주 지역의 젊은 여성층 화자들이 표준형인 '그리고, 먹고, 하고'와 같은 '-Xo'형보다 비표준형인 '그리구, 먹구'와 같은 '-Xu'형을 활발하게 사용함을 보고하였다. 이것은 전주 지역 여성들이 '-Xu'형을 사용하는 서울 여성의 말씨에 대해 호의적 평가를 내리고 있고, 나아가 이들과 자신을 동일시하려는 심리적 동기가 작용한 결과이다.[33]

지금까지 살펴본 다양한 동기화는 한 가지씩 독립적으로 작용하기보다는 여러 가지가 동시에 작용하며, 때로는 이 가운데 특정 요인이 우선적으로 작용하기도 한다.

Cooper & Ross(1975)는 'bow and arrow(활과 화살)'의 어순이 의미적·음운적으로 동기화되어 있음을 밝혔다. 'bow'는 힘의 근원이기 때문에 의미상 더 중요하므로 앞자리에 놓일 뿐 아니라, 'arrow'에 비해 음절수가 더 적기 때문에 앞에 놓인다. 우리말도 '활과 화살'처럼 쓰므로 영어와 동일하게, 의미적 동기와 음운적 동기에 의해 '활'을 '화살'보다 앞에 놓는다.[34]

를 확인할 수 있다. 영어의 의식주 관용 표현에 관한 연구인 이윤영(2014: 23-25)과 비교해 보면, 두 언어의 관용 표현에서 공통적으로 사용되는 것은 '허리띠, 소금, 벽, 문'이며, '밥, 떡, 곶감, 상투, 터'와 같이 한국어 관용 표현에서만 나타나는 것도 적지 않다. 이는 관용 표현에서 사용되는 어휘가 한국인의 의식주 문화와 관련되기 때문이다. 또한, 우리말에는 '밥, 떡, 술, 콩, 엿, 국수, 호박, 곶감' 등을 포함한 다양한 관용 표현이 있지만, 특별히 '밥, 떡, 술'과 관련된 관용 표현이 다수인 것은 쌀을 주식으로 하는 우리 문화와 관련된다.

[33] 음운 구조의 변화에 대한 심리적 동기화에 대한 Labov(1972)와 Blake & Josey(2003)의 비교 연구는 상당히 흥미롭다. 'time, house'에서 뉴잉글랜드의 이중모음 표준형은 [aɪ]와 [aU]이다. 본섬에서 떨어진 조사 지역의 섬에서는 이중모음의 첫 모음을 중설화한 [eɪ]/[əɪ]와 [eU]/[əU]를 사용하고 있었다. Labov의 조사에 따르면 이러한 중설화가 젊은 층으로 갈수록 더 확산되었는데, 이는 고장 사람들이 자신들의 고유성을 지키고 외지인들과 스스로를 구분 짓기 위함이었다. 그러나 약 40년이 지난 후 Black & Josey가 다시 찾은 섬에서는 사회적 상황이 상당히 변해 있었다. 섬사람들은 더 이상 [aɪ]와 [aU]를 중설화하여 발음하지 않았는데, 본섬에서 오는 관광객들이 섬 공동체를 지탱해 주는 데 긍정적인 기여를 하게 되면서 본섬의 사람들과의 차별적인 발음을 고수하지 않은 것이다.

또 다른 예로 할로윈 때 아이들이 집집마다 다니며 하는 말인 'trick ([trik]) or treat([tri:t])'이 있다. 이 표현은 짧은 모음을 가진 trick이 긴 모음을 가진 treat 보다 앞에 놓이기 때문에 음운적 동기가 작용한 결과이다. 그런데 이 경우 A or B(A가 아니라면 B가 발생한다.)라는 의미적 순서와 갈등하게 된다. 즉 이 표현을 순서 그대로 해석하면 '장난치지 않으면, 과자를 줄 거야.'가 되지만 실제로는 '과자를 안 주면 장난칠 거야.'라는 의미를 갖는다. 따라서 'trick or treat'은 의미적 순서의 동기보다 음운론적 동기가 우선하여 작용한 결과이다.

국어에서 '문 닫고 방에 들어와.'와 같은 문장은 실제 사건의 발생 순서와는 다른데, 이는 현저함이라는 지각적 동기가 우선 적용된 결과로 해석할 수 있다. 현실에서는 청자가 방에 들어온 후에 문을 닫는 순서로 사건이 발생하지만, 문을 닫는 것이 중요하다는 의미적 동기가 우선적으로 작용한 결과이다.

5. 마무리

이 글에서는 언어에 나타나는 동기화의 개념과 그 유형을 살펴보았다. 이상의 논의를 간추려 마무리하고자 한다.

첫째, 자의성은 한 언어의 '단일어' 대부분에 대해서는 적용될 수 있지만, 인간의 일반적인 성향과는 일치하지 않는다. 언어에 있어 '동기화(motivation)'란 정도(degree)의 문제이다. 언어 표현에서의 형태 선택은 화자가 전달하려는 의미 및 의사소통 목적에 의해 동기화된다.

---

34 반면, 독일어에서는 Pfeil und Bogen(화살과 활)의 어순으로 사용되는데, 이는 1음절어인 Pfeil이 2음절어인 Bogen 앞에 놓이는 음운적 동기만이 작용한 결과이다. 이 경우에는 음운론적 동기가 의미적 제약을 기각시킨다.

둘째, 동기화는 Radden & Panther eds.(2004: 4)에 따라 "만약 그것의 속성의 일부가 언어적 근원(구조/의미)과 언어 외적 요인에 의해 형성된다면 언어적 단위(목표)는 동기화된다."로 정의할 수 있다.

셋째, 의미와 구조의 기호 관계에 따라 동기화의 유형은 다음의 네 가지로 나눌 수 있다. (ㄱ)의미가 구조를 동기화하는 경우로서, 이 기호 관계는 일반적으로 동기화의 가장 전형적인 유형으로 간주되며 그 대표적인 예는 '도상성(iconicity)'과 환유이다. (ㄴ)구조가 의미를 동기화하는 경우의 대표적인 예는 '구조동형성(isomorphism)'이다. (ㄷ)의미가 의미를 동기화하는 경우의 대표적인 예는 '다의어(polysemy)'로, 인지언어학자들은 동기화의 가장 주된 사례로 간주한다. (ㄹ)구조와 의미의 쌍 전체가 새로운 구조와 의미를 동기화하는 경우가 있는데, 이것을 보여주는 한 예로 '문법화(grammaticalisation)'가 있다.

넷째, 언어 외적 동기화에는 생태적 동기화(생태적 지위), 발생적 동기화(문법화), 경험적 동기화(신체화, 영상 도식), 지각적 동기화(유사성, 현저성), 인지적 동기화(추론, 사상, 혼성), 의사소통적 동기화(경제성, 표현성) 등이 있다.

참고문헌

권영문. 1999. "복잡 표현의 의미 양상".『현대문법연구』 16: 1-21. 현대문법학회.

김광현. 2003. "영어 사역구문의 도상적 분석".『언어과학』 10(1): 1-21. 한국언어학회 동남지회.

김광현·황규홍. 2001. "거리의 도상성 원리와 영어여격교체현상".『새한영어영문학』 43(2): 547-564. 새한영어영문학회.

김규남. 2000. "변항 (-Xo)의 개신에 대한 전주시 화자들의 언어태도와 비제도적 규범".『한국언어문학』 44: 543-566. 한국언어문학회.

김규철. 2005.『단어형성과 도상성에 대한 연구』. 박이정.

김억조. 2017. "금기어 '죽음'과 '성교'를 나타내는 완곡어의 인지언어학적 해석".『한민족어문학회 325차 전국학술대회 발표자료집』 140-154. 한민족어문학회.

김해연. 2007. "콩글리시 어휘의 유형과 형성의 인지적 동기".『담화와 인지』 14(3): 25-52. 담화인지언어학회.

김해연. 2009. "합성명사의 형성과 번역의 언어적 동기".『담화와 인지』 16(1): 1-23. 담화인지언어학회.

박종갑. 1996. "언어의 圖像性과 그 의미적 대응물에 대하여: 국어 사동문을 중심으로".『韓民族語文學』 30: 33-53. 韓民族語文學會.

박종갑. 2000. "접속문 어미 '-고'의 의미 기능 연구(3) - 문장의 선형 구조와 관련된 도상성을 중심으로".『국어학』 35: 93-111. 국어학회.

박종갑. 2013. "국어 사동문의 지시체와 심리영상 및 도상성".『민족문화논총』 54: 215-234. 영남대학교 민족문화연구소.

송은지. 2006. "도상적 메타포를 통한 ДушA의 개념화에 대한 연구: СЕРДЦЕ,ум과의 비교를 통하여".『러시아연구』 16(2): 229-269. 서울대학교 러시아연구소.

송현주. 2010. "한국어 합성어에 나타난 동기화 양상".『한글』 289: 125-150. 한글학회.

송현주. 2011. "국어 구조와 의미 간의 동기화 연구". 경북대학교 대학원 국어국문학과 박사학위논문.

송현주. 2017. "의식주 관련 한국어 관용 표현의 동기화 양상".『한국어 의미학』 58: 185-209. 한국어의미학회.

송현주·최진아. 2010. "동기화에 기반을 둔 단어 형성법 교육".『한국어 의미학』 33: 153-177. 한국어의미학회.

윤평현. 2013. 『국어의미론 강의』. 역락.

이기동. 1988. "언어의 도상성: 영어 동사+전치사+목적어 구문을 중심으로". 『연세논총』 24: 29-50. 연세대학교 대학원.

이기웅. 2006. "러시아어 동사의 상: 문법범주화의 도상성과 역동성". 『러시아어문학 연구논집』 23: 199-222. 한국러시아문학회.

이성하. 2016. 『문법화의 이해』. 한국문화사.

이윤영. 2014. "영어 의식주 관용어의 인지언어학적 분석". 부산대학교 대학원 영어영문학과 석사학위논문.

임상순. 1989. "영어 통사구조의 도상성에 관한 연구". 『서울시립대학교 논문집』 23: 17-45. 서울시립대학교.

임상순. 1990. "현대영어의 은유적 표현에 있어서 어휘선택의 도상성에 관하여". 『서울시립대학교 논문집』 24: 5-19. 서울시립대학교.

임상순. 1991. "영어 전치사 구문에서 전치사 선택의 도상성에 관하여". 『서울시립대학교 논문집』 25: 5-25. 서울시립대학교.

임지룡. 1997. 『인지의미론』. 탑출판사.

임지룡. 2004. "국어에 내재한 도상성의 양상과 의미 특성". 『한글』 266: 169-205. 한글학회.

임지룡. 2008. 『의미의 인지언어학적 탐색』. 한국문화사.

임지룡. 2010. "어휘의미론과 인지언어학". 『한국어학』 49: 1-35. 한국어학회.

임지룡. 2017. 『한국어 의미 특성의 인지언어학적 연구』. 한국문화사.

임지룡. 2018a. 『<개정판> 인지의미론』. 한국문화사.

임지룡. 2018b. 『한국어 의미론』. 한국문화사.

임지룡·송현주. 2015. "한국 수어의 동기화 양상". 『한국어 의미학』 49: 59-85. 한국어의미학회.

정병철. 2015. "당구공 모형으로 보는 한국어 사동 표현의 동기화". 『담화와 인지』 22(1): 79-102. 담화인지언어학회.

정병철. 2016. "동기화에 기초한 피동 표현의 교육 내용 연구". 『청람어문교육』 57: 135-179. 청람어문교육학회.

정주리. 2006. "'-음', '-기'의 의미와 제약". 『한국어학』 30: 291-318. 한국어학회.

홍사만. 2008. "중세, 근대 국어 {하다}, {만ㅎ다}, {크다}의 유의 분석". 『어문론총』 48: 61-95. 한국문학언어학회.

Blake, R. & M. Josey. 2003. The /ay/ diphthong in a Martha's Vineyard community: What can we say 40 years after Labov? *Language in Society* 32: 451-485.

Copper, W. E. & J. R. Ross. 1975. World order. *CLS Functionalism.* 63-111.

Crystal, D. 1997. *The Cambridge Encyclopedia of Language.* Vol. 1. Cambridge: Cambridge University Press.

Evans, V. & A. Tyler. 2004. Spatial experience, lexical structure and motivation. In Radden, G. & K. U. Panther. eds. 2004. *Studies in Linguistic Motivation.*

Haiman, J. 1980. The iconicity of grammar: Isomorphism and motivation. *Language* 56: 514–540.

Haiman, J. 1985. *Natural Syntax: Iconicity and Erosion.* Cambridge: Cambridge University Press.

Hamawand, Z. 2016. *Semantics: A Cognitive Account of Linguistic Meaning.* Sheffield, U.K.: Equinox. (임지룡·윤희수 옮김. 2017. 『의미론: 언어 의미의 인지적 설명』. 한국문화사.)

Hart, C. 2014. *Discourse, Grammar and Ideology: Functional and cognitive perspectives.* Bloomsbury Publishing. (김동환·이미영 옮김. 2016. 『담화, 문법, 이데올로기: 인지언어학과 비판적 담화분석』. 로고스라임.)

Heine, B., Ulrike C. & F. Hünnemeyer. 1991. *Grammaticalization: A Conceptual Framework.* Chicago: University of Chicago Press.

Hiraga, M. 2005. *Metaphor and Iconicity: A Cognitive Approach to Analysing*

Text. Palgrave Macmillan. (김동환·최영호 역. 2007.『은유와 도상성: 인지언어학적 텍스트 분석』. 연세대학교 출판부.)

Labov, W. 1972. The social motivation of a sound change. In Labov, W. *Sociolinguistic Pattern*, 1-42. Philadelphia: University of Pennsylvania Press.

Lakoff, G. & M. Johnson. 1999. *Philosophy in the Flesh: The Embodied Mind and Its Challenge to Western Thought*. New York: Basic Books. (임지룡·윤희수·노양진·나익주 옮김. 2002.『몸의 철학: 신체화된 마음의 서구 사상에 대한 도전』. 박이정.)

Lakoff, G. 1987. *Women, Fire and Dangerous Things: What Categories Reveal about the Mind*. Chicago and London: The University of Chicago Press.

Langendonck, W. 2007. Iconicity. In Geeraerts, D. & H. Cuyckens. eds. *The Oxford handbook of cognitive linguistics*. Oxford: Oxford University Press.

Lee, D. 2001. *Cognitive Linguistics: An Introduction*. Oxford: Oxford University Press. (임지룡·김동환 옮김. 2003.『인지언어학 입문』. 한국문화사.)

Radden, G. & R. Dirven. 2007. *Cognitive English Grammar*. John Benjamins Publishing Company. (임지룡·윤희수 옮김 2009.『인지문법론』. 박이정.)

Radden, G. & K. U. Panther. eds. 2004. *Studies in Linguistic Motivation*. Berlin·New York: Mouton de Gruyter.

Riemer, N. 2010. *Introducing Semantics*. Cambridge: Cambridge University Press. (임지룡·윤희수 옮김. 2013.『의미론의 길잡이』. 박이정.)

Saussure, F. de. 1916. *Cours de Linguistique Générale*. Paris: Payot. (김현권 옮김. 2012.『일반언어학 강의』. 커뮤니케이션북스.)

Taylor, J. 2004. The ecology of constructions, In *Studies in Linguistic Motivation*.

Ungerer, F. & H. J. Schmid. 1996/2006. *An Introduction to Cognitive Linguistics*. London and New York: Longman. (임지룡·김동환 옮김. 1998/2010. 『인지언어학 개론』. 태학사.)

Zipf, G. 1935. *The Psychobiology of Language: An Introduction to Dynamic Philology*. Cambridge, MA: MIT Press.

Zipf, G. 1949. *Human behaviour and the principle of least-effort*. Cambridge MA edn. Reading: Addison-Wesley.

제2부

동기화의
언어학적 탐색

제2장

전환에 대한 환유적 동기화

김동환

1. 들머리

Evans(2009: 54)는 인지를 '앞무대 인지(frontstage cognition)'와 '뒷무대 인지(backstage cognition)'로 구분하면서, 자신의 LCCM(Lexical Concepts and Cognitive Models) 이론은 앞무대 인지의 이론이고, 개념적 은유 이론과 개념적 혼성 이론은 뒷무대 인지를 다루는 인지언어학 이론이라고 주장한다. 앞무대 인지가 무대 앞에서 공연되고 있는 언어 현상이라면, 뒷무대 인지는 이런 언어 현상이 작동되도록 무대 뒤에서 보이지 않게 역할을 하는 개념화와 인지의 비언어적 원리라고 할 수 있다.

이 글은 '전환'이라는 앞무대 인지의 언어 현상을 '환유'라는 뒷무대 인지로 동기화하는 것을 목표로 한다. 즉 환유라는 뒷무대 인지에 의해 전환이라는 언어 현상이 어떻게 무대 위에서 연출되어 공연되는지를 보여 준다는 것이다. 이런 목적을 위해 2절에서 이론적 배경으로 전환의 성격을 제시하고, 가산명사와 불가산명사 사이에서 일어나는 사소한 전환이라는 전환의 하위유형을 인지문법 관점에서 동기화한다. 그리고 3절에서는 N(명사)→V(동사) 전환의 환유적 동기화 문제를 다룬다. 특히 단일 환유뿐만 아니라 이중 환유도 전환 현상을 동기화한다는 것을 보여 줄 것이다. 마지막으로 4절에서는 은유와 환유의 상호작용 현상인 은환유가 전환을 동기화하는 방식을 논의할 것이다. 특히 Barcelona(2000)가 제시한 은유와 환유 상호작용의 두 가지 패턴인 텍스트적 층위의 은환유와 개념적 층위의 은환유가 전환을 동기화하는 방식을 부각해 설명할 것이다.

2. 이론적 배경

2.1. 전환의 성격

'전환(conversion)'은 "형태는 동일하지만 서로 다른 품사에 속하는 어휘소들을 연결하는 파생 과정"(Bauer & Valera 2005: 8)이고, "특정한 단어 범주의 단어를 다른 범주의 단어로 사용하는 것으로서, 이것은 형식적 표지나 변화로 암시되지 않는다"(Schönefeld 2005: 131). 영어의 어휘부를 확장시키는 생산적인 이 과정은 문헌에서 '전환'이라는 용어 외에도 '제로파생(zero-derivation)', '계열적 파생(paradigmatic derivation)', '기능적 전이(functional shift)'처럼 다양하게 불린다.

다음은 Quirk *et al.*(1985)이 제시한 영어의 주된 전환 유형이다.

(1) a. N → V: hammer, pilot
    b. V → N: call, jump
    c. A → V: clean, empty
    d. A → N: daily, comic

Marchand(1969: 360)는 어형성 과정인 '제로파생'과 통사적 치환인 '전환'을 구분한다. 제로파생의 경우는 범주를 바꾸는 제로 접미사(-ø)의 존재로 설명된다. 다음은 제로파생과 명시적 접미사화를 비교해 놓은 것이다.

(2) a. N→V: hammer, milk, pilot
　　a'. N→V: union+-ize→unionize
　　b. V→N: call, jump, drive, bore,
　　b'. V→N: try+-al→trial; organize+-ation→organization
　　c. A→V: empty, clean, smooth
　　c'. A→V: modern+-ize→modernize; solid+-ify→solidify.

Marchand는 전환에 대해 'government job'에서 명사 'government'를 형용사로 사용하는 것이나 'the poorest'에서 형용사 'poorest'를 명사로 사용하는 것을 그 예로 제시한다. 전환은 주어진 어휘소의 통사적 기능상의 일시적인 변화이고, 어휘항목의 굴절상의 변화를 수반하지 않는다.

어형성의 '명칭론적(onomasiological) 이론'을 채택하는 Štekauer(2005)는 전환을 통사적 재범주화가 수반된 '개념적 재범주화(conceptual recategorisation)'의 작용으로 간주한다. 그는 네 가지 일반적인 명칭론적 범주를 구분한다. '**물질**(SUBSTANCE), **행동**(ACTION), **특질**(QUALITY), **상황**(CIRCUMSTANCE)'이 그것이다. 명사 'milk'는 **물질**의 범주에 속하고, 동사 'milk'로 재범주화될 때 **행동**의 이름이 된다. **행동**의 실례인 동사 'insert'는 **물질**로 재범주화될 수 있다. 즉 그것은 1음절에 1강세가 가는 명사 'insert'이다. 형용사 'clear'는 **특질**의 범주에 속하고, 동사 'clear'로 재범주화될 때 **행동**의 이름이 된다. 전환을 명칭론적 재범주화로 보는 지금까지의 설명을 Štekauer(2005: 220-221)는 다음과 같이 나타낸다.

(3) a. milk_N — milk_V: 물질--결과---행동
    b. insert_V — insert_N: 행동--사물---물질
    c. clear_A — clear_V: 특질--결과---행동

Quirk et al.(1985)은 주된 품사의 변화를 기술하는 전환 외에도 이차적 품사의 변화를 수반하는 전환도 논의한다. 그 예는 다음과 같다.

(4) a. 고유명사→ 보통명사: We don't need another *Einstein*. (우리는 또 다른 **아인슈타인**이 필요 없다.)
    b. 비등급적 형용사→ 등급적 형용사: He's more *wooden* than the other actors. (그는 다른 배우들보다 더 **무표정하다**.)
    c. 불가산명사→ 가산명사: We bought two *beers*. (우리는 **맥주** 두 병을 샀다.)
    d. 가산명사→ 불가산명사: I need an inch of *pencil*. (나는 **연필** 1인치가 필요하다.)
    e. 자동사→ 타동사: He *waltzed* her into the room. (그는 그녀를 방으로 끌듯이 데리고 *갔다*.)
    f. 타동사→ 자동사: The book *sells* well. (그 책은 잘 **팔린다**.)

Bierwiaczonek(2013)은 위와 같은 이차적 품사의 변화를 수반하는 전환을 '사소한 전환(minor conversion)'이라고 부른다. 그리고 사소한 전환과 대비되는 '주요한 전환(major conversion)'을 식별하고, 이 두 과정에 본질적으로 환유가 작동한다고 주장한다. 다음은 그가 제안한 사소한 전환의 몇 가지 예이다.

(5) a. 가산명사 → 불가산명사: 사물은 그것을 구성하는 재료를 대표한다 (brick, stone)
    b. 불가산명사 → 가산명사: 물질은 이 물질로 만든 사물을 대표한다 (glass → a glass); 재료는 사물의 수집을 대표한다(silver → the

silver)

 c. 고유명사→ 보통명사: 생산자는 생산품을 대표한다([Henry] Ford → a Ford); 장소는 제품을 대표한다(음료의 이름 cognac, burgundy, champagne)

 d. 추상명사→ 구상명사: 특성은 특성의 소지자를 대표한다(beauty는 '아름다운 사람'을 대표하고, talent는 '재능 있는 사람'을 대표한다)

2.2. 전환의 인지문법적 설명

이 절에서는 Bierwiaczonek(2013)이 말하는 사소한 전환 중에서 가산명사(NC)↔불가산명사(NU) 전환을 Langacker(1987)의 '인지문법(Cognitive Grammar)', 특히 '해석(construal)'에 비추어 논의할 것이다.

명사는 크게 가산명사와 불가산명사로 나뉜다. 가산명사와 불가산명사 사이의 차이는 몇 가지 문법적 현상으로 반영되어 나타나지만,[1] 문제는 가산명사와 불가산명사의 구별이 동기화되는지 아니면 자의적인지에 관한 것이다. 어떤 예는 그런 구별이 자의적이라는 견해를 뒷받침해 주는 것처럼 보인다. 예컨대, 'vegetable(채소)'과 'fruit(과일)'은 둘 다 집합적인 뉘앙스로 사용된다는 점에서 같은 성격을 가진 것처럼 보이지만 'vegetable'은 가산명사인 데 반해서 'fruit'은 불가산명사이다. 따라서 'vegetable'이 가산명사이고 'fruit'이 불가산명사인 것은 아무런 이유가 없는 자의적인 현상처럼 보인다.

그러나 많은 경우에 가산명사와 불가산명사를 구별할 수 있는 명백한

---

[1] 첫째, 불가산명사의 단수 형태는 전형적으로 명사구가 차지하는 위치에서 한정사 없이 나타나지만, 가산명사에는 한정사가 없으면 비문이 된다. 둘째, 부정관사 a는 가산명사와 함께 나타나지만 불가산명사와는 함께 나타나지 않는다. 셋째, 한정사 much는 불가산명사와 함께 나타나지만 가산명사와는 함께 나타나지 않는다. 넷째, a lot of와 같은 표현은 불가산명사의 단수 형태와 함께 나타나지만 가산명사의 단수 형태와는 함께 나타나지 않는다.

인지적 근거가 있다. 가산명사는 '사물(object)'을 지시하고 불가산명사는 '물질(substance)'을 지시하는 경향이 강하다. 따라서 'cup', 'cat', 'table'이 가산명사인 반면 'water', 'sand'가 불가산명사라는 사실은 전혀 자의적인 것처럼 보이지 않고 자명하고 당연한 것으로 받아들일 수 있다.

Langacker(1987)는 명사란 어떤 영역에서 '지역(region)'을 지시하고, 지역은 '상호 연결된 일련의 실체들(set of interconnected entities)'로 정의된다고 했다. 예컨대, 'desk', 'book'은 공간 영역에서의 지역을 지시하고, 'water', 'air'는 물질 영역에서 지역을 지시한다. 명사는 다음과 같이 나타낼 수 있다(Langacker 1987: 215 참조).

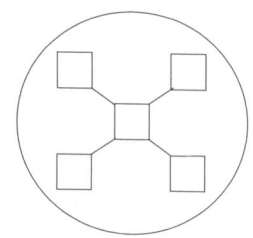

〈그림 1〉 지역으로서의 명사

위의 그림에서 성분 실체들은 네모로 표시하고, 성분 실체들 사이의 상호 연결은 실체들을 연결하고 있는 선으로 표시한다.

가산명사와 불가산명사를 구별하는 데는 개념적 기초가 있다. 앞에서 명사가 지역을 지시한다고 정의했다. 이때 그 지역은 사물일 수도 있고 물질일 수도 있다. 예컨대, 'bike' 및 'cat'과 같은 가산명사는 고체로 된 물리적 사물의 특징을 가지고 있고, 'water' 및 'oil'과 같은 물질명사는 액체인 물질의 특징을 가지고 있다. 즉 가산명사와 물질명사에 대한 구별은 사물과 물질에 대한 구별이 되는 것이다. 사물은 보통 개별화되는 반면, 물질은 개별화되지 않는다. 사물은 그 자체의 내적 구조와 구성을 가지고 있으므로, 그것을 분열시키면 그 정체성이 상실된다. 자동차(car)를 분해하면 자동차 부품이 있는 것이지 자동차가 있는 것은 아니다. 그러나 다량의 고기(meat)를 나누더라도 여전히 고기는 있으며, 두 덩어리의 고기를 합쳐도 여전히 고기가 된다.

가산명사와 불가산명사 사이의 구별은 '고유한 한정성(inherent boundedness)', '내적 동질성(internal homogeneity)', '분리성(divisibility)', '반복성(replicability)'과 같은 개념으로 포착할 수 있다. 첫째, 사물과 물질은 한정성에서 서로 차이가 난다. 즉 사물에는 특징적인 형태와 잘 한정된 경계가 있는 반면, 물질에는 그런 경계가 없어서 그 자체가 그릇의 형태에 맞추어 형성된다. 둘째, 사물과 물질은 내적 동질성에서 차이가 난다. 물질은 내적 동질성의 특징을 가지고 있다. 어떤 물질의 한 부분을 떼어 내어도 그것은 그 물질로 간주되며, 물질을 증가해도 증가한 물질 그 자체 또한 물질로 간주된다. 사물은 전형적으로 분리되는 성분들로 구성되는 내적 구조를 가지고 있으며, 한 사물의 각 부분 그 자체는 사물로 간주될 수 없다. 예컨대, 자전거의 각 부품 그 자체는 자전거가 아니다. 셋째, 가산명사는 반복성을 가지고 있기 때문에, 'keys', 'dogs', 'desks'에서처럼 복수로 사용될 수 있는 반면, 물질명사에는 반복성이 없기 때문에 복수형이 없다.

<그림 1>에서 명사를 지역으로 정의한 모형에 기초해서 가산명사와 불가산명사를 구별해 보자. 먼저 가산명사는 사물이고, 그 사물에는 여러 성분 실체들이 포함되어 있다. 이때 그 성분 실체들은 동질적이지 않고 이질적이다. 반면 불가산명사 역시 지역이지만 그 지역을 구성하는 성분 실체들은 동질적이다. 둘째로 가산명사는 고유한 경계를 가지고 있다는 점에서 고유한 한정성이라는 특징을 가지고 있다. 반면에 불가산명사는 고유한 한정성의 특징이 없다. 이런 두 가지 가산명사와 불가산명사의 특성에 기초해서 가산명사와 불가산명사의 차이를 다음과 같이 나타낼 수 있다.

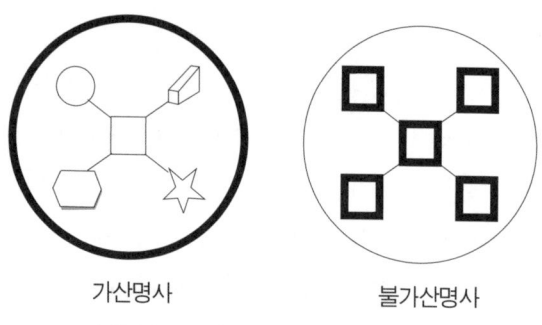

가산명사   불가산명사

〈그림 2〉 가산명사와 불가산명사

　가산명사의 경우에는 성분 실체들이 각기 달라서 이질성을 강조하고 있으며, 경계가 진하게 윤곽부여되어 있다는 것은 가산명사에는 한정성의 특징이 있음을 나타낸다. 반면에 불가산명사의 경우에는 모든 성분 실체들이 동일하며, 동일한 성분 실체들은 윤곽부여되어 있으나 그 경계는 윤곽부여되어 있지 않는데, 이는 불가산명사의 동질성과 비한정성을 반영한다.

　가산명사와 불가산명사의 구별이 사물과 물질의 예로 가장 쉽게 설명될 수 있지만, 그런 구별은 다른 영역의 실체에도 동등하게 적용된다. 예컨대, 교향곡은 개별화될 수 있는 사물인데, 교향곡이 공연될 때 그것은 시간의 영역에서 한정된다. 2악장과 같은 교향곡의 부분은 교향곡이 아니므로 'symphony'는 가산명사이다. 가산명사의 실례를 복사할 수 있는데, 그런 경우에는 'several symphonies'로 표현된다. 이와 대조적으로 'music'은 불가산명사이다. 'music'의 여러 실례는 'several musics'가 아니라 단순히 'music'으로 표현된다.

　가산명사와 불가산명사 사이의 구별이 이처럼 개념적으로 잘 정립되어 있지만, 그 둘 사이의 구별은 화자가 세계를 어떻게 바라보고 어떻게 인지하고 어떻게 해석하느냐의 문제에 달려 있다. 내적 동질성의 개념을 예로 들어보자. 분자의 층위에서는 물이 동질적이지 않고 개별화될 수 있는 여러 분자들로 구성되기 때문에 'water'는 가산명사로 분류되어야 하지만, 우리는 물을 분자의 층위에서 해석하지 않고 우리 눈에 보이는 표층의 층위에서 해석하기 때문에 'water'는 물질명사로 간주된다. 즉 분자의 집합으로서 물은 실용적인 인간의 관심사에 적절하기 때문에 물질명사로 표현되는 것이다. 또 다른 예로, '모래(sand)', '설탕(sugar)', '쌀(rice)', '먼지(dust)' 등과 같은 현상은 물질이 아니라 사물의 집합으로 간주할 수 있다. 왜냐하면 설탕과 모래를 구성하고 있는 입자들은 적어도 우리 눈으로 지각할 수 있기 때문이다. 그러나 설탕이 우리에게 모습을 드러낼 때 그것은 항상 함께 모여 있는 수천 개의 설탕 입자의 집합의 형태로 나타나기 때문에, 하나의 설탕 입자는 거의 실용적인 목적을 수행하지 못한다. 그리고 여러 입자들의 집합인 설탕은 설탕을 담는 그릇의 형태에 따라 형성되고 내적으로 동질적이기 때문에 마치 액체처럼 행동하므로 물질명사로 분류가 되는 것이다.

 'noodle'의 예를 살펴보자. 'noodle'은 가산명사이다. 개개의 국수는 개개의 쌀알보다 더 크기 때문에 단 하나의 쌀알보다 단 한 가닥의 국수를 먹기가 더 쉽다. 그렇지만 단 한 가닥의 국수는 사람들에게 크게 흥미롭지 않기 때문에 'noodle'을 가산명사로 분류하는 데 어려움이 있다. 그러나 쌀과는 달리 국수는 사물 범주화의 기준이 적용된다. 유사한 예를 하나 들자면, 자갈더미를 구성하는 입자의 크기와 조약돌더미를 구성하는 입자 사이에 차이가 거의 없지만, 'gravel(자갈)'은 불가산명사인 반면 'pebble(조약돌)'은 가산명사인데, 이것도 '해석(construal)'의 문제로 이해할 수 있다. 그리고 '가구(furniture)'와 '칼붙이(cutlery)'의 경우에는 물질 범주화의 기준이 적용된다. 가구를 두 부분으로 나누어도 각 부분은 여전히 'furniture'이다. 몇 개의 가구를 합쳐도 여전히 'furniture'로 표현된다.

가산명사와 불가산명사의 구별에 해석이 역할을 한다고 했는데, 해석의 역할은 주어진 실체를 종종 서로 다른 방법으로 해석할 수 있다는 사실로부터 자명해진다. 우리는 개별화되는 사물에 초점을 두면서 이웃의 'houses'나 집합적인 실체로서 집에 초점을 두면서 이웃의 'housing'에 대해 이야기할 수 있다. 그리고 공장의 'machines'나 공장의 'machinery'에 대해 이야기할 수 있다.

더욱이 동일한 명사가 NC→NU 전환과 NU→NC 전환을 겪을 수 있다. 다음 예를 보자.

(6) a. Could I have a potato? (감자 한 개를 먹을 수 있을까요?)(가산)
b. Could I have some potato? (감자 좀 먹을 수 있을까요?)(질량)

감자는 보통 단일하고 개별화되고 셀 수 있는 사물로 범주화되므로 가산명사로 취급되어 요리할 때나 상을 차릴 때 이 특징을 그대로 간직할 수 있다. 그러나 만약 감자를 으깨면 그 특징은 변한다. 그것은 동질적인 물질이 되어 그것으로부터 그 특징을 바꾸지 않고 그 일부가 제거되거나 또 다른 일부가 더해질 수 있다. 이런 경우에는 감자는 물질로 범주화되어 불가산명사로 취급된다.

또 다른 예로 액체 물질의 경우를 고려해 보자. 'I'll have some water(나는 물을 좀 마실 것이다)', 'There's beer in the fridge(냉장고에 맥주가 있다)', 'He drank a glass of wine(그는 와인 한 잔을 마셨다)'에서처럼 'water', 'beer', 'wine'은 물질명사로 분류되었다. 그러나 이런 명사들이 가산명사의 용법으로 사용될 수 있는 현상을 쉽게 접할 수 있다. 다음 예를 보자.

(7) a. There were several wines on show. (와인 몇 병이 진열되어 있었다.)
  b. He drank a few beers. (그는 맥주 몇 병을 마셨다.)
  c. The waters were rising. (물이 불어나고 있었다.)

이 용법들에는 다양한 동기가 있다. 와인의 경우에, 사람들은 그 현상을 몇 가지 하위유형으로 나누는 것이 그들의 일상 관심사에 상당히 적절하다고 생각한다. 각각의 그런 하위유형은 개별화되는 실체이기 때문에, 그것은 (7a)에서처럼 가산명사로 나타난다. 예 (7b) 또한 몇 가지 유형의 맥주를 마셨다는 것을 의미하는 것으로 해석되기 때문에 맥주가 가산명사의 용법으로 사용된다. (7c)에서 홍수는 전형적으로 다른 수원지에서 온 물이 흘러 들어가는데, 그래서 그것들이 합쳐진 뒤에도 여전히 다른 실체들로 개념화될 수 있다.

이처럼 동일한 명사가 경우에 따라 가산명사나 불가산명사로 전환될 수 있다는 것은 해석의 문제인데, 어떤 실체에 대해 한정성이나 성분들의 이질성을 강조하는 식으로 해석할 수도 있고, 비한정성과 성분들의 동질성을 강조하는 식으로 해석할 수도 있는 것이다. 따라서 가산명사가 불가산명사로 전환되거나 불가산명사가 가산명사로 전환될 수 있는데, 이것은 해석의 차이인 것이다.[2] 이것은 다음과 같이 나타낼 수 있다.

---

[2] 하나의 실체를 다양한 방식으로 해석하는 것이 가능하다고 한다면, 언어마다 각기 다르게 관습적 해석을 부호화한다는 것은 놀라운 일이 아닐 것이다. 영어에서는 'information', 'advice', 'evidence', 'research', 'news'가 불가산명사로 해석된다. 독일어에서는 그에 상응하는 명사인 'Information', 'Hinweis', 'Beweis', 'Forschung', 'Nachricht'는 가산명사이다. 따라서 이런 독일어 명사는 'eine Information'나 'Nachrichten'과 같이 부정관사와 함께 사용되거나 복수 접사가 붙을 수 있다.

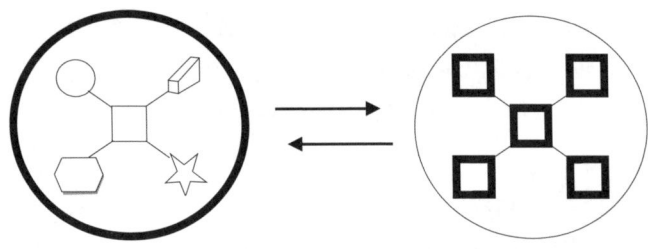

〈그림 3〉 NC↔NU 전환에 대한 해석 과정

요컨대, 명사는 어떤 영역에서 상호 연결된 일련의 실체들인 지역으로 정의되며, 한정성 및 동질성의 개념에 기초해서 가산명사와 불가산명사로 구분된다. 더욱이 동일한 명사가 해석의 과정에 따라 가산명사나 불가산명사로 전환될 수 있음을 보았다. 지금까지의 설명은 다음과 같이 나타낼 수 있다(Taylor 2002: 380 참조).

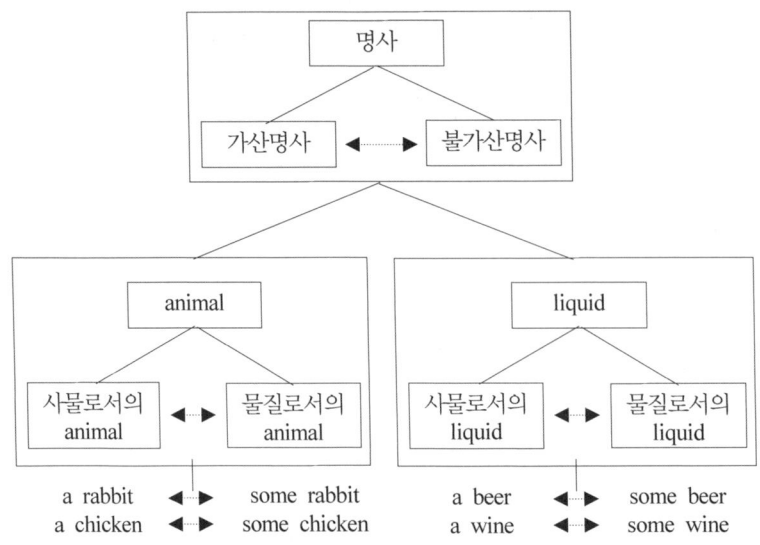

〈그림 4〉 가산명사-불가산명사 구별에 대한 망조직

NC↔NU 전환을 환유에 비추어 설명하면 다음과 같다. NC→NU 전환은 <사물은 재료를 대표한다> 환유에 의해 동기화되고, NU→NC 전환의 경우에는 <재료는 사물을 대표한다> 환유가 작동한다는 것이다. 다음 두 장에서는 N→V 전환에 대한 환유적 동기화를 제공할 것이다.

3. N→V 전환의 환유적 동기화

3.1. 행동 ICM 환유와 N→V 전환

Lakoff & Johnson(2003: 35)은 환유가 한 실체를 사용해서 그것과 관련된 다른 실체를 가리키는 인지 과정으로 정의했다. 그리고 Radden & Kövecses(1999: 19-21)는 환유가 이른바 '이상적 인지모형(Idealized Cognitive Model)' 내에서 작용한다는 입장을 취한다. 따라서 환유적 사상은 한 ICM 전체와 그 부분들 사이에서 발생하거나 한 ICM의 다양한 부분들 사이에서 발생할 수 있다. 따라서 이 절에서는 행동 ICM에 입각해서 어떻게 환유가 N→V 전환에서 작용하는지를 설명할 것이다. 행동 ICM은 에너지가 특정한 방식으로 도구를 통해 행위자에서 수동자로 흐르는 상황을 개념적으로 제시한 것이다. 다음 그림에서처럼, 행동 ICM은 행위자, 수동자, 도구를 포함해 다양한 요소들로 구성되어 있다.

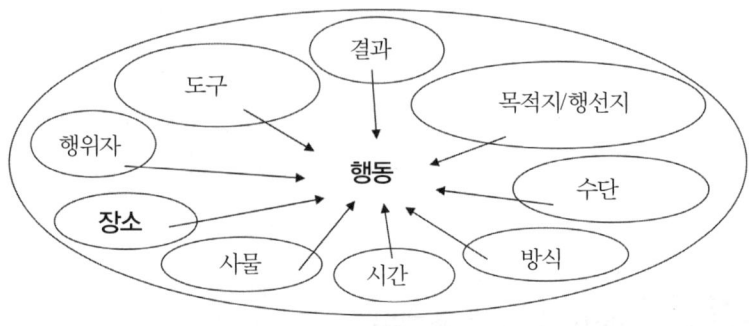

〈그림 5〉 N→V 전환을 위한 행동 ICM

행동 ICM에 근거하는 환유를 예를 통해 설명해 보자. 먼저, <도구는 행동을 대표한다> 환유의 예는 다음이다.

(8) a. Be careful not *to drill* into gas pipes! (가스 파이프를 **송곳으로 구 멍을 뚫지** 않도록 조심해!)
    b. A pair of oxen, *yoked* together, was used. (**멍에로 연결된** 소 두 마 리가 사용되었다.)

이 예에서 동사로 전환된 명사는 그 행동을 수행하기 위한 도구를 가리킨다. 'to drill'은 '드릴을 사용해서 일한다'를 의미하고, 'to yoke'는 '멍에를 사용해서 동물들을 함께 모은다'를 뜻한다.

<행위자는 행동을 대표한다> 환유의 예는 다음이다.

(9) a. The prisoners *were guarded* by soldiers. (죄수들은 군인들의 **감시 를 받았다**.)
    b. He claims *to have fathered* over 20 children. (그는 20명 이상의 아 이들을 **책임졌다**고 주장한다.)

이 예에서 동사로 전환된 명사는 그 행동을 수행하는 행위자를 가리킨다. 'to guard'는 '감시하다'는 의미이고, 'to father'는 '책임지다'는 의미이다.
<사물은 행동을 대표한다> 환유의 예는 다음이다.

(10) a. Could you *dust* the sitting room? (거실의 **먼지를 닦아줄** 수 있나요?)
b. He was *fishing* salmon. (그는 연어를 **낚았다**.)

이 예에서 동사로 전환된 명사는 그 행동에 수반되는 사물을 가리킨다. 'to dust'는 거실의 '먼지를 닦다'는 뜻이고, 'to fish'는 '낚시질하다'는 뜻이다.³

<결과는 행동을 대표한다> 환유의 예는 다음이다.

(11) a. Careful — you're *messing* my hair. (조심하세요. 당신은 내 머리카락을 **엉망으로 만들고** 있습니다.)
b. This particular variety *flowers* in July. (이 특별한 변종은 6월을 **꽃을 피운다**.)

이 예에서 동사로 전환된 명사는 그 행동에 대한 예상되는 결과나 효과를 가리킨다. 'to mess'는 '엉망으로 만든다'를 뜻하고, 'to flower'는 '꽃이 핀다'는 뜻이다.

<방식은 행동을 대표한다> 환유의 예는 다음이다.

(12) a. I *tiptoed* over to the window. (나는 창문까지 **발끝으로 걸어갔다**.)
b. A vein *pulsed* in his temple. (그의 관자놀이에서 정맥이 **꿈틀거렸다**.)

---

3   기본층위 용어 'fish'만 전환의 입력이 될 수 있고, *He was salmoning'에서처럼 'salmon'과 같은 하위층위 용어에서는 이것이 불가능하다. 분명 여기에는 경험적 동기화가 있다. 즉 우리가 낚시를 할 때 어떤 물고기를 잡을지 항상 아는 것은 아니기 때문에, 이런 하위층위는 초점을 받을 수 없는 것이다.

c. He was *fishing* pearls. (그는 진주를 찾고 있었다.)

이 예에서 동사로 전환된 명사는 그 행동의 방식을 가리킨다. 'to tiptoe'는 발끝으로 살금살금 걷는 방식을 뜻하고, 'to pulse'는 맥이 뛰는 방식으로 움직인다는 것을 뜻하며, 'to fish'는 낚시하는 방식을 뜻한다.[4] <수단은 행동을 대표한다> 환유의 예는 다음이다.

(13) a. We lay *sunning* ourselves on the deck. (우리는 갑판에서 **햇볕을 쬐면서 누웠다.**)
b. The cyclist *signalled* and turned right. (사이클리스트는 **신호를 보내고** 오른쪽으로 돌았다.)

이 예에서 동사로 전환된 명사는 그 행동의 결과를 달성하기 위한 수단을 가리킨다. 'to sun'은 태양에 의해 따뜻해지거나 볕에 탄다는 것을 뜻하고, 'to signal'은 이동 방향을 암시하기 위해 신호를 보낸다는 뜻이다. <시간은 행동을 대표한다> 환유의 예는 다음이다.

(14) a. They're *weekending* in Paris. (그들은 파리에서 **주말을 지내고 있다.**)
b. They *summered* at a beach resort. (그들은 해변 리조트에서 **여름을 지냈다.**)

이 예에서 동사로 전환된 명사는 그 행동이 발생하는 시간을 가리킨다. 'to weekend'와 'to summer'는 각각 특정한 휴양지에서 '주말과 여름을

---

[4] 특히 (12c)에서 'fishing pearls'는 'to take pearls from the bottom of the sea like one takes or catches fish(고기를 낚시질하듯이 해저에서 진주를 줍다)'로 의역할 수 있다. 이 경우에는 낚시 행위가 일어나는 것이 아니고, 낚시하는 방식이나 상황만이 관여하고 있다. 즉 물고기가 미끼를 물어서 잡히고 물에서 나올 때까지 끈기를 갖고 기다리듯이, 해저에서 진주를 끈기를 갖고 찾아서 그것을 바다에서 꺼내야 하는 것이다.

지낸다'는 것을 뜻한다.
<목적지는 행동을 대표한다> 환유의 예는 다음이다.

> (15) a. The fruit is washed, sorted and *bagged* at the farm. (과일은 농장에서 씻고 분류하고 **자루에 넣는다**.)
> b. We *bedded* our guests down in the study. (우리는 손님들을 우리 서재에서 **재워주었다**.)

이 예에서 동사로 전환된 명사는 그 행동에 수반되는 목적지를 가리킨다. 'to bag'은 과일을 '자루에 담는다'는 뜻이고, 'to bed'는 누군가를 '재워준다'는 뜻이다.
<장소는 행동을 대표한다> 환유의 예는 다음이다.

> (16) a. She *was schooled* in London. (그녀는 런던에서 **교육을 받았다**.)
> b. I *was gardening* when you phoned. (나는 당신이 전화했을 때 **정원에서 일하고 있었다**.)

이 예에서 동사로 전환된 명사는 그 행동이 발생하는 장소를 가리킨다. 'to school'은 '학교에서 배운다'는 것을 뜻하고, 'to garden'은 '정원에서 일한다'는 뜻이다.
<도구는 행동을 대표한다> 환유의 예는 다음이다.

> (17) He was *luring* fish. (그는 물고기를 **미끼로 유인하고 있었다**.)

'미끼(lure)', '낚싯바늘(hook)', '작살(harpoon)', '그물(net)'과 같이 물고기를 잡을 때 사용하는 도구가 활용되어, 도구를 가리키는 명사가 동사로 전환될 수 있다.

3.2. 이중 환유와 N→V 전환

환유 과정은 순환적(recursive)일 수 있다. 즉 한 표현의 해석이 몇 가지 연속적인 환유적 사상을 수반할 수 있다는 것이다. 이것은 (18)에서처럼 통시적 측면에서 입증할 수 있다. 어휘소 'barbecue'의 첫 번째 의미가 지금은 사용되지 않고 있다.

(18) barbecue
목재 → 고기 → 사교 모임

이러한 '이중 환유(double metonymy)'[5]는 공시적 측면에서도 볼 수 있고, 다음에서 명사의 다의성을 설명해 준다.

(19) You'll find better *ideas* than that in the library. (너는 도서관에서 그것보다 더 좋은 **생각**을 찾을 것이다.)
생각 → 단어 → 페이지 → 책
(20) *Wall Street* is in panic. (**월스트리트**는 공황상태에 있다.)
장소 → 기관 → 그곳의 사람들

Ruiz de Mendoza & Diéz(2002)가 제공한 이중 환유의 어떤 경우는 통사 범주의 변화를 수반한다.

(21) His sister *heads* the policy unit. (그의 누이는 정책 단위를 **이끈다**.)
머리 → 지도자 → 지도력

Kosecki(2005: 208)는 이중 환유가 영어의 N→V 전환에서 의미 창조를

---

[5] 이중 환유는 '연쇄 환유(chained metonymy)'나 '연속 환유(serial metonymy)'라고도 부른다.

동기화하는 과정과 밀접한 관련이 있다고 주장한다. 그 예는 다음이다.

(22) The boys *were fishing* for trout. (남자 아이들은 송어를 **낚시질하고 있었다.**)

이 문장에서 '낚시하다'를 뜻하는 'to fish'는 <사물은 행동을 대표한다> 환유를 통해 명사 'fish'로부터 도출되었다. 그러나 행동의 대상은 '송어'로 명시되어 있기 때문에 'to fish'의 용법은 <총칭성은 특정성을 대표한다> 환유로 해석될 수 있다. 즉, 물고기가 송어를 대표한다는 것이다. 이 예에 대한 이중 환유는 다음과 같이 나타낼 수 있다.

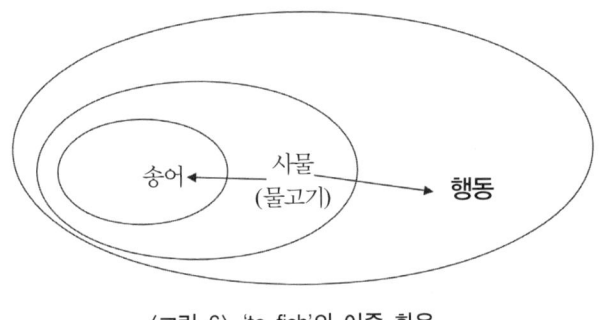

〈그림 6〉 'to fish'의 이중 환유

N→V 전환에서 이중 환유의 또 다른 예는 다음이다.

(23) We *motored* down the Oxford for the day. (우리는 그날 동안 옥스퍼드를 **자동차를 타고 갔다.**)

이 경우에는 행동 ICM 내에서 <도구는 행동을 대표한다> 환유는 도구의 하위영역 내에서 <부분은 전체를 대표한다> 환유를 포함한다. 이 전환의 예에 대한 이중 환유는 다음과 같이 나타낼 수 있다.

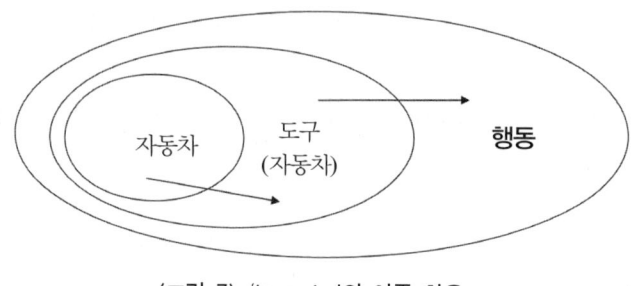

〈그림 7〉 'to motor'의 이중 환유

4. N→V 전환에서의 은환유

이 절에서는 환유와 은유가 함께 N→V 전환에서 작용하는 방식을 설명할 것이다. Goossens(2003: 369)는 은유와 환유의 상호작용 현상을 '은환유(metaphtonymy)'라고 부른다. 하지만 Barcelona(2000: 10-12)는 은유와 환유 상호작용의 두 가지 패턴을 구분한다. 하나는 개념적 층위에서의 상호작용이고, 다른 하나는 동일한 언어 표현에서 은유와 환유의 순수한 텍스트적 공실례화이다. 다음 두 절에서는 은환유의 이 두 가지 패턴에 따라 N→V 전환이 어떻게 동기화되는지 검토할 것이다.

4.1. 텍스트적 층위의 은환유에 의한 동기화

텍스트적 층위의 은환유란 환유가 동일한 언어 표현(즉, 텍스트)에서 은유와 함께 발생하는 은환유의 패턴을 말하는데, 이때 환유는 은유와 개념적으로 독립적이다. 환유와 은유의 공동발생은 이 둘이 개념적으로 서로를 동기화한다는 사실 때문이 아니라 서로 양립한다(compatible)는 사실 때문이다. 예컨대, 'The *ham sandwich* started *snarling*'은 식당 문맥에서 햄 샌드위치를 주문한 손님의 화난 행동을 가리킨다. 여기에서 작동하는 은유는 <사람은 동물이다>, 더 구체적으로는 <화난 행동은 공격적인 동물 행동이다>이고, 환유는 <주문한 음식은 손님을 대표한다>이다. 이 언어 표현, 즉 텍스트에서 은유와 환유는 손님이라는 사람의 한 부류를 목표로 가지기 때문에 서로 양립한다. 하지만 이 둘은 개념적으로 서로 독립적이다. 즉 'The ham sandwich is waiting for his check'에서는 위의 환유만 작동하고 있고, 은유 없이도 해석될 수 있는 것이다.

앞서 보았듯이 환유나 이중 환유는 N→V 전환을 동기화한다. 환유는 동사로 전환되는 명사에 독립적으로 존재하거나 존재론적 은유 내에서 전환된 동사에서 기능할 수 있다.⁶

(9b)의 'to father'의 용법에서는 <행위자는 행동을 대표한다> 환유를 식별할 수 있다. 그러나 다음 (24)의 예에서는 동일한 환유가 <계획은 아이이다>라는 사물의 의인화 내에서 기능한다. 행동의 행위자인 창조자는 은유적으로 아버지로 생각된다. 따라서 'to father'의 의미는 길을 개선하는 계획을 창조하는 것이다.⁷

> (24) He *fathered* the plan of improving the state of local roads. (그는 현지 도로 상태를 개선하는 계획을 **창시했다**.)

'to nurse'의 경우에서도 비슷한 상황이 발생한다.

> (25) a. He *nursed* troops at the general hospital in Riyadh. (그녀는 리야드

---

6 존재론적 은유는 '존재의 대연쇄(Great Chain of Being)'에 따라 '의인화(personification)', '동물화(animalization)', '식물화(vegetalization)', '구상화(reification)'로 분류될 수 있는데, 그것의 근원영역은 각각 사람, 동물, 식물, 사물이다(Lakoff & Turner 1989: 167; Krzeszowski 1997: 74 참조).

7 행동의 대상이 인간(over 20 children)인 (9b)에서는 이런 은유를 식별할 수 없다.

종합병원에서 군대를 **돌봤다**.)
b. She *was nursing* her hurt pride. (그녀는 상처 입은 자부심을 **돌보고 있었다**.)

(25a)에서 to nurse의 개념화는 <행위자는 행동을 대표한다> 환유에 근거를 두지만, (25b)에서는 동일한 환유가 은유 내에서 기능한다. 이 은유에서는 행동의 대상인 '자부심'은 '환자'로 의인화되고, 행위자는 은유적으로 '간호사'로 간주된다. 이제 'to nurse'는 간호사가 환자를 돌보는 것과 비슷한 방식으로 상처 입은 자부심을 돌본다는 의미를 얻는다. (25a)에서는 이런 은유적 확장을 관찰할 수 없다. 즉 이 예에서는 행위자가 간호사로 일하고, 행동의 대상(troops)은 인간인 것이다.

동물화의 경우에 은유의 근원영역은 '동물'이다. (8b)에서 'to yoke'는 <도구는 행동을 대표한다>의 실례이고, (10b)에서 'to fish'의 의미는 <사물은 행동을 대표한다> 환유에 의해 동기화된다. 그러나 (26)에서 볼 수 있듯이 이런 동일한 환유를 은유적 확장 내에서 발견할 수 있다.

(26) a. The Hong Kong dollar *was yoked* to the American dollar for many years. (홍콩 달러는 수년 동안 미국 달러에 **결합되었다**.)
b. She stopped and *fished* for her door key. (그녀는 멈추고 집 열쇠를 **찾았다**.)

(26a)에서 <도구는 행동을 대표한다> 환유는 <통화는 동물이다> 은유 내에서 기능하고, (26b)에서 <사물은 행동을 대표한다> 환유는 <열쇠는 동물이다> 은유 내에서 기능한다.

문장 (11b)에서 'to flower'는 <결과는 원인을 대표한다> 환유의 실례이다. (27)에서 볼 수 있듯이 'to flower'의 의미는 동일한 환유를 보존하면서 식물화에 의해 동기화될 수 있다. 즉 이 환유가 <재능은 식물이다>

은유 내에서 기능하므로, 이 동사는 식물이 꽃을 피우듯이 성공하고 잘 발달하게 된다는 의미를 얻는다.

(27) His musical talent *flowered* in his twenties. (그의 음악적 재능은 20대에 **꽃을 피웠다**.)

이와 비슷하게, (28)에서 'to stem'의 의미를 동기화하는 <행위자는 행동을 대표한다> 환유는 <문제는 식물이다>(28a) 및 <사람은 식물이다>(28b) 은유 내에서 기능한다.

(28) a. The flowers *stem from* the leaf axils. (그 꽃이 엽액에서 **생긴다**.)
b. Many of her problems *stem from* her family. (그녀의 많은 문제는 가족으로부터 **생긴다**.)

마지막으로, 대상화의 경우는 (29)로 예증될 수 있다. 이 경우, 도구는 <행동을 대표한다> 환유는 <사람은 사물이다> 은유 내에서 기능한다.

(29) He *was drilling* his class for half an hour. (그는 30분 동안 그녀의 반을 **가르치고 있었다**.)

이 예에서 'to drill'은 어떤 과제를 송곳인 것처럼 사용해서 가르친다는 것을 뜻한다. 비슷한 개념화 패턴은 다음 예에서도 관찰할 수 있다.

(30) a. She *hammered* the nail into the wall. (그녀는 못을 벽에 **망치로 박았다**.)
b. A stream of blue movies *hammered* fancy ideas into his head. (계속되는 도색 영화들이 공상적인 생각을 그의 머리에 **박아 넣었다**.)

(30a)에서 'to hammer'의 의미는 <도구는 행동을 대표한다> 환유에 의

해 동기화될 수 있다. (30b)에서는 동일한 환유가 <생각은 사물이다> 은유 내에서 기능하고, 'to hammer'는 망치를 사용하는 것처럼 어떤 생각을 누군가에게 설득시킨다는 것을 뜻한다.

4.2. 개념적 층위의 은환유에 의한 동기화

텍스트적 층위의 은환유에서는 환유가 은유와 독립적으로 작동할 수 있지만, 개념적 층위의 은환유에서는 환유가 자립적으로는 작동하지 않고, 은유적 확장에 기초해서 작동한다는 특징이 있다. 개념적 층위에서 은유-환유의 상호작용은 두 가지 패턴으로 나눌 수 있다. 하나는 은유에 대한 환유적 동기화이고, 다른 하나는 환유에 대한 은유적 동기화이다. 전자는 Goossens(2003: 366-367)가 말하는 '환유로부터의 은유(metaphor from metonymy)'나 '환유 내 은유(metaphor within metonymy)'에 대응한다. 이 경우에 은유에 대한 경험적 기초는 환유이다. 후자는 '은유 내 환유(metonymy within metaphor)'이다. 이 경우에는 목표영역에서 기능하는 환유가 은유에 내포된다. 환유가 텍스트적 층위에서 기능하는 것과 비슷한 방식으로, 개념적 층위에서의 환유도 N→V 전환에서 의인화, 동물화, 식물화, 대상화와 같은 존재론적 은유를 포함할 수 있다.

의인화는 다음 문장으로 예증된다.

 (31) The mayor will *head* the procession through the town centre. (시장은 도심지를 통해 그 행진을 **지휘할** 것이다.)

행진을 이끈다는 것을 뜻하는 'to head'에서 관찰되는 개념화 기제는 이중 환유에 근거를 둔다. <행위자는 행동을 대표한다>와 <부분은 전체를 대표한다>(head는 행위자 전체를 대표한다)가 그 두 가지 환유이다.

그리고 이 두 환유는 행진이라는 사물을 사람으로 의인화하는 <사물은 인간이다> 은유에 기초해서 작동한다.

동물화의 경우에 전환된 동사는 사람은 동물이다 은유에 기초해서 <행위자는 행동을 대표한다> 환유에 의해 동기화된다. 그 예는 다음이다.

(32) a. We used *to ape* the teacher's southern accent. (우리는 선생님의 남부 악센트를 **흉내 내곤 했다**.)
b. Photographers *dogged* the princess all her adult life. (사진사들이 성인기 내내 그 공주를 **성가시게 따라 다녔다**.)

(32a)에서 'to ape'는 원숭이처럼 누군가를 따라한다는 것을 뜻하고, (32b)에서 'to dog'는 개처럼 누군가를 성가시게 따라 다닌다를 뜻한다. 환유가 심층의 은유 없이 기능하는 전환된 동사의 예를 찾는 것은 불가능하다. 하지만 다음과 같이 말할 수는 있다.

(33) a. The chimpanzee used *to ape* the teacher's accent. (침팬지는 선생님의 악센트를 **흉내 내곤 했다**.)
b. Puppies *dogged* the princess all her adult life. (강아지는 성인기 내내 그 공주를 **성가시게 따라 다녔다**.)

이 두 예에서 <행위자는 행동을 대표한다> 환유는 <동물은 인간이다> 의인화에서 발생한다. 따라서 'to ape'는 '사람과 같은 방식으로 누군가를 모방하다'를 뜻하고, 'to dog'는 '누군가를 성가시게 따라 다닌다'를 뜻한다. 이런 문장들은 아마 유머러스한 텍스트나 발화에서 발견될 것 같다.

식물화에서 은유적 사상의 근원영역은 '식물'이다. 다음 예를 보자.

(34) a. After work he just *vegs* out — just sits there and says nothing. (그는

퇴근 후에 **무위로 지낸다**. 그냥 그곳에 앉아서 아무 말도 안한다.)
b. Her cheeks were *rosing* on her pale skin. (그녀의 뺨은 창백한 피부에서 **붉히고 있었다**.)

(34a)는 <행위자는 행동을 대표한다> 환유의 예로서, 'to veg'는 야채처럼 수동적이라는 것을 뜻한다. 그리고 (34b)에서는 'to rose'로의 전환에 대한 기초가 되는 환유는 <결과는 행동을 대표한다>로 식별되어, 장미 색깔이 됨을 뜻한다. 하지만 두 환유 모두 <사람은 식물이다> 은유 내에서 기능한다. 중요한 것은 'to veg'와 'to rose' 의미에 대한 기초가 되는 환유가 은유적 확장이 없는 전환된 동사에서는 존재할 수 없다는 것이다.

근원영역 '사물'로부터의 은유적 사상에 기초하는 개념적 층위의 은환유는 다음의 문장으로 예증된다.

(35) The music of the time *mirrored* the feeling of optimism in the country. (그 시대의 음악은 그 나라에서 낙관주의의 느낌을 **반영했다**.)

이 예에서 'to mirror'의 의미에 대한 기초가 되는 환유는 <행위자는 행동을 대표한다>이다. 이 환유는 <음악은 거울이다>라는 개념적 은유에 기초한다. 따라서 'to mirror'는 거울에서처럼 느낌을 비춘다는 의미를 획득한다.

5. 마무리

이 장에서는 N→V 전환의 과정에서 행동 ICM에서 작용하는 환유 때문일 수 있다는 것을 보여 주었다. 어떤 예에서는 전환된 동사의 의미가 이중 환유에 기초를 둔다. 더욱이 환유는 은유와 상호작용하여 복잡한 은환유를 생산할 수도 있다. N→V 전환의 기초가 되는 은유적 사상은 근원영역에 따라 의인화, 동물화, 식물화, 대상화로 분류될 수 있다. 텍스트적 층위에서 환유와 은유의 상호작용의 경우, 은유적 확장은 환유만을 수반하는데, 이런 환유는 또한 은유에 내포되지 않고서 그 자체로도 기능한다. 개념적 층위에서의 상호작용의 경우, 은유와 함께 발생하는 환유는 주어진 동사에서 별도로 기능할 수 없다. 흥미롭게도, 텍스트적 층위에서의 은환유는 전환에서 더 생산적인 것처럼 보이지만, 순수한 개념적 층위에서의 그런 상호작용은 특유하고 덜 빈번한 경우에 국한되는 경향이 있다.

참고문헌

Aronoff, M. 1976. *Word Formation in Generative Grammar*. Cambridge MA: MIT Press.

Barcelona, A. ed. 2000. *Metaphor and Metonymy at the Crossroads: A Cognitive Perspective*. Berlin: Walter de Gruyter.

Bauer, L. & S. Valera. 2005. Conversion or zero-derivation: an introduction. In L. Bauer & S. Valera eds. *Approaches to Conversion/Zero-derivation*. 7-17. Münster: Waxmann.

Bierwiaczonek, B. 2013. *Metonymy in Language, Thought and Brain*. Sheffield, UK, and Bristol, CT: Equinox Publishing Ltd.

Goossens, L. 2003. Metaphtonymy: The interaction of metaphor and metonymy in expressions for linguistic action. In Dirven, R. & R. Pörings eds. *Metaphor and Metonymy in Comparison and Contrast*, 349

-377. Berlin/New York: Mouton de Gruyter.

Kosecki, K. 2005. *On the Part-Whole Configuration and Multiple Construals of Salience within a Simple Lexeme*. Łódź: Wydawnictwo Uniwersytetu Łódzkiego.

Krzeszowski, T. P. 1997. *Angels and Devils in Hell: On Elements of Axiology in Semantics*. Warsaw: Energeia.

Langacker, R. W. 1987. *Foundations of Cognitive Grammar*. Vol. I: *Theoretical Prerequisites*. Stanford: Stanford University Press.

Marchand, H. 1969. *The Categories and Types of Present-day English Word-formation*. 2nd edn. München: CH Beck.

Quirk, R., S. Greenbaum, G. Leech, & J. Svartvik. 1985. *A Comprehensive Grammar of the English Language*. London: Longman.

Radden, G. & Z. Kövecses. 1999. Towards a theory of metonymy. In Panther K. U. & G. Radden eds. *Metonymy in Language and Thought*. 17-59. Amsterdam/Philadelphia: John Benjamins Publishing Company.

Ruiz de Mendoza Ibáñez, F. J. & O. I. Díez. 2002. Patterns of conceptual interaction. In Dirven, R. & R. Pörings eds. *Metaphor and Metonymy in Comparison and Contrast*. 489-532 Berlin/New York: Mouton de Gruyter.

Schönefeld, D. 2005. Zero-derivation — functional change — metonymy. In Bauer, L. & S. Valera eds. *Approaches to Conversion/zero-derivation*. 131-159. Münster: Waxmann.

Štekauer, P. 2005. Onomasiological Approach to Word-formation. In: Štekauer, P. & L. Rochelle eds. *Handbook of Word-Formation*. 207-232. Dordrecht: Springer.

Taylor, J. R. 2002. *Cognitive Grammar*. Oxford: Oxford University Press.

제3장

부정 구문에 나타난 동기화

김억조

1. 들머리

이 글은 의미와 구조 사이의 동기화에 관해 살펴보는 데 목적이 있다. 언어의 구조가 다르면 의미도 다르다는 인지언어학적 관점에서 언어의 의미와 구조 간의 관계를 살펴보기로 한다.

종래 언어 연구의 주된 경향 가운데 하나는 언어의 구조와 내용 간의 관계는 자의적이며 사회적 관습에 의해 용인된 법칙으로 이해하려는 것이었다. 즉 구조주의나 기술주의 시대에서는 언어 체계의 자율성 범위 안에서 원리나 법칙을 기술하려 하였으며, 변형생성주의에 이르러서 언어와 정신의 상관성 해명에 끊임없이 도전해 왔지만, 자율성의 테두리를 완전히 벗어나지 못함으로써 그 성과는 여전히 미지수로 남아 있거나 회의적이다(임지룡 2008: 340-341).

문법 단위는 문법화 과정을 통해 점차 추상적인 문법 기능을 갖게 되는

데(Hopper & Traugott 2003: 1) 특정 맥락에서 먼저 사용되다가 점차 관습적으로 사용되는 확장 과정을 통해 용법 기반으로 발달한다(Langacker 2008: 168).

이 연구의 대상인 부정구문에 사용된 '-찮-'과 관련된 선행 연구는 손세모돌(1999)과 이광호(2002), 정원수(1989)에서 이루어진 바 있다. 이 형태소를 손세모돌(1999)에서는 선어말어미로 보는 견해를 취하였고 이광호(2002), 정원수(1989)에서는 파생접미사로 보았다. 그러나 앞의 세 연구 모두 '-잖-'에 관한 논의가 중심으로 '-찮-'에 관해서는 간략하게 논의하였다.

이 연구는 다음과 같이 구성된다. 2절에서는 언어의 의미와 구조에 대해 개관하고, 3절에서는 'X하지 않-', 'X치 않-', 'X찮-'의 의미와 사용 양상을 살펴보기로 한다. 4절에서는 이를 바탕으로 한 의미와 구조 동기화 양상을 거리적 도상성, 주관화, 빈도를 중심으로 살피고, 5절에서는 이상의 논의를 요약하고 남은 문제를 제시하기로 한다.

2. 언어의 의미와 구조

2.1. 자의성과 예측성

의미와 구조의 관계에 관해서는 소쉬르 이후 많은 언어학자들에 의해 자의성과 예측성에 관해 논의되었다. 지금까지 논의된 의미와 구조의 관계는 '자의성, 동기화, 예측성' 사이에 있다고 할 수 있는데 이를 도식화하면 다음과 같다.

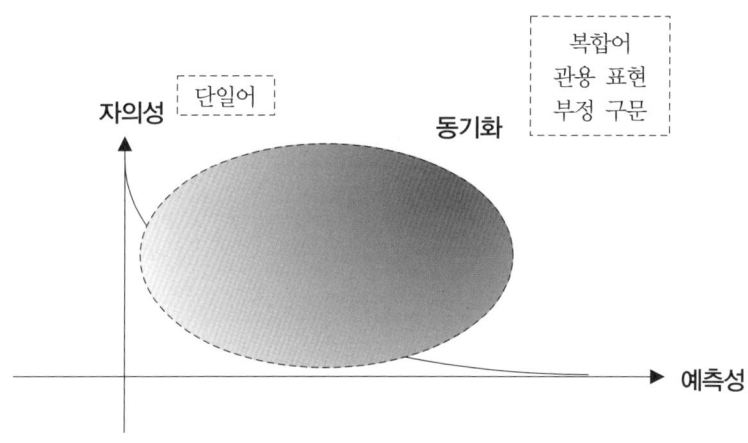

〈그림 1〉 자의성, 동기화, 예측성의 관계(송현주 2015: 30)

　예측성이란 구성 요소를 통해 의미 또는 구조가 예측될 수 있다는 것을 의미하는 것으로 자의성과 완전히 상반되는 개념이다(송현주 2015: 30 참조). <그림 1>에서 자의성이 최대가 되는 지점은 예측성이 최소가 되는 지점이며, 반대로 자의성이 최소가 되는 지점은 예측성이 최대가 되는 지점이다. 자의성은 주로 단일어의 구조와 의미 사이에 국한되며, 복합어와 구, 문장 층위에서는 구조와 의미 간의 동기화가 나타난다. 많은 언어는 자의성과 예측성의 양 극단보다는 그 사이에 있는 동기화의 영역에서 결정되며, 예측성이 클수록 더 많이 동기화되어 있다고 볼 수 있다.

2.2. 의미와 구조의 관계

　Radden & Panther eds.(2004: 14-23)에 따라 의미(내용)와 구조(형태) 간의 기본적 기호 관계는 다음 <그림 2>와 같다.

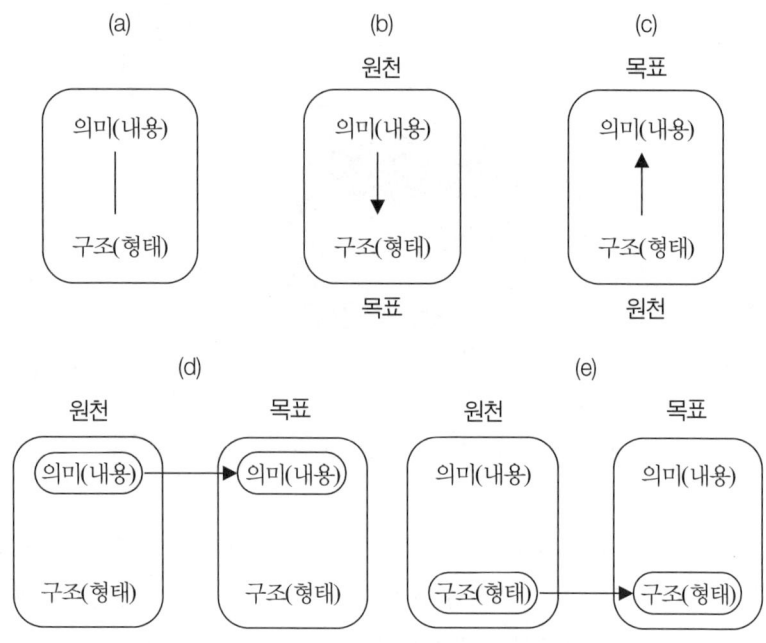

〈그림 2〉 의미(내용)와 구조(형태) 간의 기본적 기호 관계

<그림 2>에서 (a)는 의미와 구조 간의 기호 관계가 자의적인 경우를 나타낸 것이고 (b)는 의미가 구조를 동기화하는 경우, (c)는 구조가 의미를 동기화하는 경우, (d)는 의미가 또 다른 의미를 동기화하는 경우, (e)는 구조가 또 다른 구조를 동기화하는 경우를 나타내는 것이다. (b-e)는 모두 자의성에 반대되는 개념으로서 동기화의 하위 부류이다.

임지룡(2010: 26-29)에 따르면 '도상성(iconicity)'이란 언어의 구조(형태)와 의미(내용) 간에 존재하는 유사성이다. 자의성은 주로 단일어의 구조와 의미 간에 국한되며, 복합어를 비롯한 어휘 층위, 문장 층위, 그리고 담화 층위에서는 구조와 의미 간에 도상성이 존재하는 것으로 확인되었다. 도상성은 단일어에서 구조와 의미 간의 자의성과 달리 언어 구조와 개념 구조 간의 유의미한 동기화에 바탕을 두고 있다. 그중 거리 도상성

은 한 성분이 다른 성분과 의미상 관련성이 높을수록 더 가까운 거리에 위치하게 되는 원리이다.

3. 'X하지 않-', 'X치 않-', 'X찮-'의 의미와 사용 양상

이 절에서는 'X하지 않-', 'X치 않-', 'X찮-'을 통하여 언어 의미와 구조의 동기화 양상을 살펴보기로 한다.[1]

3.1. 'X하지 않-', 'X치 않-', 'X찮-'의 의미

앞선 연구에서 'X하지 않-'에서처럼 명사 또는 어근에 후행하는 '-하-'는 접미사로 본 논의도 있고 동사로 해석한 논의도 있었다.[2] 그리고 '-지'는 김동식(1980, 1981), 이영민(2001)에서와 같이 종결어미로 보는 견해, 장경기(1986, 2001)와 같이 연결어미로 보는 견해, 서태룡(1988)과 같이 두 형태소를 동일한 형태소로 보는 견해로 나뉘었다. '-하-'와 연결 어미의 결합에는 거의 제약이 없고 종결 어미와의 결합은 형용사의 특성과 동일하다(박청희 2012: 115). '-찮-'은 '-지'와 '않-'이 단순히 음운론적으로 축약된 형태로 보거나, '-찮-'을 하나의 독립된 형태소로 보는 견해로 나뉘는데 이는 다시 손세모돌(1999)과 같이 선어말어미로 보는 견해와 이광호 (2002), 정원수(1989)와 같이 파생접미사로 보는 견해로 나뉜다. 말뭉치에서 'X치 않-'의 목록에서 'X'의 자리에 가장 많이 나온 '만만-'을 대상으로 'X하지 않-'의 의미를 살펴보면 다음과 같다.

---

[1] 세종균형말뭉치에서 '않-'을 포함한 목록을 추출하면 69,492개이다. 이를 기본 자료로 'X치 않-'의 목록을 작성하여 'X하지 않-', 'X찮-'과 비교한다.
[2] 이에 대한 연구사는 박청희(2012) 참조.

(1) a. 느꼈던 고통이 **만만하지는 않**았지만 어찌하랴.
b. 여성의 지위가 **만만하지 않**았다.
c. 장소호 감독도 **만만하지 않**으시니까.

(1)은 'X하지 않-'의 구성으로 이루어져 있다. 이는 '부담스럽거나 무서울 것이 없어 쉽게 다루거나 대할 만하다'는 뜻을 가진 '만만하다'에 연결어미 '-지'가 붙고 이를 부정하는 '않-'이 결합된 통사구조이다. 즉 여기서 '만만하지 않-'의 의미는 선행 서술인 '만만하다'를 [긍정]한 다음에 그것의 부정을 [연결]하는 '-지'의 의미가 순차적으로 해석된 후 그것을 전체 부정하는 '않-'으로 해석할 수 있다. (1)에서 부정이 되는 범위는 '-지'가 통합된 용언만이 아니라 '-지'에 선행하는 문장 전체로 해석되는 것이 일반적이다. 그것은 '-지'의 지배영역이 선행하는 문장임을 뜻한다 (서태룡 1988: 113 참조). '-지' 다음에 부정의 의미를 나타내는 용언이 연결된다는 것은 '-지'의 선행 서술이 부정할 만한 가치 곧 [긍정적 가치]가 있음을 뜻한다. 즉 선행 서술을 [긍정]한 다음에 그것의 부정을 [연결]하는 것이 '-지'이다. 일반적으로 'X하지'가 줄어서 '-치 않-'으로 사용되기도 하는데 이를 적용해서 (1)을 다시 쓰면 다음과 같다.

(2) a. 느꼈던 고통이 **만만치는 않**았지만 어찌하랴.
b. 여성의 지위가 **만만치 않**았다.
c. 장소호 감독도 **만만치 않**으시니까.

(2)는 앞의 (1)을 바꾼 것으로, 자연스러운 표현으로 볼 수 있다. 이는 일반적으로 '만만하지'가 음운론적으로 줄어서 '만만치'로 자주 사용되기 때문이다. 실제 말뭉치 용례에서도 'X치 않-'이 많이 사용되는데 '-치 않-'의 말뭉치 용례를 제시하면 다음과 같다.

(3) a. 성공할 수 있을까 하는 의심도 **만만치 않**게 나왔다.
　　b. 경계하고 비판하는 반론도 **만만치 않**게 제기되고 있다.
　　c. 그들의 저항이 **만만치 않**을 것으로 예상된다.

　(3a)의 '만만치 않게'는 '적은 수가 아닐 정도로'의 의미로, (3b)는 '적지 않게'의 뜻으로, (3c)는 (저항이) '많을'의 뜻으로 해석된다. (3)에서 'X치 않-'이 'X하지 않-'의 단순 축약형이라면 다음과 같이 되돌릴 수 있을 것이다.

(4) a. 성공할 수 있을까 하는 의심도 **만만하지 않**게 나왔다.
　　b. 경계하고 비판하는 반론도 **만만하지 않**게 제기되고 있다.
　　c. 그들의 저항이 **만만하지 않**을 것으로 예상된다.

　(4)의 예문은 (3)에서 '만만치'를 '만만하지'로 바꿔서 다시 쓴 예문인데 (3)과 동일한 의미로 해석되지 않기 때문에 (3)의 '-치 않-'이 '-하지 않-'의 단순 음운론적 축약형이라고 보기는 힘들다.
　다음은 '만만치 않-' 구성과 '만만찮다'에 관해 살펴보기로 한다.

(5) a. 안경알 뒤로 번득이는 눈매와 희고 넓은 이마에는 **만만찮은** 열정과
　　b. 생각보다 **만만찮은** 일이다.
　　c. 사장의 퇴임 논의가 **만만찮게** 나오고 있다.
　　d. 처신이 사돈네 안방에 들어온 것같이 **만만찮았다**.

　(5)는 『표준국어대사전』에 나오는 예문인데 (5a)는 '보통이 아니어서 손쉽게 다룰 수 없다', (5b)는 '그렇게 쉽지 아니하다', (5c)는 '양이 적지 아니하다', (5d)는 '편안하지 아니하다'는 뜻으로 사용된 단일어이다.
　앞에서 살펴본 'X하지 않-'의 통사구조에서는 '않-'에 의해 부정 되는 것은 '-지'가 통합된 용언만이 아니라 '-지'에 선행하는 문장 전체로 해석

된다고 하였다. 즉 '-지' 다음에 부정의 의미를 나타내는 용언이 연결된다는 것은 '-지'의 선행 서술이 부정할 만한 가치 곧 [긍정적 가치]가 있음을 뜻하였다. 그러나 (5)에 사용된 '만만찮다'는 '부정'의 의미를 포함하지 않은 하나의 단어이고 '-지'나 '않-'의 구성 성분과는 다른 의미라고 할 것이다.

'만만치 않-'이 음운론적으로 축약되어 '만만찮-'이 되는 것으로 본다면 앞의 '만만치 않-' 구성인 (3)을 '만만찮-'으로 다음과 같이 대치할 수 있을 것이다.

(6) a. 성공할 수 있을까 하는 의심도 **만만찮게** 나왔다.
 b. 경계하고 비판하는 반론도 **만만찮게** 제기되고 있다.
 c. 그들의 저항이 **만만찮을** 것으로 예상된다.

(6)에서는 앞의 '만만치 않-'구성을 '만만하지 않-'구성으로 환원했을 때보다는 훨씬 자연스럽다. 즉 '만만치 않-'구성이 '만만하지 않-' 구성의 의미보다는 '만만찮-'의 의미에 더 가까움을 볼 수 있다. 이는 '만만치 않-'의 의미는 '만만하지 않-'의 의미와는 다르다고 할 수 있으며 그것이 형태에도 반영되어 있음을 의미한다. 이와 관련하여 다음 절에서는 'X하지 않-', 'X치 않-', 'X찮-'의 사용 양상을 살펴보기로 한다.

3.2. 'X하지 않-', 'X치 않-', 'X찮-'의 사용 양상

이 절에서는 세종 균형말뭉치 자료에서 'X치 않-'으로 사용되는 용례의 목록(빈도 10 이상)을 바탕으로 논의를 진행한다.

(7) 만만치(199), 원치(127), 개의치(71), 흔치(67), 마땅치(61), 당치(60),

석연치(55), 확실치(48), 분명치(44), 편치(39), 심심치, 의심치(이상 37), 시원치(35), 변치, 필요치(30), 간단치, 개운치, 허용치(이상 21), 일정치(19), 적절치(17), 대단치, 인정치, 고려치(15), 무관치, 순탄치(이상 13), 수월치, 온당치, 용납지, 적합지, 충분치(이상 12), 범상치, 허락치(이상 11), 사용치(10)

(7)의 용례는 말뭉치에서 'X하지 않-'으로도 사용되고 'X치 않'으로도 사용되는 것이다. 그러므로 음운론적 축약형이라고 할 여지가 많다. 앞에서 살펴본 '만만하지 않-'과 '만만치 않-'처럼 줄어든 표현과 그렇지 않은 표현 사이에 의미가 정확히 일치한다고는 볼 수 없지만 단순 축약형인 경우에는 큰 의미 차이를 발견할 수는 없다. 다음은 (7)과는 약간 차이를 보이는 용례이다.

(8) 심상치(117), 여의치(77), 예기치(56), 신통치(32), 가당치(23), 탐탁치(16), 변변치(16), 긴치(11), 마뜩치(3), 우연치(3)

(8)은 말뭉치에서 'X하지 않-'은 나타나지 않고 'X치 않-'만 나타나는 용례이다. (8)의 용례 중에서 가장 빈도가 높은 '심상치 않-'의 예문을 제시하면 다음과 같다.

(9) a. 내 기분이 심상**치 않**음을 다분히 의식한 행위이다.
    b. 서울시장의 부동산 문제가 보도되면서 일이 심상**치 않**게 돌아가기 시작했다.
    c. 재벌 총수 출신 정치인의 움직임도 심상**치 않**았기 때문이다.

(9)는 말뭉치에서 117회 사용된 '심상치 않-'의 용례이다. 같은 말뭉치에서 '심상하지 않-'은 검색되지 않는다. '심상치'의 기본형인 '심상하다'를 사전에서 찾아보면 다음 (10a)와 같이 뜻풀이 되어 있다.

(10) a. 대수롭지 않고 예사롭다.
　　　b. 말하는 품으로 보아 심상한 사람은 아닌 것 같다.
　　　c. 병세가 심상치 않다.
　　　d. 일이 심상치 않음을 알아챈 단원들의 얼굴엔 긴장이 감돌았다.

『표준국어대사전』에서 (10a)의 뜻으로 사용된 예문으로 (10b)-(10d)를 볼 수 있다. (10b)처럼 '심상한 사람'을 사용하는 것이 제시되어 있기는 하지만 (10c), (10d)처럼 '심상치 않-'이 많이 사용되는 것을 볼 수 있다. 이와 같은 것은 '여의치(77)' 등도 마찬가지다.[3]

선행 연구에서 경동사 혹은 파생접미사로 분류되는 '-하-'는 자신의 의미는 드러나지 않는 것으로 보고되어 있다. 그런 만큼 '-하-'가 줄어들어도 의미차이가 크게 생기지는 않지만 동일한 환경에서 '-하-'가 줄어들지 않을 때도 있다.

(11) a. 철수는 공부하지 않는다.
　　　b. *철수는 공부치 않는다.

(11)은 '-하-'가 줄어들 때도 어느 정도 규칙이 있음을 보여준다. 즉 실체성 어근 뒤의 '하'는 생략이 되지 않는다. 이는 정원수(1989: 301)에서 지적하는 것처럼 어간의 중심의미가 주변의미로 확대·변화될수록 그 어간은 선행요소를 지배하던 기능을 잃어버리면서 선행요소에 매인 성분, 즉 파생접미사 역할을 수행하게 된 것이다.

다음은 말뭉치 자료에서 뽑은 'X치 않-'과 사전에 등재된 'X찮-'과 비교하면 다음과 같다. 먼저 말뭉치에 나타나는 'X치 않-'과 'X찮-'이 공존하는 단어는 다음과 같다.

---

[3]　여의하다(如意--): 일이 마음먹은 대로 되다. ¶ 형편이 여의치 못하다/여의치 않은 일이 생기다/새해에는 모든 일이 여의하시기를 기원합니다.

(12) a. 만만치 않-(199), 여의치 않-(77), 마땅치 않-(61), 당치 않-(60), 편치 않-(39), 심심치 않-(37), 시원치 않-(35), 가당치 않-(23), 대단치 않-(16), 변변치 않-(13), 수월치 않-(12), 안심치 않-(4), 우연치 않-(3), 귀치 않-(1)
b. 만만찮다, 여의찮다(如意--), 마땅찮다, 당찮다(當--), 편찮다(便--), 심심찮다, 시원찮다, 가당찮다(可當--), 대단찮다, 변변찮다, 수월찮다, 안심찮다(安心--), 우연찮다(偶然--), 귀찮다

(12b)는 『표준국어대사전』에서 '*찮다'를 검색하여 표제어로 올라와 있는 단어들인데 이들 중 말뭉치에서 검색된 목록(12a)와 어근이 일치하는 것이다.4 (12a)는 후행하는 '않-'이 선행하는 단어에 부정을 나타낸다면 (12b)는 '-하-'의 어기가 어떤 행동이나 과정을 나타낼 때 그 본래 어기에 대한 부정의 의미보다는 '-하-'가 생성한 접미사 '-찮-'에 의해 새로운 의미 기능을 가지게 되어 더 자연스럽게 쓰인다고 할 수 있다(박정희 2012: 129). 즉 (12a)에서는 '않-'이 가진 부정의 의미가 명확히 드러난다면 (12b)에서는 그렇지 못하다는 것이다.

다음은 사전 표제어에 등재된 'X찮-'만 있고 말뭉치에서 'X치 않-'은 나타나지 않는 용례이다.

(13) 괜찮다, 괴이찮다(怪異--), 엔간찮다, 조련찮다, 짭짤찮다, 칠칠찮다, 편편찮다(便便--), 하찮다

사전에 등재된 (13)의 단어들은 사전 표제어의 어원을 설명하는 곳에서 모두 'X+하-+-지+아니+하-'를 제시하고 있다. 이 설명은 앞에서 살펴본

---

4 말뭉치에서 34개의 표제어가 검색되었는데 제외한 목록은 다음과 같다: 구찮다, 그렇잖다(→ 그렇잖다), 낙낙찮다 모똑찮다('마뜩잖다'의 방언), 별찮다(別--), 선찮다, 아슴찮다, 웬간찮다, 조러찮다, 짬질찮다, 짭질찮다, 괴찮다.

'X치 않-'의 음운론적 축약형으로 처리하고 있는 셈이다. 하지만 '-찮-'에 융합되어 있는 부정소 '않'의 기능은 나타나지 않기 때문에 '-찮-'이 결합하여 어휘화가 완전히 이루어진 경우라 할 수 있다. 이들은 '-찮-'까지를 어간으로 보아도 무방하다(이현희 2004: 207 참조). 이 형태소는 '확인'이라는 양태적 의미를 가지기 때문에 선어말어미 '-으시-'와 '-었-' 뒤에 놓일 수밖에 없다(이지양 1998: 187). 같은 맥락에서 손세모돌(1999)에서는 선어말어미라고 함으로써 '-잖-'이 부정문의 '-지 않-'과는 다른 하나의 형태소임을 증명하였다. 이것이 선어말어미에 속한다는 증거는 용언 어간과 어말어미 사이에만 나타난다는 분포상의 특징 때문이다. 하지만 이광호(2002: 203-204)에서는 '-찮다'의 형성과정을 다음과 같이 설명하고 있다.

(14) a. 접미사 '-하-'의 파생동사 어간 'X-'+부정 부사형 어미 '-지'+부정 부사 '아니'+동사 접미사 '-하-'
b. 예: '편하-'+'-지'+'아니'+'-하다'(편하지아니하다>편하지 않다>편치않다>*편찮다>편찮다)

(14)에서 '-찮다'의 형성과정은 동사 어간 '개운하-, 마땅하-' 등과 같이 어근 또는 어간에 융합형 '-하-'가 통합되어 파생동사를 이루고, 그 어간 'X하-'에 부정 부사형 어미 '-지'가 통합되고 그것에 다시 '-않다'가 통합될 때, '하-'에서 'ㅏ'가 탈락되고 나머지 'ㅎ'은 부정 부사형 어미 '-지'와 연결되어 유기음 '치'로 변한 다음, 이것이 '않다'에 통합됨으로써 이루어진 것으로 보았다. 예를 들어 '점잖다'처럼 그 어간 '점-'의 기원적인 의미 '年少'의 뜻을 완전히 잃고 새 단어로서 제3의 의미만을 갖거나, '편찮다'처럼 그 기원적 어간 '편하-'의 의미를 어느 정도 유지하고 있으나 그 기원적 의미는 극히 약하고 또 다른 제3의 의미가 중심을 이룰 때, 그런 유형의 '-잖다/-찮다'류의 동사구는 독립된 한 단어라고 하며 이때의

'-찮-'을 접미사로 주장하였다(이광호 2002: 214 참조).

결국, 부정 동사구 유형으로서의 '-찮-'류의 예(노력찮다, 활발찮다)와 융합형 동사의 예(괜찮다, 하찮다) 등이 그 음상이나 구성요소가 완전히 다른 데도 불구하고, 어떤 것은 새로운 동사로, 다른 것은 부정 동사구로 분류되는 것은 그 의미의 변화여부에 따라 결정되는 것으로 본 셈이다.

4. 의미와 구조 동기화 양상

앞 장의 논의를 요약하면 다음과 같다.

〈표 1〉 통사 구조와 형태 구조

	통사 구조 단계	축약 단계	형태 구조 단계
단계별 용례	'X하지 않-'	'X치 않-'	'X찮-'

<표 1>에서 볼 수 있는 것처럼 형태론이 통사론과 매우 비슷하며 구문 표상이 형태론에서도 동기화된다는 것을 암시한다. 형태론과 통사론의 유일한 차이는 형태론의 요소는 의존적이지만, 통사론의 요소는 자립적이라는 것이다. 이는 Givón(1971: 394-5)의 'Today's morphology is yesterday's syntax(오늘의 형태론이 어제의 통사론이다)'라는 말에서 볼 수 있는 것처럼 형태론과 통사론 간의 전통적인 구분은 형성된 표현이 낱말보다 더 큰지 아닌지에 대한 문제일 뿐이다. 그렇지 않다면 이 둘은 명확히 구분되지 않으며, 동일한 기본 원리가 이 둘에 적용된다. 앞에서 살펴본 것처럼 'X하지 않-', 'X치 않-', 'X찮-'은 음운론적으로 단순히 축약된 형태가 아니라 의미가 다른 것이다. 의미가 다른 만큼 그 구조도 달리 나타나는 것이다.

4.1. 거리적 도상성과 의미

서로 떨어져 있는 요소들은 개념상 서로 무관한 것으로 간주된다. Haiman(1983: 782)은 물리적(형태통사적) 거리나 분리가 개념적 거리나 분리를 반영한다고 말한다. 거리적 도상성, 즉 도상적 '거리의 원리'는 개념적 거리와 언어적 거리가 비례 관계를 형성하는 것을 말한다. 거리적 도상성은 '근접성'과 '직접성'의 원리로 대별된다(임지룡 2004: 189). Haiman(1983: 783)에서 X와 Y의 문법적 관계를 거리적 도상성을 통해 설명하면서 다음의 4가지 경우를 들었다.

(15) a. X#A#Y: X와 Y 사이에 관계를 추가적인 단어 A를 통해 표현함.
b. X#Y: X와 Y 사이의 관계를 추가적인 단어 없이 표현함, 분석적 표현.
c. X-Y: X와 Y는 형태론적으로 결합됨, 교착적/접합적 표현
d. Z: X와 Y에 의해 지시되는 개념의 복합적 표현(portmanteau), 통합적 표현

Lakoff(1980) 또한 표현의 거리와 영향의 크기는 상관관계가 있음을 지적하였다.

(16) a. Harry is not happy.
b. Harry is unhappy.

(16b)는 (16a)에 비해 부정의 의미가 더 강하다고 보았다. 이는 거리적 도상성과 관련되는데 부정접사 un-이 부정사 not보다 happy에 더 가까이 있고, 언어적 거리가 가까운 만큼 의미는 직접적이라고 하였다. 3절에서 살펴본 예를 다시 보이면 다음과 같다.

(17) a. X하지 않-
　　b. X치 않-
　　c. X찮-

거리 도상성 중 근접 도상성은 구성 성분들의 배열에 따라 발생하는 상대적인 거리에 반영되는 것으로, 한 성분이 다른 성분과 의미상 관련성이 높을수록 더 가까운 거리에 위치하게 된다고 할 수 있다. (17)에서 어근 'X'와 그것을 부정하는 '않-'의 거리는 (17a)가 가장 멀다고 할 수 있다. 그러므로 (17a)가 어근 'X'의 의미를 직접적으로 부정하는 것이 아님을 알 수 있다. 통사론적으로 보더라도 '않-'은 '-지'가 붙는 절 전체를 부정한다. 하지만 (17c)에서 '-찮-'에 부정의 의미가 없거나 남아 있는 경우에도 어근 'X'를 직접적으로 부정하는 표현이 된다. '융합'이 이루어진 경우에는 어근 'X'의 의미를 단순히 부정하는 의미가 아닌 제3의 의미가 되어 하나의 독립된 단어로 등재되는 것이다. 이는 직접성의 개념과도 연관된다. Lakoff & Johnson(1980: 126-138)에서 직접성의 원리를 "형태 A의 의미가 형태 B의 의미에 영향을 미친다면, 그래서 형태 A가 형태 B에 더 가까울수록 B의 의미에 대한 A의 의미적 영향은 더 강해질 것이다."라고 하고, 부정어의 부정의 강도, 목적어의 거리 등에 대해서 흥미로운 서술을 한 바 있다(임지룡 2004: 189 참조).

임지룡(2004: 191)에서 '그는 불행하다'와 '그는 행복하지 않다'는 부분적 동의성이 인정되지만 '불행하다'의 부정접두사 '불(不)-'은 '-지 않다'보다 더 인접해 있음으로써 부정의 강도가 더 강하다고 하였다. 이와 마찬가지로 (17b)의 'X치 않-'은 (17a)의 'X하지 않-'보다 부정어인 '않-'이 어근 'X'에 더 인접해 있음으로써 '부정'을 조금 더 강조하고 있다고 할 수 있다.

4.2. 주관화와 구조

주관화 현상은 언어 변화 과정에서 발생하는 매우 규칙적이며 특징적인 자질로 주관화는 "의미가 명제에 대한 화자의 주관적 신념 상태/태도에 점차 기초하게 되는" 화용적-의미적 과정으로 정의한다(Traugott 1989: 35, 1995: 31). 이 정의에서 주관화는 변화를 만드는 역사적 과정을 가리킨다는 것과 주관화가 '어의론적(semasiological)'이라는 것으로, 언어적 상징(또는 상징의 집합)과 그것이 의미하는 바에 관여한다는 것이다. 따라서 영어 'will'이 문법적 주어의 바람이나 의도를 표현하는 것에서부터 발화에 대한 화자의 예측을 표현하는 것으로 발달한 것은 이 정의에서 말하는 주관화의 명확한 경우이다(김동환 옮김 2011: 78). 형태론 층위에서의 도상성이 긍정과 부정 간의 관계에서도 발견된다. 원형적 화자는 '존재하는 것'으로 예상되기 때문에, 존재는 비존재에 비해 무표적이다. 즉 '긍정'은 '부정'보다 더 높이 평가된다. 따라서 일반적으로 부정은 특정 형태소를 요구한다(김동환 옮김 2011: 456).

(18) a. 해명이 **석연치 않아** 논란은 더 커질 가능성이 있다.
 b. 공개하지 않는 배경이 **석연찮다**고 생각하고 있지만

(18a)에서는 부정 표지인 '않-'이 구조적으로 드러나는 'X치 않-'이고 (18b)는 단어내부에서는 부정 표지가 드러나지 않는 'X찮-'의 용례이다. 이처럼 '아니'가 명제의 부정을 나타내는 것에서부터 명제에 대한 부정적 태도 표출로 의미가 변화하는 현상은 의미가 변화할 때 덜 주관적인 의미에서 점점 더 주관적인 방향으로 이동한다는 '주관화(subjectification)' 현상을 잘 반영하고 있다(구현정 2008: 8-10 참조). 본질적으로 사용기반 관점에서 모든 언어 발화는 특정한 주관성을 보여주며, 주관화는 주관적

의미를 위해 관습적 의미의 객관적 자질의 '가중치'를 점차 감소시키는 것으로 되어 있다. '긍정'이 '부정'보다 의미적으로 무표적이기 때문에 형태적으로도 'X치 않-'의 구조가 'X찮-'의 방향으로 문법화되는 것이다. 'It is raining' 대 'It is not raining'과 'happy' 대 'un-happy'에서처럼, 이것은 긍정 진술문이나 특성에 대해서는 제로 표지를 하고, 부정 진술문이나 특성에 대해서는 명시적 표지를 한다는 것에서 형식적으로 반영된다.

4.3. 빈도와 구조

경쟁에서의 동기화 원칙 중 빈도에 기반한 최소화(frequency-based form minimization("economy"))를 들 수 있다.[5] 즉 빈번하게 사용되는 형태는 드물게 사용되는 형태보다 더 짧아진다. 이와 더불어 의미도 더욱 긴밀하게 사용된다. '-치'와 '않-'은 빈번하게 붙어 있기 때문에 '-찮-'으로 축약된다. '편하지'가 단지 음운론적으로 축약되어 '편치'가 되는 것으로 본다면 아래의 것들도 이론적으로는 모두 축약형이 사용되어야 한다.

   (19) a. 편하게 > 편케
        b. 편하지 > 편치
        c. 편하고 > *편코
        d. 편하다 > *편타
        e. 편하도록 > *편토록

하지만 실제 말뭉치 용례에서 실제 사용 용례에서 '편케'와 '편치' 이외에는 나타나지 않는다. 특히 '편치'는 아주 빈번하게 출현한다. 이는 부정의 의미를 지닌 '않-'과 결합하는 '-지'와 연관이 있다. 이는 고착화의

---

[5] More frequent forms tend to be shorter than rarer forms.

개념과도 관련된다. 한 구조가 매번 사용되면 이는 고착화의 정도에 긍정적인 영향을 미치는 반면, 오랫동안 사용하지 않으면 고착화의 정도에 부정적인 영향을 미친다. 새로운 구조는 반복적으로 사용되면 점차 고착되어 결국은 하나의 단위가 된다(Langacker 1987: 59 참조). Langacker (1987: 100)에 따르면, 고착화는 인지적 사건의 반복에 의해 촉진되는 것으로 간주된다. 즉 "뉴런 하나의 활성화든 복잡한 구조와 대대적인 구성의 광범위한 발생이든 간에 어느 정도 복잡한 인지적 발생"에 의해 촉진된다는 것이다. 결과적으로 인지적 단위나 언어적 단위의 고착화 정도는 사용 빈도와 관련이 있다(김동환 옮김 2011: 126 참조).

5. 마무리

이 글은 부정 구문을 통해 의미와 구조 사이의 동기화 양상을 살펴보는 데 목적이 있었다. 언어의 구조가 다르면 의미도 다르다는 인지언어학적인 명제를 수용하는 입장에서 언어의 의미와 구조 간의 관계를 살펴보았다. 이상의 논의를 요약하면 다음과 같다.

2절에서 이론적 배경으로 언어의 자의성과 예측성, 의미와 구조의 관계에 대해 살펴보고 3절에서 'X하지 않-', 'X치 않-', 'X찮-'의 의미와 사용 양상을 살펴보았다. 이 세 구조를 통해 이들이 단순히 음운론적인 축약형이 아님을 볼 수 있었다.

4절에서는 의미의 구조 동기화 양상으로 거리적 도상성, 주관화, 빈도 등을 살펴보았다. 거리적 도상성에서는 한 성분이 다른 성분과 의미상 관련성이 높을수록 더 가까운 거리에 위치하는데 부정 구문에서도 드러났다. 주관화는 덜 주관적인 의미에서 더 주관적인 방향으로 이동한다는 것으로 부정표지가 드러나는 통사적 구성인 'X치 않-'보다 'X찮-'이 더 주관적이라 할 수 있다. 빈도 역시 구조에 반영되어 나타나는데 실제 말뭉치 자료에서 빈번하게 출현되는 '편하지'와 '편하게'는 '편치'와 '편케'로 고착화되어 나타나는데 반해 '편하고, 편하다, 편하도록'은 축약형이 나타나지 않는다.

참고문헌

구현정. 2008. "'아니, 안 하는 게 아니잖아': 부정 표현의 문법화". 『담화와 인지』 15(3): 1-27. 담화인지언어학회.
김규철. 2005. 『단어 형성과 도상성에 대한 연구』. 박이정.
김동식. 1981. "부정 아닌 부정". 『언어』 6(2): 99-116. 한국언어학회.
김동환. 2005. 『인지언어학과 의미』. 태학사.
박청희. 2012. "파생접미사 '-하'의 결합 양상 연구". 『순천향 인문과학논총』 31(1): 101-134. 순천향대 인문과학연구소.
서태룡. 1988. 『국어 활용어미의 형태와 의미』. 탑출판사.
손세모돌. 1999. "'-잖-'의 의미, 전제, 함축". 『국어학』 33: 213-240. 국어학회.
송현주. 2015. 『국어 동기화의 인지언어학적 탐색』. 한국문화사.
이광호. 2002. "국어 융합형 '-잖다/-찮다'의 단어 형성과 그 의미". 『정신문화연구』 25(4): 199-216. 한국학중앙연구원.
이영민. 2001. "확인문 '-지'의 범주 확인을 위하여". 『국어학』 38: 241-269. 국어학회.
이지양. 1998. 『국어의 융합현상』. 태학사.
이현희. 2004. "'-잖-'은 단지 '-지 않'의 음운론적 축약형인가?". 『한국어학』 23: 203-228. 한국어학회.

임지룡. 2004. "국어에 내재한 도상성의 양상과 의미 특성". 『한글』 266: 169-205. 한글학회.

임지룡. 2008. 『의미의 인지언어학적 탐색』. 한국문화사.

장경기. 1986. "국어의 부정의문문과 전제". 『어학연구』 22(1): 19-40. 서울대 언어교육원.

장경기. 2001. "국어 부정의문문의 통사적 연구". 『언어』 26(1): 185-208. 한국언어학회.

정병철. 2016. "동기화에 기초한 피동 표현의 교육 내용 연구". 『청람어문교육』 57: 135-179. 청람어문학회.

정원수. 1989. "'X+하-' 유형의 어형성에 대한 연구". 『언어연구』 6: 285-321. 언어학회.

정주리. 2005. "'가다' 동사의 의미와 구문에 대한 구문문법적 접근". 『한국어의미학』 17: 267-294. 한국어의미학회.

Croft, W. & D. A. Cruse. 2004. *Cognitive Linguistics*. Cambridge: Cambridge University Press. (김두식 · 나익주 옮김. 2010. 『인지언어학』. 박이정.)

Geeraerts, D. & H. Cuyckens. 2007. *The Oxford handbook of cognitive linguistics*. Oxford: Oxford University Press. (김동환 옮김. 2011. 『인지언어학 옥스퍼드 핸드북』. 로고스라임.)

Murphy, M. L. 2003. *Semantic Relations and the Lexicon: Antonymy. Synonymy. and Other Paradigms*. Cambridge: Cambridge University Press. (임지룡 · 윤희수 옮김. 2008. 『의미관계와 어휘사전』. 박이정.)

Haiman, J. 1983. Iconic and economic motivation. *Language* 59. 21-37.

Haiman, J. 1985a. Introduction. In J. Haiman ed. *Iconicity in syntax*. 1-7. Amsterdam: Benjamins.

Haiman, J. 1985b. *Natural syntax: Iconicity in language*. Cambridge: Cambridge University Press.

Hopper, P. & E. Traugott. 2003. *Grammaticalization 2nd edn.* Cambridge:

Cambridge University Press

Langacker, R. 2008. *Cognitive Grammar: A Basic Introduction.* Oxford: Oxford University Press.

제4장

가상 이동에 나타난 동기화

임태성

1. 들머리

이 글은 '가상 이동(fictive motion)'의 동기화 양상을 살펴보는 것이 목적이다. '이동'은 인간 체험에 근본적이며, '가상 이동'은 '실제 이동'의 체험을 바탕으로 한 이동 인식의 확장이다. 다음 예를 살펴보자.

(1) a. **철수가** 지나가고 있다.
    b. **기차가** 지나가고 있다.
    c. **밭이** 지나가고 있다.

(1)은 '지나가-'와 '-고 있다'를 통해 이동의 상황을 표현하는데, (1a), (1b)는 '철수', '기차'와 같이 이동체를, (1c)는 '밭'과 같이 비이동체를 이동하는 것으로 나타낸다. (1)에서 '철수', '기차', '밭'은 구체적인 대상이면서, 이동으로 인식된다는 점에서 공통적이다. 여기에서 (1c)는 비이동

체이면서 이동으로 인식된다는 점에서, (1a), (1b)에서 제시된 '이동' 인식의 확장으로 간주된다. 이러한 '이동' 체험의 확장은 인간 사고의 복잡성과 그 동기화의 한 측면을 살펴볼 수 있다.

'동기화(motivation)'란 언어 구조와 의미 사이에 존재하는 인과적 관계로, '가상 이동'에 나타난 표현과 의미는 '이동 사건'이라는 틀 내에서 동기화된다. 또한 '가상 이동'에 대한 이해는 '신체화'와 개념화자의 '해석'을 통해 동기화되는데, 이것은 '이동'이 근본적으로 신체화되어 있으며, 개념화자의 능동적인 '해석'은 이동 인식의 확장을 불러일으킨다.

이 글은 다음과 같이 구성된다. 2절에서는 동기가 발생하는 내적 바탕인 '신체화(embodiment)'와 '해석(construal)' 작용을 검토할 것이다. 3절에서는 '가상 이동'에 나타난 표현과 해석 작용을 통해 '실제 이동'과 유사하게 이해되며, 그것의 확장임을 살펴볼 것이다. 4절에서는 전체 내용을 요약하여 제시할 것이다.

2. 동기화의 작용 방식

'동기화(motivation)'란 언어 구조와 의미 사이에 존재하는 인과적 관계를 말한다. 즉, 언어 단위는 언어(구조/의미)와 언어 독립적 요인에 의해 동기화된다(송현주 2011: 22). 이 글에서는 언어 단위에 나타난 동기화를 살펴보기 위해, 언어적 요인인 표현 방식과 언어 독립적 요인인 내적 바탕을 살펴볼 것이다.

우선 내적 바탕은 '이동'이 '신체화(embodiment)'에 기반을 둔다는 사실로 동기화된다. '신체화'는 인간의 물리적·인지적·사회적 신체화가 개념적·언어적 체계의 기초라는 폭넓은 정의(Geeraerts & Cuyckens 2007: 27)를 가진다. 예를 들어, '먹다'라는 동사는 '밥'과 같은 음식을 먹는 행위가 신체화된다. 이러한 '먹다'와 같이 음식을 먹는 구체적인 체험은 '밥'과 같은 물리적 대상뿐만 아니라 '뇌물', '욕', '나이', '마음'과 같이 추상적인 대상으로의 쓰임으로 확장된다. 즉, 의미는 '신체화'에 바탕을 둔 '개념화자'의 해석으로, 이 해석은 그 행위의 확장, 특히 동사가 나타내는 의미를 기반으로 물리적 대상에서 추상적 대상으로 확장되어 나타난다.

'신체화'는 '신체적 체험', '신체화된 개념', '신체화된 의미', '신체화된 마음'으로 나누어서 살펴볼 수 있다.

첫째, '신체적 체험'이란 인간의 신체를 통해 직접적으로 중재되고 구조화되는 세계에 대한 체험[1]을 말한다(Evans & Green 2006: 44-45).[2] 이것은 여타 동물들과 다른, 인간이 가진 종 특유의 특성이 있음을 말한다. 예를 들어, 직립 보행을 하게 되면서 도구를 사용한다든가 자신의 생각을 다양한 방식으로 표현할 수 있다는 점은 인간이 가진 고유한 특성이다.

둘째, '신체화된 개념'이란 '신체적 경험'이 인지적 층위에서 나타나는 것으로, '영상 도식(image schema)' 이론이 대표적이다. '영상 도식'이란 실세계와의 일상적인 상호작용과 관찰로부터 직접적으로 발생하는 비교적 추상적인 인지도식을 말한다(Johnson 1987, Lakoff 1987).[3] 예를 들어,

---

1 '체험'이란 기본적인 감각운동 체험, 감정적 체험, 사회적 체험, 그리고 모든 인간에게 이용 가능한 모든 다른 종류의 체험을 포함한다. 즉, '체험'이란 주어지는 자극에 대한 수동적인 자세가 아니라, 자연적·사회적 환경의 부분으로서 능동적인 자세를 의미한다(김동환 2013: 72).

2 '신체적 체험'을 '선개념적 경험(pre-conceptual experience)'으로 부르기도 한다. 이 글에서는 '신체적(bodily)'이라는 말을 강조하기 위해 '신체적 경험'이라는 용어를 사용할 것이다.

3 인간은 여러 가지 그릇이나 집처럼 안과 밖이 있는 사물과 관여하며, 이러한 경험은 영상 도식을 발생시킨다. 예를 들어, '마음'을 이해할 때, '마음속', '마음을 열다/닫다' 등으로 표현하는 것으로 미루어 마음의 일부를 안과 밖이 있는 대상으로 인식한다.

'윗물이 맑아야 아랫물도 맑다.'라는 속담에서 볼 수 있듯이, '위-아래'에서 '위'는 긍정, '아래'는 부정적 도식을 갖는다. 이것은 언어 표현 외에도 엄지손가락을 세우는 행위, 얼굴 표정으로 감정을 나타내는 경우 '위, 아래'에 따라 그 의미가 대립적인데, 이것은 우리의 신체 및 세계에 대한 상호작용에 의해 발생한다.

셋째, '신체화된 의미'란 언어를 통해 반영되는 세계이다. '신체화된 의미'[4]는 신체적 체험을 바탕으로 도출되고, 의미는 '해석(construal)'하는 방식에 따라 이해된다(Kövecses 2006: 10-12).

넷째, '신체화된 마음'이란 우리가 체험으로 지각하고 이해하는 세계를 바탕으로 실세계를 반영하는 것을 말한다. '신체화된 마음'은 앞서 제시한 '신체적 체험', '신체화된 개념', '신체화된 의미'가 실세계와 상호작용하는 것으로 이것을 정리해 보면, <그림 1>과 같다(임태성 2015a: 153).

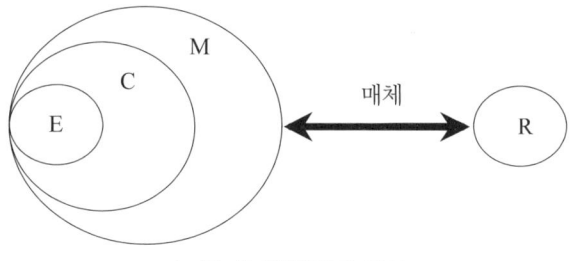

〈그림 1〉 '신체화'의 도식

<그림 1>에서 'E'는 '신체적 체험'을 'C'는 '신체화된 개념'을 'M'은 '신체화된 마음'을, 'R'은 '실세계(real world)'를 가리킨다. 이것들은 '매체(언어)'를 통한 실세계와의 끊임없는 상호작용으로 대상에 대한 개념이

---

[4] '체험주의'에서 제시하는 의미에 대해 Johnson(2007)에서는 의미가 감각운동 과정과 느낌에 신체적 기원이 있고, 예술적 사고가 영상, 영상 도식, 은유, 질성, 느낌, 정서를 포함하는 일상적 의미 창조와 관련되어 있음을 주장하였다.

생기고, 거기에서 발생하는 의미는 우리의 마음에 반영되어 어떤 대상에 대한 해석을 도출해 낸다.

다음으로, 표현 방식은 '개념화자'의 '해석(construal)'으로 동기화된다. '개념화자(conceptualizer)'는 '개념화(conceptualization)', 즉 장면의 의미 해석에 참여하는 화자뿐만 아니라 청자까지를 포함한 용어(임지룡 2008: 380)로, 언어 사용의 능동적 주체이다. '개념화자'는 동일한 대상이나 상황을 다양한 방식으로 해석한다.

(2) a. 사냥꾼이 사슴을 쫓고 있다.
    b. 사슴이 사냥꾼에게 쫓기고 있다.

종래의 언어학적 관점에서 (2)는 소위 능동문과 피동문으로 처리되며, 동의문으로 취급하였다. 하지만 인지언어학적 관점에서 (2)의 두 문장은 어순이 달라지면서 그 의미의 차이가 발생하며 이것은 '개념화자'의 초점에 따른 해석 차이로 설명한다. 이처럼 특정한 언어 표현은 어떤 상황을 개념화하려는 '개념화자'의 의도가 있다는 것이다.

언어 표현을 통해 살펴볼 수 있는 해석의 유형은 다음과 같다(Croft & Cruse 2004: 47).

〈표 1〉 일반 인지 과정의 실례로서의 언어 해석 연산

Ⅰ. 주의/현저성 (Attention/salience)
A. 선택 (Selection)
1. 윤곽부여 (Profiling)
2. 환유 (Metonymy)
B. 범위(영향권) (Scope (dominion))
1. 서술범위 (Scope of prediction)
2. 탐색영역 (Search domains)

3. 접근가능성 (Accessibility)
　C. 척도 조절 (Scalar adjustment)
　　　1. 양 척도조절(추상화) (Quantitative (abstraction))
　　　2. 질 척도조절(도식화) (Qualitative (schematization))
　D. 역동성 (Dynamic)
　　　1. 가상 이동 (Fictive motion)
　　　2. 요약/순차 주사 (Summary/sequential scanning)

II. (동일성(identity) 영상 도식을 비롯한) 판단/비교 (Judgment/comparison)

　A. 범주화 (Categorization)
　B. 은유 (Metaphor)
　C. 전경-배경 (Figure-ground)

III. 시점/위치성 (Perspective/situatedness)

　A. 관점 (Viewpoint)
　　　1. 관측점 (Vantage point)
　　　2. 방위 (Orientation)
　B. 직시성 (Deixis)
　　　1. (공간 영상 도식을 비롯한) 시공간적 (Spatiotemporal)
　　　2. 인식적 (Epistemic)
　　　3. 감정이입 (Empathy)
　C. 주관성/객관성 (Subjectivity/ objectivity)

IV. (대부분의 다른 영상 도식을 비롯한) 구성/게슈탈트 (Constitution/Gestalt)

　A. 구조적 도식화 (Structural schematization)
　　　1. 개별화 (Individuation)
　　　2. 위상적/기하학적 도식화 (Topological/ geometric schematization)
　　　3. 척도 (Scale)
　B. 힘 역학 (Force dynamics)
　C. 관계성 (Relationality)

　<표 1>은 언어를 이해하는 데 작용하는 해석 체계를 정리한 것인데, 크게 네 부분으로 나누어진다. 첫째, '주의/현저성'은 인간의 감각 기관

중 시각 능력에 의해 가장 쉽게 예시되는 복합적인 심리 능력(Croft & Cruse 2004: 47)[5]으로, 사고의 확장을 돕는 기제이다. 다음 예를 살펴보자(임지룡 2008: 401).

(3) a. **영수가** 열쇠로 문을 열었다.
　　b. (드디어 이) **열쇠가** 문을 열었다.
　　c. **문이** 열렸다.

(3)은 '주의' 중 동일한 장면에 대해 특정 부분을 '윤곽부여(profiling)' 하는 경우이다. 여기에서 (3a)는 '영수', (3b)는 '열쇠', (3c)는 '문'이 각각 '윤곽부여' 되었다. 주로 문장 표현에서 주어는 '윤곽부여' 받는 대상으로 간주되며, 개념화자의 '주의'가 집중되어 특정 부분에 나타난다.

둘째, '판단/비교'는 두 대상 사이의 속성과 그것을 구성하는 것을 견주어 아는 근본적인 인지작용으로, 개념화자가 장면의 특정한 부분을 판단하여 선택하는 것이다.[6] 예를 들어, '자전거'와 '집'이 있을 때, 보통 '자전거'에 더 초점을 두는데, '자전거'는 '집'보다 크기가 작고, 이동성을 가진다는 점에서 더 현저하다. 즉, '개념화자'는 '배경'보다 '전경'에 더 많은 초점을 둔다. 다음 예를 살펴보자.

(4) a. 자전거가 우체국 옆에 있다.
　　b. ?우체국이 자전거 옆에 있다.

---

[5] 심리학에서는 '주의'를 '분산주의(divided attention)'와 '선택주의(selective attention)'로 분류하는데, 흔히 주의집중이라는 표현은 '선택주의'와 관련 있다. '선택주의'의 한 방식은 눈 운동으로, 이것은 단순히 대상을 관찰하는 것뿐만 아니라, 심적인 측면과도 관련 된다(김정오 외 옮김 2012: 142-143). 즉, 눈 운동은 우리 사고의 확장을 촉발하는 방식의 하나이다.

[6] 언어에 나타난 '전경/배경'의 특징은 다음과 같다(Talmy 2000: 315-316).

(4)는 '전경-배경 배열'의 문제로서, (4a)는 자연스러운 '전경-배경 배열'을 이룬 반면, 전경-배경이 역전[7]된 (4b)는 부자연스럽게 인식된다.

셋째, '시점/위치성'은 개념화자가 장면의 해석에서 취하는 관점이나 입장을 뜻한다. 다음 예문을 살펴보자(임지룡 2008: 391).

(5) a. 중국 사람이 가장 **가고 싶어하는** 나라가 한국입니다.
   b. 한국이 가장 **오고 싶어하는** 나라라니 반갑습니다.

(5)는 '관점'의 문제로서 (5a)는 '가고 싶다'에 의해 개념화자가 나라 밖에 있으며, (5b)는 '오고 싶다'에 의해 관찰자가 나라 안에 있음을 드러낸다.

그리고 아래 예문은 '객관성'과 '주관성'의 문제로서 '개념화자'의 이동에 대한 인식이 나타난다. 다음 예를 살펴보자(임지룡 2008: 396).

전경	참조대상(또는 배경)
• 결정되어야 할 알려지지 않은 공간적 특성을 가지고 있다.	• 일차적 대상의 미지의 것을 특징지을 수 있는 알려진 특성을 가지고 있는 참조 실체로 행동한다.
• 이동적인 경향이 있다.	• 한 곳에 변함없이 위치하는 경향이 있다.
• 상대적으로 작다.	• 상대적으로 크다.
• 기하학적으로 간단하다.	• 기하학적으로 복잡하다.
• 장면/의식에서 최근의 것이다.	• 장면/의식에서 이전의 것이다.
• 관심/적절성이 더 크다.	• 관심/적절성이 더 작다.
• 즉각적으로 지각되지 않는다.	• 즉각적으로 지각된다.
• 일단 지각되면 더 현저하다.	• 전경이 일단 지각되면 더 배경화된다.
• 의존적이다.	• 독립적이다.

[7] '전경-배경' 역전은 개념화자의 '선택(selection)'과 관련된 것으로, 이 문장들은 실제 동일한 상황이지만, 개념화자의 적절한 '선택'에 따라 문장 표현 방식이 다르다. 이러한 예는 임지룡(2007: 1-28)에서 우리 국어를 대상으로 상세하게 제시되었다.

(6) a. **소년이** 들판을 가로질러 남쪽으로 **달리고 있다.**
　　b. **고속도로가** 들판을 가로질러 남쪽으로 달리고 있다.

(6a)는 객관적 이동 표현으로 개념화자의 물리적 이동에 대한 인식을 보여주며, (6b)는 주관적 이동 표현으로, 개념화자의 '가상이동'에 대한 인식을 보여준다.

넷째, '구성/게슈탈트'는 경험을 구성하는 방식으로, 그 경험의 구조나 형태를 부여하는 데에 기본적이다. 그 중, '관계성(relationality)'은 실체에 대한 근본적인 속성을 살펴보는 것으로, '관계'란 또 다른 실체를 암시한다. 예를 들어, '달리다'는 그 이동의 '틀'[8]을 통해 이해되는데, 이동체나 배경 그리고 경로 없이 '달리다'의 의미를 생각할 수 없다. 즉, 동사는 '이동 사건(motion event)' 내에서 이해되며, '이동 동사'는 이동이 포함된 전체적인 하나의 틀로 우리가 직접 혹은 간접으로 경험하는 사건이나 상황을 말한다.

요컨대, 언어 표현은 '개념화자'의 특정 장면에 대한 해석을 나타내는데, 이것은 객관적 대상에 개념적 내용이 부과되는 것으로 국한되는 것이 아니라, 그러한 개념적 내용에 대하여 의미를 부여하는 인지 주체의 '해석'을 포함한다. 즉, 우리의 일상에서의 체험은 신체화되고, 그러한 체험들이 언어를 통해 표현되었을 때, 그 표현에 대한 해석은 '개념화자'의 인지 과정에 따른 결과이다. 즉, 언어에 나타난 의미란 개념적 내용과 '개념화자'의 인지적 해석에 의해 동기화된다.

---

[8] '틀 의미론(frame semantics)'은 Fillmore(1975, 1977, 1982, 1985)에서 개발된 이론으로, 한 표현에 대한 개념의 적절한 이해는 그 개념을 포함한 체계 전체의 구조에 대한 이해를 필요로 한다고 보는데, 이러한 개념 체계, 또는 배경 지식이 '틀(frame)'이다. 여기에서 '틀'은 Langacker(1987)에서 '영역(domain)', Lakoff(1987)에서 '이상적 인지모형(Idealized Cognitive Model)'으로 불린다.

3. 가상 이동의 동기화 양상

3.1. 언어에 나타난 동기화 양상

'이동'은 '이동 사건'의 틀을 통해 이해되며 동기화된다. Talmy(2000: 25-27)는 '이동'에 대한 의미 속성을 (7)과 같이 제시하였다.

(7) a. 전경(figure): 다른 물체와 관련하여 실제 움직이거나 움직이지 않고 한 장소에 위치한 물체.
b. 배경(ground): 전경의 참조점으로 기능하며 전경의 경로나 장소를 특징지어 주는 정지된 환경.
c. 이동(motion): 사건에서 이동 또는 처소의 존재.
d. 경로(path): 배경과 관련하여 전경이 따라간 행로 또는 위치한 장소
e. 이동방식/원인(manner/cause): 이동의 방법 및 이동 사건을 발생시킨 원인.

(7)에서 제시한 이동 사건의 의미 속성들은 '실제 이동'이나 '가상 이동' 표현에서 유사하게 나타난다. 다음 예를 살펴보자(임지룡 2008: 302).

(8) a. **물줄기가** 서쪽으로 뻗어가고 있다.
b. **산맥이** 서쪽으로 뻗어가고 있다.

(8)에서 (8a)는 '실제 이동', (8b)는 '가상 이동'을 나타내는데, (8a)에서 '물줄기'라는 전경, '서쪽으로'라는 경로, '뻗어가다'라는 이동, '-고 있다' 라는 진행의 속성으로 분류된다. 마찬가지로 (8b)는 '산맥'이라는 전경이 비이동체라는 점을 제외하고 동일한 속성들이 나타난다.[9]

---

[9] Talmy(1996, 2000)는 '가상 이동'을 '사실적(factive)', '가상적(fictive)' 사이의 인

'뻗다'는 전형적으로 한 공간에서 다른 공간으로의 이동을 나타내지 않는다.[10] 대신 (8)과 같이 '서쪽으로', '가다', '-고 있다'와 같은 속성들을 통해 이동하는 것으로 이해된다. (8a), (8b)에서 볼 수 있듯이, 두 문장 형식이 유사하게 나타난다는 것은 '이동'에 대한 우리의 체험 및 이해가 '가상 이동'을 인식하게 하는 동기로 작용한다는 것을 말한다. 즉, (8b)에서 비이동체인 '산맥'은 '이동 사건'의 여러 속성으로 인해 이동하는 것으로 인식된다.[11]

다음 예를 살펴보자.

(9) a. **자동차가** 달리다.
    b. **산맥이** 달리다.

(9)에서 (9a)는 '실제 이동', (9b)는 '가상 이동'을 나타낸다. (9)에서 '달리다'는 한 위치에서 다른 위치로의 빠른 이동을 나타내는데, (9a)와 마찬가지로, (9b)에서 '산맥'도 유사하게 이동으로 인식된다. (9b)에서 '산맥'은 구체적인 대상으로 그 의미가 유지되는데, 이것은 비이동체인 '전경'이 그 본래 의미를 유지하면서 이동 사건 내에서 이동체와 유사하게 인식된다는 것을 말한다.

이를 통해 '가상 이동'은 '실제 이동'의 체험을 바탕으로 확장되는데, '이동 사건'의 속성을 공유하며 구체적인 대상에 대한 인식을 유지하면서

지적 불일치로 보고, '중복 체계(overlapping systems)' 모형을 제안했다(Talmy 2000: 101). 이 모형에서 전경인 비이동체는 이동 사건 내에서 이동으로 인식된다.

[10] '뻗다'는 전형적으로 어떤 상태에서 현재 상태로의 부분적 확장을 나타내는 동사이다(임태성 2015b: 108).

[11] fMRI를 사용한 실험에서, 우리가 사진 속에서 이동 가능한 물체를 봤을 때 뇌의 반응은 실제로 이동할 때의 뇌의 반응과 동일하게 나타났다(김정오 외 옮김 2012: 250-252). 마찬가지로 Kourtzi and Kanwisher(2000)는 fMRI의 활성화 실험에서 고정된 장면에서 함축된 이동이 실제 이동의 인식과 다르지 않다고 제안했다.

이동으로 인식한다는 것을 살펴볼 수 있었다.

다음 예문들은 '가상 이동'을 나타내는 표현들 중 하나로, 그 표현 방식의 특성을 살펴볼 것이다.

> (10) a. 성큼성큼 걸음들이 빠르다. **산이 지나가고** 개천이 지나가고.
> b. 빈약한 **가로수들이** *차창을* **지나쳐간다.**
> c. 오랜만에 기차를 타고 야외로 나오니 *창밖으로* **지나가는 나무, 꽃들**을 보는 것만으로도 기분이 상쾌해졌다.
> d. 그 여자는 *냇물을 따라서* **뻗어 나간 길로** 가야 했고 나는 곧장 난 길로 가야 했다.

(10)은 '가상 이동'에서 '상대적 이동'으로 '개념화자'가 이동 중이거나 이동체를 통해 비이동체를 이동으로 인식(임태성 2016: 54)하는 경우이다. (10)에서 '개념화자'는 (10a)에서 직접 이동하거나 (10b), (10c)에서 탈것으로 이동하거나, (10d)에서 이동체인 '냇물'을 통해[12] 이동으로 인식한다. 즉, (10a)는 직접 이동의 확장, (10b)-(10d)는 눈의 관찰을 통한 간접 이동의 확장으로 살펴볼 수 있다.

(10)에서 볼 수 있듯이, '상대적 이동' 표현에서 구체적인 '경로'는 나타나지 않는 경향을 보이는데,[13] 이러한 표현들은 '이동 사건'에서 '이동' 그 자체에 동기화되는 것으로 살펴볼 수 있다. 이를 통해 '상대적 이동'은 이동의 방식이나 이동 가능한 방향을 통해 그 쓰임의 양상을 살펴볼 수 있다.

---

[12] 임지룡(2008: 310)에서는 (10d)와 같이 한 물체의 이동에 따라 인접한 물체의 이동 인식을 일종의 공명 현상으로 비유될 수 있다고 언급했다.

[13] 임지룡(2008: 312)에서 '상대적 이동'의 표현상 특성으로, 경로 부사어 선택의 수의적이고, 속도의 부사어의 사용이 가능하며, 단일 방향으로 이동한다고 논의했다. 이 글에서는 '상대적 이동'에서 경로 부사어 선택이 필요하지 않으며, 그 방향성이 몇몇 예에서 양방향으로 나타날 수 있다고 주장한다.

(10') a. **산이** (⁽ʳʳ⁾시속 100km로/빠르게/느리게/천천히/반대로/위로/아래로) **지나간다**.
b. **가로수들이** 차창을 (⁽ʳʳ⁾시속 100km로/빠르게/느리게/천천히/⁽ʔ⁾반대로/⁽ʔ⁾위로/아래로) **지나쳐간다**.
c. **나무, 꽃들이** 창밖으로 (⁽ʳʳ⁾시속 100km로/빠르게/느리게/천천히/⁽ʔ⁾반대로/위로/⁽ʔ⁾아래로) **지나간다**.
d. **길이** 냇물을 따라서 (⁽ʳʳ⁾시속 100km로/⁽ʔ⁾빠르게/⁽ʔ⁾느리게/⁽ʔ⁾천천히/반대로/위로/아래로) **뻗어 나가다**.

(10)의 예문을 간략히 (10')로 제시했다. 여기에서 '이동'의 속도나 방향을 나타내는 부사어를 넣어보면, '시속 100km'라는 구체적인 속도보다는 '빠르게, 느리게, 천천히'와 같은 표현이 좀 더 자연스럽게 인식되어 나타난다.[14]

(10'a)는 '개념화자'의 직접 이동으로, '개념화자'를 중심으로 속도나 방향 인식이 가능하다. (10'b), (10'c)는 '개념화자'가 탈것을 통해 이동하면서 관찰하는 경우로 속도에 대한 인식이 가능하다. (10'd)는 간접 이동으로, '냇물'이라는 이동체를 중심으로 방향 인식이 가능하다.

(10'a), (10'd)의 경우, 이동체를 기준으로 경로 인식 또한 가능하다. 다음 예를 살펴보자.

(11) a. **산이** *나에게서 저쪽으로* **지나간다**.
b. **길이** 냇물을 따라서 *이쪽에서 저쪽으로* **뻗어 나가다**.

(11)은 '상대적 이동'에서 경로 표현이 가능한 경우이다. 여기에서 경로는 '개념화자'나 '참조점'을 포함한다. (11a)에서 '지나가다'는 '개념화

---

[14] Matlock(2004: 1389)에서 '가상 이동' 표현이 험한 지형보다 평탄한 지형을, 느린 속도보다 빠른 속도를, 복잡한 경로보다 단순한 경로에서 더 반응시간이 빨랐다는 결과를 제시했다.

자'를 기준으로 '나에게서 저쪽으로'라는 경로 인식이 가능하며, (11b)에서 '뻗어 나가다'는 '참조점'인 '냇물'을 기준으로 '이쪽에서 저쪽으로'의 방향 설정이 가능하다.

반면, (10'b), (10'c)와 같이 탈것을 통해 이동 중일 때는 방향에 대한 인식이 '개념화자'에게 이미 있으므로, '반대로, 위로, 아래로'와 같은 부가적인 방향 표현은 부자연스럽다.

다음은 '가상 이동'에서 '심리적 이동'의 예이다.

(12) a. *하늘로* **솟은 나뭇가지가** OO의 시야에 찬다.
　　 b. 유리문 밖에 *운동장을 거쳐* 높이 **솟은 저 담**!
　　 c. 쭉 뻗은 **도로가** *종점에서* 위로 **뻗고 있다**.
　　 d. 길이 좀 더 **뻗어 있었다면**….
　　 e. 곧 경의선 **철도가 달린다**.

(12)는 '심리적 이동'으로 '개념화자'가 정지한 상태에서 비이동체를 이동으로 인식(임태성 2016: 92)하는 경우이다. (12)에서 '개념화자'는 관찰 가능한 '직접 범위'와 '최대 범위'에 있다.[15] 즉, (12a)-(12c)는 간접 이동의 확장으로 '직접 범위'에서 관찰을, (12d), (12e)는 '개념화자'의 인식에서 '최대 범위'로 관찰 가능하다.

(12)에서 볼 수 있듯이, '심리적 이동' 표현은 '이동 사건'의 여러 속성들이 나타나는 것으로 살펴볼 수 있다. 이에 따라, '심리적 이동' 표현에서 경로나 방향 그리고 상적 속성을 살펴볼 수 있다.[16]

---

[15] Langacker(2008: 62-65)에서는 특정한 목적에 직접 관련된 '직접 범위(immediate scope)'와 최대 적용 부분인 '최대 범위(maximal scope)'를 '해석(construal)'의 하나로 설명했다. 이것은 '이동'에서 '직접 범위'가 관찰 가능한 범위 내의 이동이라면, '최대 범위'는 '이동' 인식이 가능한 범위의 이동으로 간주된다.

[16] 임지룡(2008: 316)에서 '심리적 이동'의 표현상 특성으로, 경로가 명시되어야 하고, 시간 양상의 제약을 논의했다. 이 글에서는 '심리적 이동'에서 경로가 수의적

첫째, 경로는 (12a)-(12c)에서 각각 '하늘로', '운동장을 거쳐', '종점에서 위로' 등으로 구체적으로 나타나며, (12d), (12e)는 경로가 나타나지 않는다. 둘째, 방향은 (12a), (12b)에서 수직적으로, (12c)-(12e)에서 수평적으로 인식된다. 셋째, 상적 속성은 (12c)에서 '-고 있다', (12d)에서 '-(으)면'과 같이 진행이나 반사실문에 대한 인식이 나타난다. 마지막으로, (12e)에서 '곧'이라는 시간 부사어는 개념화자의 미래 인식을 살펴볼 수 있다.

3.2. 언어 독립적 요인에 나타난 동기화 양상

'가상 이동' 표현에 나타난 양상들은 <표 1>에서 제시한 해석 방식을 통해 이해된다.

첫째, '이동'은 '이동 사건(motion event)'을 통해 이해되는데, '실제 이동'에 대한 체험은 '가상 이동'으로의 확장으로 동기화된다. 이것은 (8), (9)와 같이, '실제 이동'과 '가상 이동' 표현 방식이 유사하게 나타난 것을 통해 이해된다.

'이동'은 직·간접적으로 인식되는데, 이러한 각각의 체험은 '가상 이동'을 이해하는 데에도 적용된다. 즉, (10a)에서 '걸음'과 '산이 지나가다'라는 표현들은 '개념화자'의 직접 이동의 인식을, (10b)-(10d)와 (12a)-(12c)에서처럼 '탈것'이나 시선의 움직임 등을 통해 관찰되는 대상은 간접 이동의 인식을 나타낸다. 즉, 이러한 직·간접적 이동 인식은 '가상 이동' 표현에서 비이동체인 전경을 나타내는 여러 방식들로 나타났다.

그리고 '이동'은 근본적으로 '시간성(temporality)'을 가지는데, 이것에 대한 인식은 <표 1>에서 제시한 '주사'와 관련된다. '주사(scanning)'에는

으로 나타나며, 수직, 수평의 방향성이 모두 나타날 수 있다고 주장한다.

'순차 주사'와 '요약 주사'가 있다. '순차 주사(sequential scanning)'는 어떤 장면을 시간의 흐름에 따라 연속으로 파악하는 것을 말하며, '요약 주사(summary scanning)'는 어떤 장면을 통합된 전체로서 파악하는 것을 말한다(Langacker 1987: 144-146).

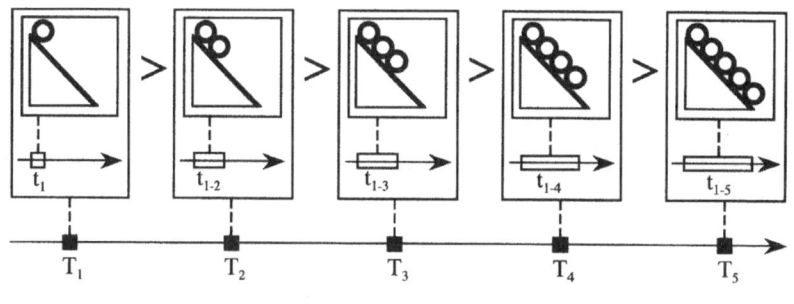

〈그림 2〉 '주사'의 인식 방식

<그림 2>에서 시간의 흐름은 'T'로 제시되고, 개념화자의 시간 개념화 방식은 't'로 제시된다. 여기에서 각각의 장면은 요약적으로 제시되면서 그것이 이어졌을 때 순차적으로 인식된다. 즉, '순차 주사'와 '요약 주사'는 상호 배타적인 것이 아니라, 정상적인 사건 관찰의 두 국면으로 간주된다. 이것은 '개념화자'가 어떤 장면에 주의를 두느냐에 따라, 그 장면을 순차적으로 해석하거나 전체적인 한 장면으로 해석할 수 있음을 나타낸다.

이에 따라 '가상 이동'에서 '상대적 이동'은 개념화자가 이동 중이거나 이동체를 통해 관찰대상인 비이동체를 이동으로 인식하므로, 일반적으로 '순차 주사'의 방식을 따른다. 반면, '심리적 이동'은 개념화자가 정지한 상태에서 관찰대상인 비이동체를 이동으로 인식하므로 '요약 주사'의 방식을 따른다.

물론, 예외적으로 '가상 이동' 표현에서 (12d), (12e)에서 제시한 반사실문이나 미래 상황에 대한 인식인 경우에, '개념화자'는 구체적인 대상을 관찰하고 있는 것이 아니라 이동에 대한 인식이 확장되는 것으로 이해된다. 이러한 장면에서 '개념화자'는 '최대 범위'에서 그 대상들을 인식하므로, '개념화자'의 인식에 따라 '요약 주사'와 '순차 주사' 모두 가능해 보인다.

둘째, '전경-배경'에 대한 인식은 <표 1>에서 제시한 '판단/비교'와 관련된다. '가상 이동' 표현에 나타난 '산', '길', '도로'와 같은 전경은 개념화자의 적절한 '판단'에 따라 전경화된다. 여기에서 '전경화(foregrounding)'란 어떤 장면에서 특정 장면을 전경으로 두드러지게 하는 인지 작용으로(Evans & Green 2006: 321), '가상 이동'에서 비이동체인 '길'은 개념화자에 의해 '전경화'되고, 여러 이동의 속성들을 통해 이동하는 것으로 인식된다. 대신, 실제 이동 주체는 배경화된다.

예를 들어, '상대적 이동'의 한 예로 (10d)를 제시했는데, '실제 이동' 상황에서 '냇물'은 이동 가능한 대상으로 이동 상황에서 전경으로 나타날 수 있다. 하지만 (10d)에서 '개념화자'는 이동체인 '냇물'을 참조점인 배경으로 처리하고, 상대적으로 비이동체인 '길'을 이동하는 것으로 인식하여 표현했다. (10d)와 같은 표현 방식은 '개념화자'가 '냇물'의 흐름을 경로로 인식하기보다는 '가상 이동' 인식에서 '배경화'되어 나타나게 된다.[17]

셋째, '양상(modality)'은 '가상 이동'이 나타나는 표현에서 어떤 대상의 이동이 진행되고 있음을 나타내 주며, 의미상 미완료임을 나타낸다. 예를 들어, (12c), (12d)에서 제시한 예는 '개념화자'의 마음속 주사를 통한 이동의 인식 즉, '개념화자'의 적극적인 '가상 이동' 인식이다. 이러한 표현들은 실재 관찰하거나 존재하지 않지만, '개념화자'의 인식에서는 실재적이다. 또한 그 장면이 머릿속에서 활성화될 수 있다는 것은 실제 장

---

17 이러한 표현 방식은 '**이 길이 *연안을 따라서* 뻗어 나간다.**'와 같이 '연안'이 비이동체임에도 '가상 이동'으로 인식 가능하게 해 주는 동기를 제공한다.

면에 대한 시뮬레이션[18]이 가능한 것으로 간주된다.

예문 (12c)는 '-고 있다'를 통해 '개념화자'가 관찰대상을 관찰하고 있는 상황인 것을 나타낸다. '도로'와 '뻗다'는 그 대상의 상태를 나타내지만, '-고 있다'를 통해 전경인 '도로'가 이동하는 것으로 나타내며, '종점에서 위로'라는 구체적인 경로 표현을 통해 이동으로 인식하고 있음을 나타낸다. 또한 (12d)에서 '-(으)면'은 '개념화자'가 그 장면을 반사실적인 상황으로 인식하고 있으며, 이를 통해 '길', '뻗다'의 인식이 단순히 그 대상의 상태를 보여주는 것이 아니라 이동의 인식을 갖도록 동기화된다.

마지막으로, (12e)에서 '곧'과 같은 표현들은 '개념화자'가 '이동 사건' 내에서 미래의 상황 인식을 나타낸다. '곧'이라는 표현은 '달린다'가 실제로 '달릴 것이다'로 해석되며, '이동'에 대한 인식이 과거, 현재에 대한 체험뿐만 아니라 미래의 어떤 상황을 묘사하는 데에도 나타날 수 있음을 살펴볼 수 있다. 이러한 표현 방식은 '개념화자'의 이동에 대한 적극적인 의지가 반영되어 나타난 것으로 간주되며, '가상 이동' 표현이 직·간접 이동의 체험에서부터 실재하지 않는 상황에 이르기까지 넓은 범주에서 동기화될 수 있음을 살펴볼 수 있다.

4. 마무리

이 글은 언어적 그리고 언어 독립적으로 나타나는 '가상 이동'의 동기화 양상을 살펴보았다. 우선 '이동'은 인간의 근본적인 체험으로 구성되는데, '이동 사건'에서 여러 속성들을 통해 이해된다. '이동 사건'에서 '실

---

[18] '시뮬레이션'이란 언어 이해에서 개념화자가 발화 내용을 정신적으로 시뮬레이션한다는 것을 말하며(Bergen 2007: 277), 인지과정이 컴퓨터에 의해 시뮬레이트할 수 있다(Lakoff 1987: 345-348)는 '계산적 시뮬레이션'과는 구별된다.

제 이동'은 '가상 이동'을 인식하게 하는 동기를 제공하며, '가상 이동'에서 비이동체인 '전경'은 '이동 사건' 내에서 이동으로 인식된다.

'가상 이동'은 '상대적 이동'과 '심리적 이동'으로 나누어지며, 그 표현 방식을 통해 동기화되는 양상을 살펴보았다. 첫째, '상대적 이동' 표현은 이동 자체에 주의를 두는 경향이 나타나고, 이동과 이동의 속도나 방향에 따른 측면을 함께 제시했다. 둘째, '심리적 이동' 표현은 이동을 포함한 여러 속성들에 주의를 두는데, 경로나 방향 그리고 상적 속성에 따른 측면을 함께 다루었다.

이러한 표현 방식은 언어 독립적인 '해석'을 통해 동기화되는 양상을 살펴볼 수 있었다. 첫째, '실제 이동'은 직·간접 이동에 대한 체험을 통해 '이동 사건'의 틀을 형성하며 '이동'을 이해하게 해 준다. 또한 '이동'은 '시간성'에 대한 인식을 가지는데, 이것은 '주사'와 관련되며, 주로 '상대적 이동'은 '순차 주사', '심리적 이동'은 '요약 주사'로 이해된다. 둘째, '가상 이동'에 대한 인식은 '전경화' 즉, 비이동체를 이동으로 간주할 수 있는 인지적 능력이다. 이에 따라 '산', '길', '도로'와 같은 실재 대상은 개념화자의 '주의'를 받아 이동체인 '전경'으로 인식된다. 셋째, '양상'이나 미래를 나타내는 시간 부사어의 쓰임은 '이동'이 계속적으로 진행되고 있다는 인식을 보여준다. 따라서 '가상 이동'은 '실제 이동'의 체험이 동기화되어 유사한 표현 방식으로 나타났다.

참고문헌

김동환. 2013.『인지언어학과 개념적 혼성 이론』. 박이정.
김정오 외 옮김. 2012.『감각과 지각』. 센게이지러닝코리아. (Goldstein, E. B. 2007. *Sensation and Perception*, 7th ed. Wadsworth.)

송현주. 2011. "국어 구조와 의미 간의 동기화 연구". 경북대학교 대학원 국어국문학과 박사학위논문.

임지룡. 2007. "시점의 역전 현상". 『담화와 인지』 34: 1-28. 담화·인지언어학회.

임지룡. 2008. 『의미의 인지언어학적 탐색』. 한국문화사.

임지룡. 2017. 『한국어 의미 특성의 인지언어학적 탐색』. 한국문화사.

임태성. 2015a. "신체화에 기반한 '달리다'류의 의미 확장 연구". 『담화와 인지』 22(2): 151-169. 담화·인지언어학회.

임태성. 2015b. "'뻗다'의 의미 확장 연구". 『한글』 309: 95-119. 한글학회.

임태성. 2016. "국어 가상 이동의 양상과 의미 특성 연구". 경북대학교 대학원 국어국문학과 박사학위논문.

Bergen, B. 2007. Experimental methods for simulation semantics. *Methods in cognitive linguistics*, 277-301.

Croft, W. & D. A. Cruse. 2004. *Cognitive Linguistics*. Cambridge: Cambridge University Press. (김두식·나익주 옮김. 2010. 『인지언어학』. 박이정.)

Evans, V. & M. Green. 2006. *Cognitive Linguistics: An Introduction*. Edinburgh: Edinburgh University Press. (임지룡·김동환 옮김. 2008. 『인지언어학 기초』. 한국문화사.)

Fillmore, C. J. 1975. An alternative to checklist theories of meaning. In *Proceedings of the First Annual Meeting of the Berkeley Linguistics Society*, 123-131. Amsterdam: North Holland.

Fillmore, C. J. 1977. Scenes-and-frames semantics. In A. Zampolli ed. *Linguistic Structures Processing*, 55-82. Amsterdam: North Holland.

Fillmore, C. J. 1982. Frame Semantics. In Linguistic Society of Korea ed. in *Linguistics in the Morning Calm*, 111-137. Seoul: Hanshin Publishing.

Fillmore, C. J. 1985. Frames and the semantics of understanding. In *Quaderni di Semantica* 6: 222-254.

Geeraerts, D. & H. Cuyckens. eds. 2007. *The Oxford Handbook of Cognitive Linguistics*. Oxford: Oxford University Press. (김동환 옮김. 2011. 『인지언어학 옥스퍼드 핸드북』. 로고스라임.)

Johnson, M. 1987. *The Body in the Mind: The Bodily Basis of Meaning, Imagination, and Reason*. Chicago and London: The University of Chicago Press. (이기우 옮김. 1992. 『마음 속의 몸: 의미·상상력·이성의 신체적 기초』. 한국문화사.)

Johnson, M. 2007. *The Meaning of the Body: Aesthetics of Human Understanding*. Chicago: University of Chicago Press. (김동환·최영호 옮김. 2012. 『몸의 의미: 인간 이해의 미학』. 東文選.)

Kourtzi, Z. & N. Kanwisher. 2000. Activation in human MT/MST by static images with implied motion. *Journal of Cognitive Neuroscience* 12: 48-55.

Kövecses, Z. 2006. *Language, Mind, and Culture: A Practical Introduction*. Oxford: Oxford University Press. (임지룡·김동환 옮김. 2010. 『언어·마음·문화의 인지언어학적 탐색』. 역락.)

Lakoff, G. 1987. *Women, Fire and Dangerous Things: What Categories Reveal About the Mind*. Chicago: The University of Chicago Press. (이기우 옮김. 1994. 『인지의미론: 언어에서 본 인간의 마음』. 한국문화사.)

Langacker, R. W. 1987. *Foundations of Cognitive Grammar*. Vol. 1. Stanford, California: Stanford University Press. (김종도 역. 1999. 『인지문법의 토대: 이론적 선행조건들』. 박이정.)

Langacker, R. W. 2008. *Cognitive Grammar: A Basic Introduction*. Oxford: Oxford University Press. (나익주 외 옮김. 2014. 『인지문법』. 박이정.)

Matlock, T. 2004. Fictive motion as cognitive simulation. *Memory & Cognition* 32(8): 1389-1400.

Talmy, L. 1996. Fictive motion in language and 'ception'. *Language and space* 21: 210-276.

Talmy, L. 2000. *Toward a Cognitive Semantics.* Vol. 1: *Concept Structuring System.* Cambridge, Mass: MIT Press.

제5장

관형사 어순의 동기화

김령환

1. 들머리

 '관형사(冠形詞)'는 체언 앞에서 그 체언의 뜻을 분명하게 제한하는 품사로 정의되며, 체언을 꾸며 주면서도 형태 변화를 일으키지 않는다는 특성을 지니고 있다(고영근·구본관 2008: 123 참조). 일반적으로 관형사의 유형은 그 의미에 따라 '지시관형사', '수관형사', '성상관형사'로 분류된다. 이러한 세 가지 유형의 관형사 중에서 두 가지 이상의 관형사가 동일한 체언을 꾸미기 위해 동시에 나타나게 될 경우에는 (1)과 같이 '지시관형사→수관형사→성상관형사'의 순서로 결합되는 특성이 있다.

 (1) a. 소식통에 의하면 **이 새** 스마트폰은 화면이 11.9cm와 14cm로 지금까지 애플이 내놓은 모델 가운데 가장 크다. (서울경제 2013.11.11.)
   b. 새 음반 제작의 핵심 역할을 **이 두** 사람이 맡았다. (오마이뉴스 2018.5.1.)

c. 구매자들은 **이 두 새** 제품을 보고 환불을 할지, 새 제품으로 교환할지 결정할 것으로 보입니다. (SBS CNBC 2016.9.7.)

　(1a)는 '지시관형사→성상관형사'의 순서로, (1b)는 '지시관형사→수관형사'의 순서로, (1c)는 '지시관형사→수관형사→성상관형사'의 순서로 결합된 것이다. 이처럼 관형사는 그 하위 유형에 따라 일정한 어순으로 결합되는 의미 특성을 지니고 있다.

　둘 이상의 관형사가 하나의 체언을 수식할 때 나타나는 관형사 어순은 '근접성의 원리'를 통해 설명 가능하다. 근접성의 원리는 '거리적 도상성'의 한 원리로서 한 언어 구성단위 안에서 개념적 근접성이 언어 구조의 근접성과 비례하는 것을 말한다.

　(2) [④소문난 [③맛있는 [②울릉도 [①호박엿]]]]

　(2)의 구성단위는 ①→④의 순서로 결합되어 있는데, 이는 (2)의 핵심 요소인 '엿'과 의미적으로 직접적인 관련성이 큰 순서대로 '엿'에 가깝게 결합된 것이라 할 수 있다. 즉 '엿'의 주재료인 '호박'이 가장 가깝게 결합되었고[1], 다음 순서로 '호박엿'의 원산지인 '울릉도', 다음 순서로 '울릉도 호박엿'의 속성(맛)을 나타내는 '맛있다', 다음 순서로 '소문나다'가 결합되어 있다. 이처럼 하나의 체언을 꾸미기 위해 둘 이상의 수식어가 나타날 경우, 수식어의 어순 배열은 피수식어와의 의미적 관련성이 큰 순서대로 피수식어에 근접하여 결합되는 의미 특성을 지니고 있다.

　이 글에서는 근접성의 원리에 따른 어순 배열에 대해 소개하고, 근접성의 원리를 토대로 둘 이상의 관형사가 하나의 체언을 꾸미기 위해 동시에

1　'호박엿'은 하나의 낱말로 굳어진 형태이지만 그 의미는 '수식어(호박) + 피수식어(엿)'의 관계로 구성되어 있다.

나타날 때의 관형사 어순 배열 원리에 대해 논의하기로 한다.

2. 어순의 동기화 원리

'동기화(motivation)'는 언어의 구조와 의미의 관계에 대해 설명이 가능한 것을 뜻한다. 즉 어떤 언어적 형태가 왜 그러한 의미를 가지게 되었으며, 또한 어떤 의미가 왜 그러한 형태를 가지게 되었는지에 대해 설명해 낼 수 있는 경우 그 형태와 의미가 동기화되어 있다고 한다. 동기화는 더 구체적으로 '도상성(iconicity)'이라고도 하는데[2], 이는 형태와 의미 간의 닮음, 또는 언어 구조와 개념 구조 간에 존재하는 상관성을 가리킨다(임지룡 2004: 177-193 참조). 언어 형태와 의미 간의 도상성은 어순 배열에서도 다양한 양상으로 나타난다.

어순에 나타난 형태와 의미 간의 도상성은 개념적 거리와 언어적 거리의 비례 관계를 나타내는 '근접성(closeness)'에 따른 경우가 많다. 이와 같은 근접성은 크게 화자의 관점을 중심으로 한 시공간적 거리의 근접성과 내용 요소들 간의 근접성으로 나눌 수 있다.

먼저, 화자의 관점을 중심으로 한 시공간적 거리의 근접성에 대해 살펴보기로 한다. 화자의 관점을 중심으로 한 시공간적 거리의 근접성은 화자를 중심으로 시간적 또는 공간적으로 가까이에 위치한 것이 언어적으로 먼저 배열되는 것을 말한다. 시간적으로 먼저 발생한 사건은 언어 표현에 있어서도 먼저 발화될 가능성이 높다. Van Langendonck(1995: 80)에서

---

[2] 임지룡(2017: 18-19)에서는 '도상성'의 하위 유형을 크게 '양적 도상성', '순서적 도상성', '근접적 도상성'으로 분류하였다. 이 중에서 '순서적 도상성'과 '근접적 도상성'이 어순과 관련되는데, 이 글에서는 '순서적 도상성'을 '근접적 도상성'의 하위 유형으로 분류하여 논의한다.

는 (3)과 같은 용례를 통해 이야기 연쇄에서 물리적 경험 또는 지식의 순서가 언어 요소의 순서와 평행하게 나타남을 밝힌 바 있다.

(3) a. Veni, vidi, vici. (왔노라, 보았노라, 이겼노라)
　　 b. ?Vici, vidi, veni. (?이겼노라, 보았노라, 왔노라)

(3a)는 기원전 47년에 로마의 장군인 카이사르(Julius Caesar)가 전쟁에서 승리한 직후 로마 시민과 원로원에 보낸 승전보에 쓴 라틴어 글귀로 사건의 시간적 순서에 따라 어순 배열이 이루어진 것이다. 언급된 세 가지 사건은 서로 인과적인 관련성이 없고, 사건들 사이의 시간적 간격이 상대적으로 작다. 이 경우 실제로 가장 먼저 일어난 사건이 언어적으로 가장 먼저 언급되는 것이다. 특별한 맥락이나 발화 의도가 반영되지 않은 상황에서 (3b)와 같은 어순의 발화는 나타나지 않을 가능성이 높다.

이와 같은 시간적 순서에 따른 어순 배열은 합성어, 구, 문장 등 여러 층위에 걸쳐 나타난다.

(4) a. 오늘내일, 여닫다, 문답(問答)
　　 b. 비가 와서 땅이 질다.

(4a)는 시간적 순서에 따라 결합된 합성어로 그 시간적 관계가 역전된 '*내일오늘', '*닫열다', '*답문' 등은 나타나지 않는다. 또한, (4b)는 이어진 문장으로 사건의 시간적인 순서에 따라 결합됨과 동시에 원인과 결과의 의미 관계를 맺고 있다.

(3a)와 (4)에 제시된 언어적 표현은 화자의 관점이 시간적으로 '과거→현재→미래'의 순서로 진행되어 간다. 그런데 이와는 반대로 화자의 관점이 '현재→과거'로 향하는 경우도 있다.

(5) a. 추운 날씨에 촬영을 시작한 게 **엊그제** 같은데 벌써 종영이라는 사실이 믿기지 않는다. (서울경제 2018.4.24.)
b. **어제와 그저께는** 경북 내륙지역에 서리가 내리기도 했다. (경상매일신문 2018.4.17.)

(5a)의 '엊그제'는 화자의 관점에서 시간적으로 가까운 '어제'가 '그제'보다 언어적으로 먼저 나타난 것이다. 시간적 순서에 따르면 '그제'가 '어제'보다 먼저 배열되어야 하지만 이 경우에는 시간적으로 화자(현재에 있음)에 더 가까운 '어제'가 먼저 나타난다. 또한 (5b)의 '어제'와 '그제'는 구 구성을 이루고 있는데 이 경우에도 화자에 더 가까운 '어제'가 '그제'보다 먼저 나타나 있다. 이처럼 화자의 관점이 '현재→과거'로 향하는 경우에는 시간적으로 현재에 가까운 것이 먼저 배열되는 의미적 특성이 있다.

한편, 공간적으로 화자에게 더 근접한 것이 언어적으로 먼저 배열되는 경우도 있다.

(6) a. 무대 직후 본인은 아쉬움을 드러냈지만 소름끼치는 무대에 **여기저기서** 극찬이 쏟아졌다. (헤럴드POP 2016.9.28.)
b. **한미군사동맹/U.S. and South Korea** military alliance

(6a)의 '여기저기'는 화자의 관점에서 공간적으로 가까운 '여기'가 '저기'보다 언어적으로 먼저 나타난 것이다. (6b)와 같이 한국과 미국의 군사적 관계를 나타내는 표현에서 한국인 화자의 경우에는 '한국'을 먼저 표현하고, 미국인 화자의 경우에는 'U.S.(미국)'을 먼저 표현한다. 이는 공간적으로 화자에게 더 가깝거나 친밀한 것이 언어적으로 먼저 나타나는 의미 특성을 보여 준다.

다음으로, 내용 요소들 간의 근접성에 따른 어순 배열에 대해 살펴보기로 한다. Van Langendonck(1995: 84-87)에서는 화자와는 상관없이 내용 요소 간의 관계에 따른 어순의 배열 원리를 제시한 바 있다. 문장에서 수식어와 피수식어의 배열에 있어서 수식어와 피수식어는 서로 인접해 있으며, 여러 개의 수식어가 나타날 경우에는 수식어들끼리 인접해 있다. 특히, 여러 개의 수식어가 나타날 경우에 피수식어의 본유적인 성분에 근접한 수식어가 피수식어에 더 인접해 배열되는 의미적 특성이 있다.

예를 들어, (7)에서 수식어는 피수식어의 본유적 성분에 근접한 정도에 따라 ①→②→③→④의 차례로 놓여 있다.

(7) a. <u>소문난 맛있는 울릉도 호박</u>엿
           ④   ③   ②   ①

   b. <u>the famous delicious Italian pepperoni</u> **pizza**
           ④   ③   ②   ①

(7a)에서 '호박', '울릉도', '맛있다', '소문나다'는 '엿'을 수식하면서 그 의미를 한정한다. '호박'은 '엿'의 주재료이면서 핵심 구성요소가 된다. '울릉도'는 '호박엿'의 원산지를 나타내는 것으로 '호박'에 비해 '엿'과의 개념적 거리가 상대적으로 멀다. 또한 '맛있다'는 '울릉도 호박엿'의 맛에 대한 평가를 나타내는 것으로 '엿' 그 자체의 본유적인 성질이나 상태를 나타내는 것이라기보다는 '울릉도 호박엿'에 대한 화자의 평가를 나타내는 것이기 때문에 원산지를 나타내는 '울릉도'에 비해 '엿'과의 개념적 거리가 상대적으로 멀다. 그리고 '소문나다'는 화자의 범위를 넘어 화자가 속한 집단에서 '맛있는 울릉도 호박엿'이 통용되고 있는 상태를 나타내므로 화자의 평가인 '맛있다'에 비해 '엿'과의 개념적 거리가 상대적으로 더 멀다. 이상의 내용을 도식화하면 <그림 1>과 같다.

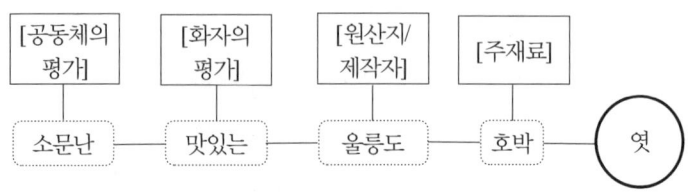

〈그림 1〉 '소문난 맛있는 울릉도 호박엿'의 근접성 정도

<그림 1>과 같이 수식어가 둘 이상 나열될 경우에는 피수식어의 본유적 성분에 근접한 수식어가 피수식어에 상대적으로 더 인접하여 결합됨을 알 수 있다. '소문난 맛있는 울릉도 호박엿'과 같이 음식과 관련된 수식어는 [주재료]를 나타내는 것이 음식의 본유적 성분에 가장 근접해서 결합되고, 그 다음으로 [원산지/제작자], [화자의 평가], [공동체의 평가]의 순서로 수식어의 결합 순서가 정해진다. 이와 동일하게 (7b)의 영어 표현에서도 'pizza'와 본유적인 속성이 가장 근접한 'pepperoni'가 가장 인접하여 결합되고 그 정도성에 따라 'Italian', 'delicious', 'famous'의 순서로 인접하여 결합된다.

3. 근접성 위계에 따른 관형사 어순

초기의 품사 분류에서 관형사 설정 여부는 학자에 따라 차이가 있었으나 학교 문법이 정리된 이후에 관형사는 '체언 앞에서 그 체언의 뜻을 분명하게 제한하는 단어로서 기능상 수식언이고, 조사나 어미는 취하지 못하는 형태상 불변어에 속하는 품사'로 정의된다. 품사 분류에서 이와 같은 관형사의 정의는 기능과 함께 형태적 특징이 고려된 것이다. 관형사는 의미를 기준으로 (8)과 같이 '성상관형사', '수관형사', '지시관형사'로 하위분류된다.[3]

(8) 의미를 기준으로 한 관형사의 하위분류
    a. 성상관형사
    b. 수관형사
    c. 지시관형사

의미를 기준으로 한 관형사의 하위분류와 그에 따른 용법을 살펴보면 다음과 같다.

먼저, 성상관형사는 '꾸밈을 받는 명사의 성질이나 상태를 실질적으로 제한하는 관형사'로 정의되며 그 용법은 (9)와 같다.

(9) a. 새 {집, 기분, 학기}
    b. 헌 {구두, 옷, 가방}
    c. 옛 {자취, 추억, 친구}
    d. 맨 {처음, 꼭대기, 먼저}

(9)의 '새'는 처음 마련하거나 다시 생겨난 것을 의미하고, '헌'은 오래되어 낡은 것을 의미하고, '옛'은 시간적으로 지나간 때를 의미하고, '맨'은 위치적으로 가장 끝에 있음을 의미한다. 이들 '성상관형사'는 피수식어의 성질이나 상태를 한정하는 역할을 하므로 이는 (10)과 같이 용언의 관형사형과 동일한 용법으로 사용된다.

(10) a. 형용사의 관형사형: **큰** 집, **예쁜** 옷, **무서운** 이야기, **고운** 말
     b. 동사의 관형사형: **오가는** 사람, **줄지어 선** 아파트, **벽에 걸린** 옷

(10a)의 '큰', '예쁜', '무서운', '고운' 등은 형용사의 관형사형이고, (10b)의 '오가는', '줄지어 선', '벽에 걸린' 등은 동사의 관형사형으로 이

---

[3] 이는 관형사의 분류에 있어서 기능과 형태가 1차적인 기준이 되고, 의미는 나중에 고려된 기준임을 알 수 있다(장영희 2001: 202 참조).

들은 피수식어의 상태나 성질을 직접적으로 나타내는 역할을 한다. 즉 성상관형사는 사물의 상태나 속성을 나타내는 용언의 관형사형과 같은 용법으로 사용되어 꾸밈을 받는 명사의 성질이나 상태를 제한함에 따라 피수식어와의 의미적 근접성이 매우 높다고 할 수 있다.

한편, '수관형사'는 사물의 수량을 표시하는 관형사의 유형으로 그 예는 (11)과 같다.

(11) 한, 두, 세/서/석, 네/너/넉, 닷, 엿, 열한, 스무; 한두, 두어/두세, 서너, 두서너; 여러, 모든, 온갖, 갖은

수관형사는 사물의 수효를 나타내는 범주이기 때문에 사물과 직접적인 관련성을 맺고 있는 것이 아니라 사물의 외적인 요소에 해당한다. 즉 단순히 피수식어의 수량을 나타내는 수관형사는 피수식어의 본유적인 속성을 나타내는 성상관형사에 비해 의미적 근접성의 정도가 상대적으로 낮다고 할 수 있다.

'지시관형사'는 발화 현장이나 문장 밖에 존재하는 대상을 가리키는 관형사의 유형(남기심·고영근 1985/2014: 170)으로 그 예는 (12)와 같다.

(12) 이, 그, 저, 요, 고, 조, 이런, 그런, 저런, 다른(他), 어느, 무슨, 웬

'지시관형사'는 '화자'와 '지시물'의 위치 관계를 나타냄에 따라 문장에 명시되지 않은 '화자'의 시점이 반영된다. 이는 '지시관형사'의 선택이 '지시물(피수식어)'의 상태와 속성에 따라 이루어지는 것이 아니라 '화자'가 '지시물'을 바라보는 시점에 따라 이루어짐을 나타낸다. 따라서 '지시관형사'는 근접성의 정도에 있어서 '지시물'보다는 '화자'에 더 가깝게 놓여 있다고 할 수 있다.

이상에서 논의한 내용을 간추려 관형사의 하위유형이 지니고 있는 의미 특성에 따라 '성상관형사', '수관형사', '지시관형사'의 근접성 정도를 <그림 2>와 같이 도식화할 수 있다.

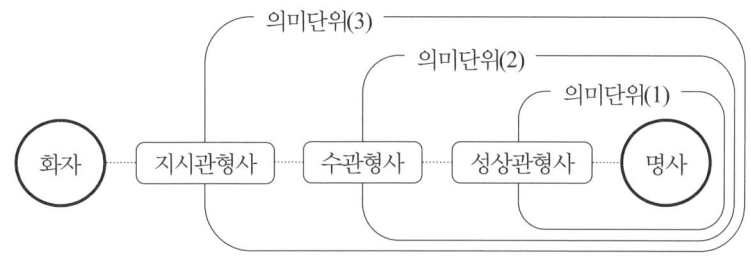

〈그림 2〉 관형사 하위유형의 근접성 정도

<그림 2>에서와 같이 '지시관형사', '수관형사', '성상관형사'는 '화자'와 '명사' 사이에 위치하며, '화자'와 '명사' 사이의 배열은 '지시관형사→수관형사→성상관형사'의 순서를 따른다. 즉 '명사'의 의미를 직접적으로 한정하는 '성상관형사'가 '명사'에 가장 가깝게 결합하여 '의미단위(1)'을 이루고, '수관형사'는 '의미단위(1)'에 결합하여 그에 대한 수량을 나타내어 '의미단위(2)'를 구성한다. 다음으로, '화자'의 시점에 따라 결정되는 '지시관형사'는 '화자'에 가장 가깝게 위치하여 '의미단위(2)'와 결합함으로써 '화자'와 '명사'의 위치 관계를 나타내는 '의미단위(3)'을 구성하게 된다.

둘 이상의 관형사가 하나의 명사를 수식할 경우에 관형사의 어순은 의미를 기준으로 한 하위유형의 근접성 정도에 따라 배열되는 특성을 지닌다.

(13) a. 경기도 구리의 **한 새** 아파트에서는 올겨울 세탁실 배관이 툭하면 얼어 주민들이 고생을 많이 했습니다. (SBS뉴스 2018.2.12.)
 b. 100년 세월을 넘어선 **두 옛** 집은 서로 다른 개성으로 여행을 부추긴다. (파이낸셜뉴스 2014.12.4.)

(13)은 수관형사와 성상관형사가 동시에 나타날 경우로 근접성의 위계에 따라 '수관형사→성상관형사'의 어순으로 배열되어 있다. 수관형사와 성상관형사의 어순은 그 용법에 따라 고착화의 정도에서 차이를 보인다. '한 새 아파트'의 경우에는 '*새 한 아파트'와 같이 '성상관형사→수관형사'의 어순으로 나타나지 않는 반면 '두 옛 집'의 경우에는 '옛 두 집'와 같이 '성상관형사→수관형사'의 어순으로 나타나기도 한다.

(14) a. **이 새** 프로그램은 명칭은 물론, 출연진까지 대거 교체가 예상된다. (마이데일리 2013.8.9.)
b. 재작년 이맘때만 해도 **저 맨** 꼭대기 8층에 사무실이 있었습니다. (오마이뉴스 2003.8.22.)

(14)는 지시관형사와 성상관형사가 동시에 나타날 경우로 근접성의 위계에 따라 '지시관형사→성상관형사'의 어순으로 배열되어 있다.

(15) a. 실제로 **저 두** 사람의 궁합은 매우 좋은 궁합이었다. (광주매일신문 2017.12.27.)
b. **다른 한** 제품은 내수용과 수출용의 가격차가 2배이지만, 양을 따져보니 내수용은 수출용 과자 양의 67%에 불과했다. (한강타임즈 2014.8.8.)

(15)는 지시관형사와 수관형사가 동시에 나타날 경우로 근접성의 위계에 따라 '지시관형사→수관형사'의 어순으로 배열되어 있다.

(16) a. 구매자들은 **이 두 새** 제품을 보고 환불을 할지, 새 제품으로 교환할지 결정할 것으로 보입니다. (SBS CNBC 2016.9.7.)
b. **이 한 헌** 아파트(A)가 **저 두 새** 아파트(B)보다 가격이 더 높다.

(16)은 지시관형사, 수관형사, 성상관형사가 동시에 나타날 경우로 근접성의 위계에 따라 '지시관형사→수관형사→성상관형사'의 어순으로 배열되어 있다. (16b)의 문장에 나타난 관형사의 근접성 정도를 도식화하면 <그림 3>과 같다.

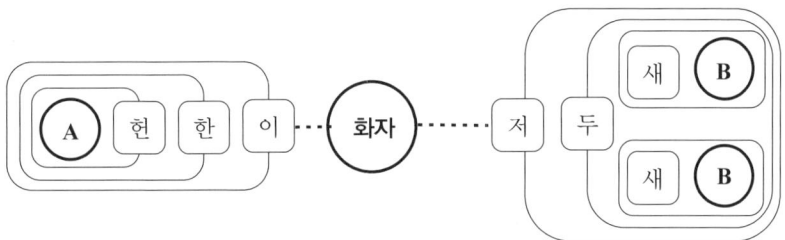

〈그림 3〉 (16b)의 관형사 근접성 정도

<그림 3>에서 지시관형사를 중심으로 (A)는 화자에 가까이 놓여 있는 반면에 (B)는 화자로부터 상대적으로 멀리 놓여 있다. (A)를 중심으로 (A)의 본유적 속성을 나타내는 '헌'이 가장 가깝게 결합하고, 그 다음 수량을 나타내는 '한'이 결합하고, 그 다음으로 화자와의 거리를 나타내는 '이'가 결합된다. (A)는 화자에 가까이 위치하고 있으므로 지시대명사 중에서 '이'가 결합되었다. 반면, (B)를 중심으로 (B)의 본유적 속성을 나타내는 '새'가 (B)에 가장 가깝게 결합되고, 그 다음으로 수량을 나태는 '두'가 결합되고, 그 다음으로 화자와의 거리를 나타내는 '저'가 결합된다. (B)는 화자로부터 먼 거리에 위치하고 있으므로 지시대명사 중에서 '저'가 결합되었다.

이상에서 살펴본 바와 같이 관형사는 의미를 기준으로 '지시관형사', '수관형사', '성상관형사'로 하위분류되며, 피수식어 및 화자와의 근접성 위계에 따라 '지시관형사→수관형사→성상관형사'의 어순으로 동기화된다.

4. 마무리

이 글에서는 근접성의 원리에 대해 논의하고, 그에 기반한 관형사의 어순에 대해 살펴보았다. 관형사 어순을 동기화하는 근접성의 원리는 수식어와 피수식어의 관계에서, 수식어가 둘 이상 나열될 경우에 피수식어의 본유적 성분에 근접한 수식어가 피수식어에 상대적으로 더 인접하여 결합되는 경향성을 말한다. 관형사는 공통된 의미 속성에 따라 '지시관형사', '수관형사', '성상관형사'의 세 가지로 하위분류된다. 관형사는 명사를 수식하는 기능을 지니고 있는데, 피수식어와의 관계에서 '성상관형사'가 가장 근접하고, 그 다음으로 '수관형사'가 근접하고, '지시관형사'가 가장 멀리 떨어져 있다. 따라서 관형사의 하위분류에 따른 어순은 피수식어와의 본유적 속성의 근접성 정도에 동기화되어 '지시관형사→수관형사→성상관형사→피수식어'의 순서로 결합되는 특징을 지닌다.

'동기화'의 전형적인 특성인 '도상성'은 언어의 구조 속에 개념 구조가 직접적으로 반영되어 있다는 것을 나타내는 개념이며, 이는 언어 기호의 형태에 인간이 세상을 바라보고 지각하는 사고방식이 반영되어 있다는 것을 의미한다. 도상성은 자의성의 한계점을 보완함과 동시에 인간이 지니고 있는 보편적인 인지적 성향을 대변한다. 인간이 사용하는 모든 언어표현이 자의적이라고 한다면, 인간의 장기기억이 언어에 대해 담당해야 할 부담은 무한대로 커져야만 할 것이다. 그러나 인간은 언어표현에 대한 일정한 결합원리와 분석원리를 찾으려는 인지적 경향성을 지니고 있기 때문에 언어표현에 대한 장기기억의 부담을 경감시킬 수 있다. 즉 인간은 언어의 형태 속에서 의미를 찾으려는 일반적인 성향을 지니고 있으며, 반대로 의미에 따라 형태를 구성하려는 성향도 지니고 있다.

참고문헌

고영근·구본관. 2008. 『우리말문법론』. 집문당.

김광현·황규홍. 2001. "거리의 도상성 원리와 영어여격교체현상". 『새한영어영문학』 43(2): 547-564. 새한영어영문학회.

김동환. 1997. "언어의 도상성 탐구". 『현대영미어문학』 15(1): 233-262. 현대영미어문학회.

남기심·고영근. 1985/2014. 『표준국어문법론』. 박이정.

리광. 2012. "한국어 관형사의 하위분류에 대하여". 『중국조선어문』 2012(5): 38-45. 길림성민족사무위원회.

성기철. 1992. "국어 어순 연구". 『한글』 218: 77-114. 한글학회.

송현주. 2010. "한국어 합성어에 나타난 동기화 양상". 『한글』 289: 125-150. 한글학회.

이규호. 2015. "관형사의 하위분류–인칭/의문·부정 관형사의 설정". 『국어학』 74: 207-232. 국어학회.

이익섭·채완. 1999/2011. 『국어문법론강의』. 학연사.

임지룡. 2004. "국어에 내재한 도상성의 양상과 의미 특성". 『한글』 266: 169-205. 한글학회.

임지룡. 2008. 『의미의 인지언어학적 탐색』. 한국문화사.

임지룡·김령환. 2013. "어순에 반영된 인지적 특성". 『한글』 300: 119-158. 한글학회.

임지룡. 2017. 『한국어 의미 특성의 인지언어학적 연구』. 한국문화사.

장영희. 2001. "국어 관형사의 범주와 기능". 『한국어 의미학』 8: 201-220. 한국어 의미학회.

정병철. 2015. "당구공 모형으로 보는 한국어 사동 표현의 동기화". 『담화와 인지』 22(1): 79-102. 담화·인지언어학회.

최웅환. 2013. "관형사의 문법적 특징–관형사의 품사설정과 규정". 『어문학』

121: 107-136. 한국어문학회.

辻幸夫 編. 2002. 『認知言語學キーワード事典』. 東京: 硏究社. (임지룡・요시모토 하지메・이은미・오카 도모유키 옮김. 2004. 『인지언어학 키워드 사전』. 한국문화사.)

Boucher, J. & C. E. Osgood. 1969. The Pollyanna Hypothesis. In *Journal of Verbal Learning and Verbal Behavior* 8-1. Illinois: Elsevier.

Clark, H. H. 1970. Word Associations and Linguistic Theory In J. Lyons Eds.. *New Horizons in Linguistics*. Harmondsworth: Penguin. 271-286.

Clark, H. H. & E. V. Clark. 1977. *Psychology and Language*. New York: Harcourt Brace Jovanovich. Inc.

Cooper, W. E. & J. R. Ross. 1975. World Order In R. Grossman. L. San. & Vance, T. eds., *Papers from the Parasession on Functionalism*. Chicago: CLS. 63-111.

Lakoff, G. 1987. *Women. Fire and Dangerous Things: What Categories Reveal about the Mind*. Chicago and London: The University of Chicago Press.

Langacker, R. W. 1990. *Concept. Image and Symbol: The Cognitive Basis of Grammar*. Mouton de Gruyter. (나익주 옮김. 2005. 『개념・영상・상징 - 문법의 인지적 토대』. 박이정.)

Lee, D. 2001. *Cognitive Linguistics: An Introduction*. Oxford: Oxford University Press. (임지룡・김동환 옮김. 2003. 『인지언어학 입문』. 한국문화사.)

Radden, G. & R. Dirven. 2007. *Cognitive English Grammar*. Amsterdam・Philadelphia: John Benjamins Publishing Company. (임지룡・윤희수 옮김. 2009. 『인지문법론』. 박이정.)

Radden, G. & K. U. Panther. eds. 2004. *Studies in Linguistics Motivation*. Berlin・New York: Mouton de Gruyter.

Taylor, J. R. 2002. *Cognitive Grammar*. Oxford: Oxford University Press. (임지룡·김동환 옮김. 2005. 『인지문법』. 한국문화사.)

Van Langendonck, W. 1995. Categories of word order iconicity In Landsberg, M. E. eds. *Syntactic Iconicity and Linguistic Freezes*. 79-90. Berlin·New York: Mouton de Gruyter.

제6장

시간 표현 '-았-'에 나타난 동기화

김학훈

1. 들머리

 이 글은 한국어의 시간표현 '-았-'[1]에 나타나는 동기화 양상을 기술하는 데 목적이 있다. 한국어에서 시간은 어제, 오늘, 내일 등의 어휘, 그리고 '-았-', '-는-', '-겠-' 등의 선어말어미로 과거, 현재, 미래를 나타낸다. 그런데 어휘의 시간개념은 '어제'가 '과거'의 개념만 갖는 등 역할이 한정되어 있는 반면, 선어말어미의 시간개념은 '-았-'이 '과거'의 개념으로 또는 '-는-'이 '현재'의 개념 등으로 한정되지는 않는다. 한 예로 일상생활에서 자주 사용되는 다음과 같은 표현을 들 수 있다.

 (1) 나는 내일 죽**었**다.

---

[1] 이 글에서는 '-았-'과 '-었-'을 모두 다루지만, 세종 형태분석 말뭉치에서 사용되는 형태 '-았-'을 따르기로 한다.

(1)에서는 과거를 나타내는 '-았-'이 미래를 나타내는 '내일'과 함께 사용되고 있다. 고영근(2004), 김차균(1999), 이익섭(2005) 등과 같이 '-았-'을 과거시제로만 볼 경우는 설명할 수 없는 사례이다. 이외에도 '나는 지금 도착했다'와 같이 '-았-'이 현재의 상황에서도 표현되는 등 '과거'라는 개념에 맞지 않는 상황이 다수 존재하기 때문에 '-았-'을 '상'의 한 종류로 보는 남기심(1978), 양정석(2010), 홍윤기(2002) 등의 견해도 있다.

그러나 오충연(2006)에서 지적하듯이 현재완료나 과거완료 등의 '완료상'으로 파악하더라도 완전하게 그 의미를 파악하기가 어렵다. '-았-'을 특정한 하나의 속성으로 단정 짓는 것이 아니라, 김선영(2013), 송창선(2003)에서 접근하듯이 다른 요소와 함께 실현되는 양상을 통해서 '-았-'의 기능을 파악하는 것이 바람직하다. 어휘나 어미의 결합은 문장에서 나타나는 현상이므로 '-았-'이 문장에서 표현될 때의 양상을 파악하고, 환경을 유형별로 나누어 분석할 필요가 있다. 따라서 이 글에서는 '-았-'이 사용되는 문장을 분석하여 그 양상을 파악하고, 어떤 방식으로 동기화되는지 밝히기로 한다. 우선 '-았-'을 '상'으로 볼 때의 문제점을 한계점을 지적하고 동기화의 관점에서 재해석하기로 한다.

특히 (1)에서 보이는 것과 같이 '미래'를 의미하는 문장에서 사용되는 용례를 중심으로 그 양상을 파악하기로 한다.

2. 완료상의 한계점

'-았-'은 일반적으로 과거시제를 표현하는 표지로 인지된다. 그러나 다음의 문장에서처럼 과거시제에만 사용되지 않기 때문에 '-았-'을 과거시제가 아닌, 완료상으로 보아야 한다는 관점도 존재한다.

(2) a. 나는 지금 출발**했**다.
　　b. 나는 어제 출발**했**다.

(2a)에서는 '지금'과 같이 사용되어 현재완료로 나타나고 있으며, (2b)는 과거시제에 사용되는 부사와 함께 나타나고 있다.

완료상으로 보는 설명에서 과거시제는 사건이 발화 시점보다 앞서야 하고 미래상황이나 미래시제에 사용될 수 없다. 반면, 완료형은 사건이 발화시점과 기준시점보다 앞서고 기준시점에서 관련성을 가져야 한다. 그리고 완료형은 미래상황이나 미래시제에 사용될 수 있다(정경숙 2015: 167 참조).[2] 이에 따르면 (2)의 문장에 사용된 '-았-'을 상으로 볼 수도 있을 것이다.

그러나 '-았-'을 상으로 보는 것에 대해 의문을 제기하는 연구들도 있는데, 박영준(1998: 70-71)에서는 '-았-'에서 나타나는 '발화시점 이후의 완결'이라는 의미는 모순된 것이며, 특수한 상황에서 사용되는 것으로 보고 있다. 오충연(2006: 115)에서도 '-았-'을 과거나 완료라는 범주로 완전히 정의하기 어렵고, 인지적 기저층위의 문법범주를 설정해야 한다고 주장하였다. 정경숙(2015: 174)은 소설 『엄마를 부탁해』 영역본에서 '-았-'이 대부분 현재시제와 과거시제로 번역되었다는 사실을 들어 완료시제라는 주장에 부합하지 않으며, 보다 체계적인 의미론적 접근이 필요하다고 언급하고 있다.

오충연(2006), 정경숙(2015)에서 언급된 것과 같이 '-았-'의 특성은 시제나 상이라는 한정된 개념으로는 파악하기가 어렵다. '-았-'의 특성을 파

---

[2] '-았-'이 상을 나타낸다는 관점의 일반적인 주장은 다음과 같다(양정석 2010: 126-127 참조).
① '-았-'은 완결상의 하위범주이다.
② '-았-'은 과거와 현재를 표시할 수 있고, 시간 부가어의 작용에 따라 미래를 표시할 수도 있다.

악하기 위해서는 사용되는 환경을 분석하여 어떤 유형의 환경에서 특정 의미를 드러내는지 밝힐 필요가 있다.

'-았-'은 과거, 현재, 미래를 표현하는 어휘인 '어제', '오늘', '내일'과 모두 결합할 수 있는데, 특이한 점은 '내일', 즉 '미래'의 의미와 함께 사용될 때 문장에 보이지 않는 의미가 추가된다.[3]

(3) a. 영수는 어제 죽**었**다.
b. 영수는 오늘 죽**었**다.
c. 영수는 내일 죽**었**다.

(3a)와 (3b)는 모두 사실을 표현하고 있으나 (3c)는 사실을 표현하는 문장이 아니다. 영수가 내일 죽는다는 사실을 표현한다면 '영수는 내일 죽는다.'로 나타날 것인데, '죽었다'가 사용될 때의 의미와는 확연히 다르다. (3c)의 문장의 의미는 일반적으로 다음을 생각할 수 있다.

(4) 영수는 틀림없이 내일 좋지 않은 일이 생길 것이다.[4]

의사소통상에 문제가 없는 문장이지만 (3c)가 (4)의 의미를 표현한다는 것은 완료상으로 설명이 불가능한 점이다.

그렇다면 왜 미래의 표현에 '-았-'을 사용하는가? (4)를 통해서 보았듯이 미래와 '-았-'이 사용될 때는 의미가 추가된다. 이 '의미'를 표현하기

---

[3] 정수현 외(2011)에서는 비과거 용법에서 나타나는 '확인', '확신', '위협' 등을 제시하고 있지만 해당 현상을 보여주는 것에 그치고 있다.

[4] 문장의 의미에서 '죽다'가 '큰일이 생기다'로 이해되는 것은 '죽다'의 사전적 의미가 아닌 확장된 의미이다. 주목할 점은 '-았-'으로 표현된 형태가 '틀림없다'의 의미를 나타낸다는 것이다. '죽었다'가 아닌 '혼났다'로 사용된다면 '영수는 틀림없이 내일 혼날 것이다'로 '혼나다'의 의미가 그대로 드러나면서 '틀림없다'의 의미가 추가된다.

위하여 '-았-'이 사용된다. 즉, 화자가 표현하고자 하는 특정 의도에 동기화되어 미래의 표현과 '-았-'이 동시에 사용되는 것이다.

이 글에서는 '-았-'이 사용되는 환경을 살펴보는데 그중 화자의 특정 의도를 담고 있는 '미래 + -았-' 형식의 문장을 통해 의미특성을 분석한다. '미래 + -았-'이 동시에 사용되는 유형별로 출현 환경과 특성을 파악하여 의미의 동기화 양상을 밝히기로 한다.

3. '-았-'이 사용되는 미래의 환경

미래의 표현에 '-았-'이 사용되는 문장으로 앞에서 언급한 '나는 내일 죽었다'를 쉽게 떠올릴 수 있다. 양정석(2010: 129)에서는 다음과 같은 문장을 예로 들고 있다.[5]

(4) a. 내 생일이 내일이**었**다.
 b. 수학이 내일 들어 있**었**다.[6]
 c. 너는 내일 죽**었**다.

이들 문장에서 나타나는 종결형을 보면 (4a)는 '이다+았다', (4b)는 '있다 + 았다', (4c)는 '동사 + 았다'이다. '-았-'이 (4a)와 (4b)에서 보이는 '이다'와 '있다'에 결합한 형태를 먼저 살펴보고, (4b)의 '동사 + 았다' 형태를 뒤에서 살펴보도록 하겠다.[7]

---

[5] 예문 (4)는 양정석(2010: 129)을 일부 수정한 것으로, 양정석(2010)은 '-았-'을 상으로 보는 입장인데, 이들 문장도 '완료상'이기 때문에 적합한 것으로 설명하고 있다.

[6] 양정석(2010)에서는 '수학이 내일 들었다'를 '-았-'이 사용된 표현으로 보았는데, 이는 '수학이 내일 들어 있다'로 '-았-'과는 관계가 없다. 따라서 예문을 수정하여 논의한다.

3.1. 정보 확인과 사실 증명

여기에서는 '이다'와 '있다'에 '-았-'이 결합되어 사용된 '이었다'와 '있었다'가 미래의 표현과 사용된 형태를 살펴보겠다.[8] 우선 (4a)의 예문에서는 '내 생일이 내일'이라는 사실을 발화시점보다 이전에 확인을 했다는 의미이다. 그리고 이 정보는 달력에서 확인할 수 있는 객관적인 정보이다. (4b)는 수학이 '시간표'에 내일 들어 있는 것으로, 이 시간표는 이미 결정된 사실이다. 그리고 '수학이 내일 들어 있다'라는 사실을 발화시점 이전에 확인했다는 것을 나타내는 의미이다. 즉, 이들은 모두 '확인이 가능한 사실'을 발화시점 '이전'에 인지한 것이므로 '-았-'의 사용이 자연스러운 것이다. 그런데 같은 구조로 구성된 아래의 문장이 모두 자연스럽게 느껴지는 것은 아니다.

(5) a. (달력을 보니) 내년 설날은 2월이었다.
　　 b. (NASA의 발표에 따르면) 다음 개기일식은 2019년 2월이었다.[9]
　　 c. (주세리노[10]가 말하는) 대재앙은 2043년이었다.

(6) a. (달력을 보니) 내년 설날은 2월에 있었다.
　　 b. ?(NASA의 발표에 따르면) 다음 개기일식은 2019년 2월에 있었다.
　　 c. *(주세리노가 말하는) 대재앙은 2043년에 있었다.

---

[7] 말뭉치에서 '이다'와 '있다'에 '-았-'이 결합한 형태는 검색되지 않아 양정석(2010)의 예문을 참조하여 논의를 진행한다.

[8] 말뭉치 검색의 효율을 위해 미래표현은 '내일'과 '이제'로 한정하여 검색하였다. '미래+이었다', '미래+있었다' 형태는 용례가 검색되지 않았다.

[9] 남태평양, 칠레, 아르헨티나지역에서 관측 가능한 개기일식이 2019년 2월에 예정되어 있다(NASA Solar Eclipse Page 참조, https://eclipse.gsfc.nasa.gov/solar.html).

[10] 브라질 출신의 예언가. 주로 자신의 예지몽으로 예언하며, 2043년 대재앙을 예언했다고 한다(나무위키 참조,
https://namu.wiki/w/%EC%98%88%EC%96%B8%EC%9E%90).

(5)에는 각 문장에 '이었다'가 사용되었으며, (6)에는 '있었다'가 사용되었다. 문장의 적합성 여부를 살펴보면 '이었다'가 사용된 (5)의 문장은 모두 올바른 표현으로 인식이 되지만, '있었다'가 사용된 (6)의 문장은 모두가 올바르다고 인식되지는 않는다.

우선 설날에 대한 문장인 (5a)와 (6a)을 보기로 한다. 앞의 (4)에서 살펴본 것과 같은 '확인 가능한 사실'이다. '설날이 2월'이라는 것을 확인 가능하며, '설날이 달력의 2월 부분 안에 있다'라는 것 또한 사실로 확인 가능하다. 개기일식에 대한 (5b)와 (6b)의 문장을 살펴보면 (5a)는 발표한 내용(객관적 사실)을 발화시점 이전에 확인한 것이므로 의미상 문제가 없다. 그런데 (6b)는 설날을 나타내는 문장과는 달라 보인다. (6b)의 문장을 접했을 때, '개기일식을 실제로 확인했는가'하는 관점에서 보게 된다. 따라서 이 문장은 올바르지 않은 것으로 인식된다. 그런데 올바르게 인식되는 경우도 있다. '개기일식의 날짜가 기록된 표에서 다음 개기일식날짜가 어디에 들어 있는가'하는 관점에서 보는 경우이다(달력에서 설날의 위치를 확인하는 과정과 동일). 따라서 이 문장은 완전히 잘못되었다고는 할 수 없다. 대재앙에 대한 (5c)와 (6c)의 문장을 보면 (5c)는 예언가를 통해 확인 가능한 정보이므로 올바르게 인식되며, (6c)는 진실을 알 수 없는 정보이므로 잘못된 문장이라고 인식된다.

예문에서 보이는 특징을 살펴보면 '이었다'가 사용된 문장은 '정보 확인 여부'에 따라 문장이 올바르게 인식된다고 볼 수 있다. 문장의 적합성 기준이 '사실 여부'가 아니라는 것은 다음과 같은 문장에서도 살펴볼 수 있다.

(7) 영수의 생일은 1월 1일이었다.

(7)에서 영수의 생일이 1월 1일인지 아닌지는 문장의 적합성에 관여하지 않는다. 영수가 거짓말을 할 수도 있으며, 영수가 아닌 다른 친구를

통해 얻은 정보가 잘못된 내용일 수도 있다. 여기에서 중요한 것은 '정보를 확인했는가'이다. 마찬가지로 (5)의 달력, 공식 발표 내용, 예언 내용에서 해당 정보를 '확인'할 수 있다. 미래의 표현에 '이었다'가 사용되었지만 올바른 문장으로 인식되는 경우는 '정보 확인'이라는 조건에 동기화된다고 볼 수 있다.

다음으로 '있었다'가 사용된 문장의 경우를 살펴보도록 하겠다. 설날에 대한 문장에서 '있었다'는 '이었다'와 크게 차이가 나지 않는 것으로 보일 수도 있다. 설날이 2월에 있는 것은 달력에서 확인 가능한 정보이기 때문이다. 그렇지만 '이었다'와 '있었다'가 다른 점은 그 정보가 사실인가 하는 점이다. (6a)에서는 달력의 2월에 설날이 있는 것을 직접 확인함으로써 사실이 증명된 것이다.

앞에서 개기일식에 대한 (6b)가 정상인 문장으로도 인식되며 그렇지 않을 수 있다는 것을 언급했는데, '있었다'는 '사실 증명 여부'가 의미에 관여하기 때문이다. 달력에 표기된 설날과 달리 개기일식은 NASA에서 공식발표를 했더라도 그 때가 되기 전까지는 증명이 불가능하다. 따라서 문장이 어색하게 느껴지는 것이다. 다만, 문장이 올바르게 인식될 수도 있는 것은 이 정보가 '증명될 가능성[11]'이 상당히 높기 때문이다. (6c)의 대재앙은 증명이 불가능하기 때문에 올바르지 않은 문장으로 인식된다. 만약 (6c) 문장의 전제가 바뀐다면 올바른 문장으로 인식된다.

(8) (타임머신을 타고 미래에 갔다 왔는데) 대재앙은 2043년에 있었다.

(8)에서는 직접 대재앙을 확인했기 때문에 '사실 증명 여부'라는 조건을 만족하여 올바른 문장으로 인식되는 것이다. 즉, '이었다'는 '정보 확

---

[11] 개기일식이 예정된 날짜를 나사 홈페이지에서 확인할 수 있는데, '날짜가 기록된 표'를 만들 수 있다는 것은 '예측 가능'이라는 특성을 보이는 것이다.

인 여부', '있었다'는 '사실 증명 여부'에 동기화되는 것이다.

〈표 1〉 '이었다'와 '있었다'의 의미 유형

형태	동기화	문장	판단
미래+이었다	정보 확인	내년 설날은 2월이었다.	올바른 문장
		다음 개기일식은 2019년 2월이었다.	올바른 문장
		대재앙은 2043년이었다.	올바른 문장
미래+있었다	사실 증명	내년 설날은 2월에 있었다.	올바른 문장
		다음 개기일식은 2019년 2월에 있었다.	올바른 문장 또는 잘못된 문장
		대재앙은 2043년에 있었다.	잘못된 문장

3.2. 가정과 사실에 따른 차이

이번에는 '동사 + -았-'에 미래 표현이 같이 사용되는 사례를 살펴보기로 한다. '나는 내일 죽었다.'를 다시 생각해 보자.

(9) 나는 내일 죽었다.

앞에서 언급했듯이 '내일 죽는다.'라는 객관적인 사실을 표현할 때는 '죽었다'의 형태로 사용되지 않는다. 내일 죽을만한 이유, 예를 들어 큰 잘못을 저질렀다거나 잘못된 일이 발각되거나 하는 등의 사건이 이전에 일어났다고 생각할 수 있다. 그렇다면 문장은 이렇게 볼 수 있을 것이다.

(10) a. (일이 잘못되면) 나는 내일 죽었다.
    b. (일이 잘못되었으면) 나는 내일 죽었다.
    c. (일이 잘못되었으니) 나는 내일 죽었다.

(10)의 문장을 보면 괄호 안의 전제가 다른 것을 확인할 수 있는데, 크게 '가정'과 '사실'형태로 구분을 할 수 있다. 두 형태를 구분하여 논의하도록 한다.

3.2.1. 현재의 상황을 강조

'나는 내일 죽었다'에서 전제 부분에 '가정'인 '-으면'이 사용된 문장을 살펴보기로 한다. (10a)의 문장에서는 '이 일이 잘못되면 나는 내일 죽을 것이다'라는 확신을 표현하는 것으로, 과거표현에 사용되는 '-았-'의 의미가 '과거'→'지난 일'→'확실함'→'앞으로 발생할 확실한 사실'로 확장되어 나타나고 있다.

(10b)은 '이 일이 잘못되지 않았기 때문에 나는 내일 죽지 않을 것이다'로 해석이 된다. 박영준(1998)[12]에서는 이러한 표현이 '위협문'에서 나타난다고 하였는데, (11)에서처럼 위협이 아닌 상황에서도 문제없이 사용되는 표현이다.

   (11) a. 일이 없으면/없었으면 내일 휴가를 갔다.
         b. 일이 있어서 내일 휴가를 못 간다.

(11)은 일이 있기 때문에 내일 휴가를 가지 못한다는 의미를 표현하고 있다. 같은 상황을 다른 형태로 표현한 (11a)와 (11b)를 비교해 볼 때,

---

[12] 박영준(1998: 70-71)에서는 미래의 표현에 '-았-'이 사용된 문장을 다음과 같이 제시하면서, '위협문'에 사용된다고 설명하고 있다.

  (i) a. 넌 이제 혼났다.
      b. 넌 이제 큰일났다.
      c. 넌 이제 야단맞았다.
      d. 넌 이제 선생님이 오시면 맞아죽었다.
      e. *넌 이제 선생님이 오시면 상 받았다.

(11b)는 객관적인 사실을 나타낼 뿐 화자의 특별한 의도가 없다. 이와 다르게 (11a)는 '일이 없다'라는 가정이 부정되고 있으며, '휴가를 가다'라는 결론도 부정되고 있다. 이렇게 부정표현을 중복시켜 현재의 상황을 강조하는 의미를 가지게 된다. 또한 (10a)와 (10b)에서 '으면'과 '었으면'이 차이를 보이는 것과 달리 (11a)에서는 의미의 차이가 드러나지 않는데, '일이 없다'는 상황이 이미 드러난 사실이기 때문이다.[13]

(12) a. 오늘 돈을 안 갚았으면 나는 내일 죽었다.(형태)[14]
 b. 오늘 돈을 갚아서 나는 내일 죽지 않을 것이다.(의미)

이 문장에서는 '나는 내일 죽었다'라는 표현을 사용하는데, (12b)에서 보듯이 오늘 돈을 갚았다는 사실로 인해 내일 죽지 않는다는 것을 의미한다. (12)에서도 의미에 해당하는 (12b)를 그대로 발화하면 객관적인 사실로 별다른 의도가 없지만 (12a)로 표현할 때는 강조의 의미가 포함된다. (11)과 (12)에서 표현되는 문장의 형태와 의미를 비교해 보면 다음과 같다.

형태		의미
일이 없다(가정) 휴가를 갔다(예측)	부정 →	일이 있다(사실) 휴가를 못 갈 것이다(강조)
돈을 안 갚았다(가정) 죽었다(예측)		돈을 갚았다(사실) 죽지 않을 것이다(강조)

〈그림 1〉 '-았으면 내일 -았다'의 부분 형태와 의미

---

[13] (10a)에서는 아직 잘못되지 않은 상황으로, '잘못되다'라는 사건은 미래의 상황으로 알 수 없다. 반면 (11a)는 현재 또는 내일 시점에 일이 있다는 것을 이미 인지하고 있다.
[14] 이 예문에서도 갚으면/갚았으면 사이에 의미 차이가 있다고 생각되는데, 돈을 갚는 상황이 일어나기 전인가 후인가에 따라 해석이 달라진다.

<그림 1>에서 보듯이 '일이 없다'와 '휴가를 가다'를 모두 부정하여 '일이 있다'라는 사실과 '휴가를 못 가다'라는 상황을 강조하고 있다. 또한, '돈을 안 갚다'라는 가정과 '죽다'라는 예측을 모두 부정하여 '돈을 갚았다'라는 사실과 '죽지 않다'라는 상황을 강조하고 있다. 즉, 미래의 표현에 나타나는 '-았으면' + '-았다'는 부정의 의미를 내포하게 되며 현실 강조를 나타낸다.[15]

　다음은 같은 유형의 문장을 말뭉치[16]의 용례를 통해 살펴보도록 한다.[17]

(13) a. 오늘 '반탁' 시위가 **있으면** 내일 '삼상회담지지' 시위가 **일어났다**.
　　 b. h군이 재촉을 하는 대로 나는, "**늦으면** 내일 **떠났지**, 하는 수 있나!"
　　 c. 비행기표를 구할 수 **있으면** 내일이라도 **출발했으면** 좋겠는데 말야.[18]

　(13)은 말뭉치에서 나타나는 용례로 모두 'A-으면 내일 B-았다' 구조이다.[19] 앞에서 살펴본 것과 같이 '내일' 앞에 조건문이 나타나고 있으며

---

[15] 박유경 외(2018)에서는 반사실 조건문을 영어의 문형인 'If ..., would ...'를 바탕으로 한국어에 적용하였는데, 시제관계에 따라 '-았-'이 실현된다고 설명하고 있다. 시제관계만을 기준으로 하여 "내일 너와 함께 결승전을 보면, 내가 매우 기뻤을 거야(박유경 외 2018: 175)." 등의 유형을 올바르지 않다고 보고 있는데, 이들 유형은 "내일 일이 없으면 휴가를 갔을 거야"와 같이 정상적인 문장이다.
[16] 검색에 사용된 말뭉치는 '세종 현대문어 형태분석말뭉치'로, 880,377문장, 10,156,140어절, 23,166,971형태소의 규모이다.
[17] 해당 예문은 검색 결과 중 '내일'과 '-았-'이 공기하는 문장만을 선별하였다. (내일과 '-았-'이 한 문장에서 사용된 193문장 중 '내일 공단으로 간다고 했잖아'와 같이 '내일'과 '-았-'의 층위가 다른 문장은 제외)
　"양관(陽關) 140킬로를 왕복했던 택시 기사에게 다시 내일 아침 옥문관을 부탁했다."는 '내일 + -았-'형태로 나타나고 있지만, '내일 옥문관을 방문하도록' 부탁한 것이므로 내일과 공기하는 것은 '방문하다'로 논의에서 다루는 형태가 아니다.
[18] 해당 문장은 '출발했다'에 '-으면'이 결합되어있다. 이 글에서는 '내일+ -았-'에 대해서만 논의하고 있으므로 '-았-'의 뒤에 결합한 '-으면'에 대한 것은 논의의 범위를 벗어나 제외한다.

뒤의 문장은 그것을 바탕으로 하는 예측이다.

  문장을 살펴보면, (13a)는 세 가지로 볼 수 있는데, 하나는 '오늘 반탁 시위가 일어난다면 내일 반드시 삼상회담지지 시위가 일어날 것이다'라는 의미로 '내일 죽었다'와 같은 '확실한 추측'이다. 또 하나는 '문장전체부정'인 '오늘 반탁시위가 일어나지 않았으니 내일 삼상회담지지 시위가 일어나지 않을 것이다'라는 의미이다. 그리고 마지막 하나는 '반탁 시위와 상삼회담 지지 시위가 번갈아가며 일어난다'라는 경향성을 나타내는 표현으로도 볼 수 있다.[20] 문맥을 고려하지 않으면 정확한 의미를 파악하기 힘든 (13a)에 비해 (13b)와 (13c)는 문장만으로도 앞에서 살펴본 특성이 드러난다.

  (13b)의 '늦으면 내일 떠났지'라는 문장은, '늦어서 기차가 없으면 내일 떠나지만 늦지 않아서 내일 떠나지 않고 지금 떠난다.'라는 '현재의 상황'을 표현하고 있다.[21] 이 문장에서도 앞부분의 가정과 뒷부분의 예측

---

[19] 비슷한 구조인 'A-으면 A-지'는 해석이 달라진다.

  a. 죽으면 죽었지 질 수는 없다.
  b. 굶으면 굶었지 그것을 먹기는 싫다.

이 구조에서는 반복 사용되는 동사A를 통해 뒤의 내용을 강조하는 'A하는 한이 있더라도'의 의미를 나타낸다고 볼 수 있다.

[20] (13a)의 문맥은 과거의 사건을 회상하는 것으로, 확신이나 전체 부정보다는 '경향성'이라는 세 번째 해석임을 확인할 수 있다. 해당 내용은 다음과 같다.

탁치 문제는 조선민족에게 정치적 시련으로 너무 심각한 것이었다. 오늘 '반탁' 시위가 있으면 내일 '삼상회담지지' 시위가 일어났다. 그만 군중은 충돌하고, 지도자들 가운데는 이것을 미끼로 정권 싸움이 악랄해 갔다.

[21] (13b)가 포함된 문단은 다음과 같다.
h 군과 같이 짐을 수습하여 주인에게 맡긴 뒤에 인사받을 새도 없이 총총히 가방을 들고 우리 둘이서 동경역으로 향한 것은 그럭저럭 역시 가까워서였다. h 군이 재촉을 하는 대로 나는, "**늦으면 내일 떠났지**, 하는 수 있나!" 하면서도 허둥허둥 동경역에 나와보니까, 내 시계가 틀리었던지 그래도 십 분 가량이나 여유가 있었다.

이 모두 부정되면서 현재의 상황을 강조하고 있다.

(13c)의 '비행기 표가 있으면 내일 출발했다'에서도 마찬가지로 문장 전체가 부정되어 '비행기 표가 없어서 내일 출발하지 못한다'라는 '현재 상황'을 나타내고 있다.[22] 정리하면, '-으면 내일 -았다' 구조[23]는 가정과 결과가 모두 부정되는 것으로 인해 현재 상황을 강조하여 표현하는 문장이다. (13b)와 (13c)의 문장에서 나타나는 형태와 의미는 다음과 같다.

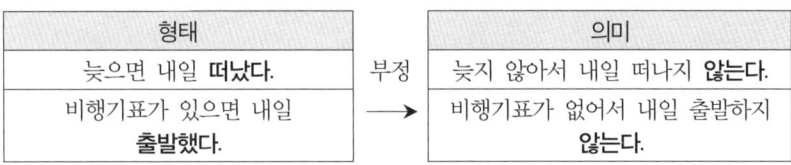

〈그림 2〉 'A-으면 내일 B-았다'의 문장 형태와 의미

현실을 강조하는 표현을 위해 'A-으면 내일 B-았다'를 사용하는 경우, 형태에서는 '-았-'이라는 과거의 표지가 드러나지만 의미에서는 '-았-'이 없다. 그렇기 때문에 '-았-'이 '내일'과 자연스럽게 쓰일 수 있는 것이다.

이상에서 논의한 내용을 정리하면 <표 2>와 같다.

---

[22] (13c)가 포함된 문단은 다음과 같다.
로마도착이 14일로 잡혔다구? 그건 너무 늦어서 안 돼. 비행기표를 **구할 수 있으면 내일이라도 출발했**으면 좋겠는데 말야.

[23] '내일'이 없는 '-으면 –았다.' 구조에서도 같은 양상을 보인다.

(ii) a. 비행기 표가 있으면 떠났다.
   b. 네가 없으면 성공하지 못했다.

이 문장도 위에서 해석한 것처럼 '비행기 표가 없어서 못 떠났다.', '네가 있어서 성공할 수 있었다.'로 문장 전체를 부정하여 '현실'을 강조한다. 따라서 'A-으면 B-았다'를 하나의 구문으로 볼 수 있다.

〈표 2〉 '-(았)으면' + 내일 + '-았다'의 동기화

미래표현의 형태	동기화	의미
'-(았)으면' + 내일 + '-았다'	강조	가정과 예측을 모두 부정하여 현실을 강조

지금까지는 가정의 형태로 나타나는 표현에 대해 살펴보았다. 다음 절에서 사실의 형태로 나타나는 표현을 살펴보기로 한다.

3.2.2. 부정적인 사실과 부정적인 예측

앞 절에서는 가정과 예측으로 구성된 문장에 대해 살펴보았는데, 이 절에서는 사실과 예측으로 구성된 문장을 살펴본다. 우선 (10c)의 문장을 다시 보도록 한다.

(14) (일이 잘못되었으니) 나는 내일 죽었다.

앞서 살펴 본 '으면 + -았다'에서는 선행하는 명제와 후행하는 명제를 모두 부정하여 '현실 강조'라는 의미가 부여되었다. 이와 달리 (14)에서 선행하는 명제는 이미 결정된 사실이며 화자에게 있어 부정적인 내용이다. 그리고 후행하는 문장은 선행문장과 인과관계로 예측 가능한 부정적인 결과로 볼 수 있다. 같은 유형의 문장을 말뭉치에서 살펴보면 다음과 같다.[24]

---

[24] 말뭉치 검색 결과 1,642문장에서 '이제'와 '았'이 한 문장에서 사용되고 있는데, 대부분 지난 상황을 표현하는 문장이다. 또한 '이제'와 '-았-'이 동시에 사용되는 표현은 제시된 예문과 같이 '이제 다 V-았다'의 형태만 검색되었는데, '이제 다 V-았다'가 하나의 '구문'으로 굳어졌다고 볼 수 있다.

(15) a. (그 녀석들 때문에) 그나저나 **이젠** 서울 다 **갔군**.25
　　 b. (눈이 나빠졌으니) 우리 딸 **이제** 시집은 다 **갔구나**.

(15a)의 상황은 사이가 나쁜 사람들이 방해를 할 것이라는 사실을 인정하고 서울에 가지 못할 것이라는 예측을 하는 것이다. (15b)은 딸이 눈이 나빠진 사실을 인정하고 시집을 못 갈 것이라는 예측을 하고 있다. (15)의 문장에서 드러나는 특징은 선행하는 명제가 발화자에게 부정적인 상황이며 후행하는 명제 또한 부정적인 명제라는 점이다. 또한 '부정적인 상황'이라는 것이 매우 주관적인 관점에서 해석된다는 특징이 있다. 다음과 같은 문장에서 주관성이 드러난다.

(16) 설날이 됐으니 이제 시험공부는 다 했다.

(16)의 설날은 일반적으로 '즐거운 날', '쉬는 날' 등으로 긍정적인 의미를 가진다. 그러나 화자에게는 '사람들이 많이 모이는 날', '어수선한 날', '집중할 수 없는 날' 등 부정적인 날이다. 또한 이 부정적인 상황은 화자의 힘으로 바꿀 수 없는 받아들일 수밖에 없는 현실인데, 후행하는 예측은 어쩔 수 없는 현실에서 도출되는 결론으로서 체념의 의미도 가진다.

25　괄호 안은 문맥을 간략하게 요약한 것으로, 해당 문장이 포함된 문단은 아래와 같다.
　　a. "어째 그런 악독한 놈들하고 원수를 맺었수?" 석기가 만수의 팔을 붕대로 감으며 물었다. "젠젱, 저놈들은 뒷배경만 믿고 겁없이 설치는 놈들인 줄 알았어야지. **그나저나 이젠 서울 다 갔군**." 성호가 허탈한지 입맛을 다셨다.
　　b. 어느 날 저녁, 아버지에게 칠판 글씨가 잘 안 보인다고 안경을 써야겠다고 말씀을 드렸다. 그러자 아버지는 '**우리 딸 이제 시집은 다 갔구나**.'하는 표정을 짓더니 내 손을 이끌고 안경점으로 향하셨다.

형태		의미
일이 잘못 되었다(사실) 죽었다(예측)	→	일이 잘못 되었다(인정) 죽을 것이다(예측, 체념)

〈그림 3〉 'A-았으니 이제 B-았다'의 형태와 의미

이상에서 논의한 내용을 정리하면 <표 3>과 같다.

〈표 3〉 'A-았으니 이제 B-았다'의 동기화

미래표현의 형태	동기화	의미
'-았으니' + 이제 + '-았다'	체념	부정적인 현실을 인정하고 부정적인 예측(체념)

지금까지 논의한 '가정 또는 사실' + 미래 + '-았-'은 현실의 부정과 부정적인 현실로 '부정'이라는 공통점이 있지만 실현되는 환경에는 차이가 있다. 이를 (17)을 통해 살펴본다.

(17) a. 오늘 시험공부를 안 했으니 내일 시험은 망했다.
　　a'. ?오늘 시험공부를 했으니 내일 시험은 합격했다.
　　b. 오늘 시험공부를 안 했으면 내일 시험은 망했다.
　　b'. 오늘 시험공부를 했으면 내일 시험은 합격했다.

(17a)와 (17a') 두 문장은 모두 시험공부를 안 했다는 상황, 즉 부정적인 상황이 먼저 나오고 있다. 그런데 (17a)가 올바른 문장으로 이해되는 반면, (17a')는 어색한 문장으로 보인다. 앞에서 살펴본 문장에서도 일이 잘못되거나, 눈이 나빠지고, 설날이 되는 등 부정적인 상황이 드러난다. 반면 (17b)와 (17b') 두 문장을 살펴보면, (17b)는 시험공부를 했기 때문에 시험이 망하지 않을 것이라는 예측, (17b')는 시험공부를 안 했기 때문에 내일 합격하지 못할 것이라는 예측을 하고 있다. 긍정적인 가정과 부정적인 가정에서 모두 문장이 성립하는 것이다. 이를 정리하면 <표 4>와 같다.

〈표 4〉 '동사 + -았다'에 나타나는 명제의 유형

형태	선행상황	후행상황	표현되는 의미
'-으니' + 미래 + '-았다'	부정적	부정적	사실을 인정하고 체념
'-으면' + 미래 + '-았다'	부정적/ 긍정적	부정적/ 긍정적	명제 전체를 부정하여 현재의 상황을 강조

4. 마무리

이 글에서는 시간표현에 사용되는 '-았-'이 어떠한 상황에서 특정 의미를 가지는지를 동기화의 관점에서 논의하였다. 그중 발화자의 의도가 나타나는 구조인 '미래' + '-았-'에 초점을 맞추어 살펴보았다.

2절에서는 미래의 표현에 나타나는 '-았-'을 완료상으로 설명하는 기존의 논의의 한계점을 지적하고 동기화 개념의 도입이 필요함을 언급하였다.

3절에서는 말뭉치의 용례를 통해 '-았-'이 미래시제를 나타내는 부사와 함께 사용될 때, 어떠한 의미를 나타내는지 논의하였으며, 그 동기화 양상도 살펴보았다. 그 결과 정보의 확인과 증명, 현실 강조, 체념 등 화자의 표현 의도로 인해 '-았-'의 표현 구조가 달라진다는 것을 밝혔다.

이 글은 '내일'과 '이제'라는 두 개 단어와 함께 사용되는 '-았-'만을 연구 대상으로 삼았다는 점에서 한계가 있다. 그러나 '내일'과 '이제' 이외에도 다른 어휘가 존재하며, 어휘를 사용하지 않으면서도 미래의 의미를 가지는 표현이 존재한다. 이처럼 다양한 상황에서 '-았-'이 사용되는 양상을 검토한다면 더 체계적인 결과를 이끌어낼 수 있을 것이다.

참고문헌

고영근. 2004. 『한국어의 시제 서법 동작상』. 태학사.
김선영. 2013. "'잘생기다'류 용언에서의 '-었-'의 문법적(文法的) 지위(地位)와 기능(機能)". 『어문연구』 41(3): 115-137. 한국어문교육연구회.
이익섭. 2005. 『한국어 문법』. 서울대학교출판부.
김차균. 1999. 『우리말의 시제 구조와 상 인식』. 태학사.
김천학. 2017. "어휘상 유형에 따른 '-었-'의 결합 양상 고찰". 『국어학』 81: 115-144. 국어학회.
남기심. 1978. "국어 문법의 상(相)과 시제(時制)". 『한국학보』 12: 164-175. 일지사.
박영준. 1998. "형태소 '-었-'의 통시적 변천". 『한국어학』 8: 67-88. 한국어학회.
박유경 외. 2007. "한국어 반사실 조건문에 관한 연구 - 전후건에 나타나는 '-었-'의 역할을 중심으로". 『한국어 의미학』 59: 157-198. 한국어의미학회.
송창선. 2003. "접속어미 '-다가, -거든, -(으)면'에 통합되는 '-었-'의 기능". 『문화와 융합』 25: 47-66. 문학과언어연구회.
양정석. 2010. 『한국어 통사구조와 시간 해석』. 한국문화사.
오충연. 2007. "'-었-'에 對하여 - 認知·生成의 文法範疇 設定에 대한 연구". 『어문연구』 35(1): 115-137. 한국어문교육연구회.
이익섭. 2005. 『한국어 문법』. 서울대학교출판부.
정경숙. 2015. "한국어 시제형태 '-었-'에 대한 소고". 『언어과학연구』 73: 155-178. 언어과학회.
정수현 외. 2011. "비과거 용법에 있어서의 '-た'와 '-었-'의 대조 고찰". 『일본연구』 50: 423-440. 한국외국어대학교 외국학종합연구센터 일본연구소.
홍윤기. 2002. "국어 문장의 상적 의미 연구". 경희대학교 대학원 박사학위 논문.

제3부

동기화의 교육적 탐색

제7장

동기화 이론으로 보는 한국어 음운론과 음운 교육

정병철

1. 들머리

    최근 문법 교육의 맥락에서 '동기 이론(Motivation Theory)'이 문법 교육의 내용 기술과 탐구에 적용될 수 있는 가능성에 대해 활발하게 논의되고 있다. 현재의 교과서나 교육용 문법의 기술 내용이 벗어나지 못하고 있는 표준과 규범 중심의 닫힌 체계는 국어의 사용 능력 향상에 실제적인 도움을 주기 어렵고 탐구 학습의 정신과 충돌하고 있어 이를 개선할 수 있는 대안으로 동기화를 주목하게 된 것이다. 정병철(2016)에서는 한국어 문법의 교육 내용에서 발견되는 닫힌 체계가 이상적인 문법 교육의 방향과 충돌하는 한계를 극복하기 위해 언어 현상의 동기를 탐구하는 방식으로 문법의 내용을 기술하고, 또한 학생들 스스로 문법 현상의 이면에 있는 동기를 탐구하고 지식을 확장시켜 나갈 수 있는 열린 체계를 제안하였다. 이처럼 '동기 이론'은 지금까지의 문법 교육이 겪어왔던 문제점들을 극복할 수 있는 중요한 토대의 역할을 할 수 있을 것으로 기대되지만, 아직 동기 이론을 문법 교육에 적용한 연구의 사례는 많지 않고 특히 음운론의 교육 내용에 적용한 사례는 아예 찾기가 어렵다.

송현주·최진아(2010)는 단어 구성의 층위에서, 송현주(2014), 정병철(2015, 2016)은 피동, 사동과 같은 문장의 층위에서 교육 내용을 기술하고 구성하는 효과적인 방안을 동기 이론의 관점에서 논의하였다. 이와 같이 아직 형태론 이하 음운론의 층위에서 동기 이론을 적용한 연구는 보이지 않는다. <그림 1>과 같이 구조적 복잡성이 높을수록 동기의 작용력이 더 커지는 경향성을 나타내는데, 이에 따르면 음운의 단위는 동기보다 자의성의 비중이 상대적으로 가장 높은 언어의 단위가 될 것이다.

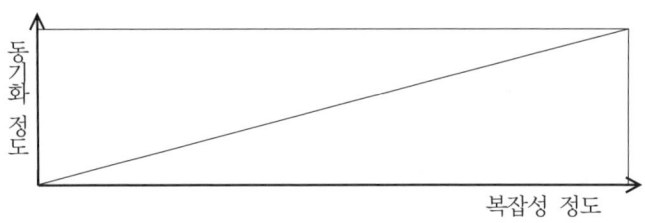

〈그림 1〉 언어 구조의 복잡성과 동기화 정도의 상관성

하지만, 음운 단위가 최소한의 복잡성을 가지고 있다고 해서 그 안에 동기화가 전혀 작용하고 있지 않다고 단정할 수는 없다. 음운론이라는 영역도 동기에 대한 이해 없이 접근해도 되는 암흑지대는 아니다. 이 글에서는 음운의 층위에서 동기의 작용으로 설명될 수 있는 현상들을 찾아보고 이를 토대로 기존의 음운 교육이 부딪혔던 한계를 극복할 수 있는 방안을 논의하고자 한다.

2. 음운 층위에서 발생하는 동기의 작용 유형

이 절에서는 동기가 작용할 수 있는 기호학적 영역을 기준으로 음운의 층위에서 동기의 작용으로 설명될 수 있는 현상의 유형을 나누어 보도록 하겠다.

동기(motivation)는 일반적으로 자의성과의 대조를 통해 그 개념이 파악된다. 언어 기호의 자의성 원리를 제약하는 것, 자의성으로 설명되지 않는 기호의 특성을 Saussure(1916: 133)는 동기화라고 불렀다.

> 만약 자의성의 원리가 제약이 없이 적용된다면 최악의 복잡함을 초래할 것이다. 하지만, 마음은 기호 무더기의 어떤 부분에 질서와 규칙을 도입하는 방법을 고안해 내는데, 이것이 바로 상대적 동기화의 역할이다. 만약 언어의 메커니즘이 완전히 이성적(rational)이었다면 그것은 독립적으로 연구될 수 있었을 것이다. 언어의 메커니즘은 본질적으로 무질서하며 부분적으로만 교정이 되는 체계이기 때문에 우리는 그 언어의 무질서한 속성에 의해 강요된 관점을 택하며 자의성이 최소한으로 규제되는 범위 안에서 그것을 연구한다.
> 아무것도 동기화되어 있지 않은 언어는 없으며, 우리의 정의에 따라 모든 것이 동기화되어 있는 언어를 생각하는 것도 불가능하다. 최소의 조직화와 최소의 자의성이라는 두 극단 사이에서 우리는 모든 다양한 변이들을 찾을 수 있다(Saussure 1916: 133).

위의 내용에서 볼 수 있듯이, 동기화와 자의성이 공존한다는 것에 대해서는 Saussure(1916)와 인지언어학의 입장이 같다. 다만, Saussure(1916)는 동기화가 자의성을 최소한으로만 규제한다고 보는 반면 인지언어학은 동기화가 언어에 더 적극적으로 활용되며 자의성은 최후의 수단으로만 등장한다고 본다는 점에서 차별화된다. <그림 2>는 언어 단위의 형태와 내용(의미)이 맺는 5가지의 관계를 보여주고 있다(Radden & Panther

2004: 15). 자의적인 관계(자의성)는 언어 기호를 만들 수 있는 내용(의미)과 형태(구조) 간의 5가지 관계 중에서 하나인 <그림 2a>뿐이다. 나머지 4종류의 기호론적 관계는 모두 동기화에 관한 것이다.

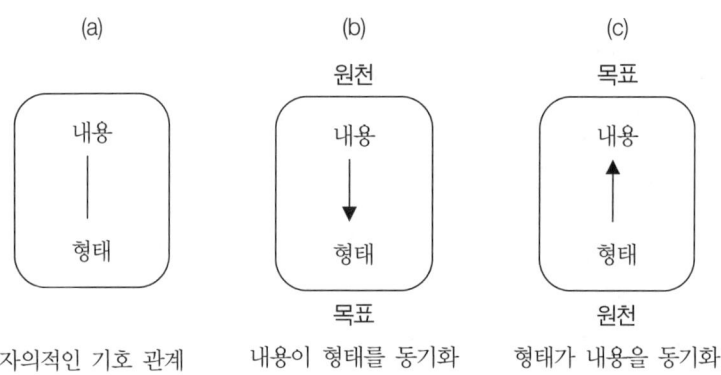

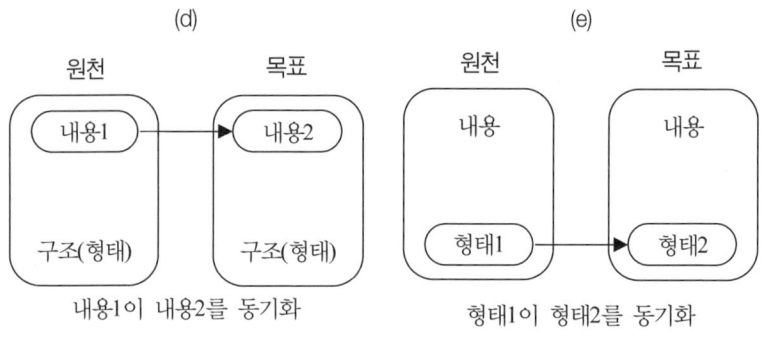

〈그림 2〉 형태와 내용 간의 기호론적 관계(Radden & Panther 2004: 15)

이와 같은 기호론적 관계들 중에서 음운적 층위에서 작용할 수 있는 동기화는 <그림 2>의 (b), (c), (e)로 제약되는데, 그 이유는 음운적 층위에서 단독으로 내용이 내용을 동기화하는 경우는 발생하기 어렵기 때문이다.

2.1. 내용이 형태를 동기화하는 경우: 왠지 그런 느낌이 드는 소리들

내용이 형태를 동기화하는 경우는 원시적인 문자의 발달 단계에서 잘 나타난다. 한자의 상형자나 이집트의 상형문자들은 가장 분명한 '영상적 도상성(image iconicity)'을 보여 준다. 영상적 도상성은 글자가 발전하면서 퇴색되기 마련이므로, 언어의 음운으로 표현될 수 있는 도상성은 주로 소리를 흉내내는 모방적 도상성에 의존하게 된다(Taylor 2002: 46). 영어의 'cock-a-doodle-doo'나 프랑스어의 'cocorico', 독일어의 'kikeriki', 핀란드어의 'kukko kiekuu', 한국어의 '꼬끼오'가 서로 다르면서도 비슷하게 느껴지는 것은 각 언어의 의성어가 음운적인 도상성에 의존하고 있기 때문이다. 모방적 도상성은 의성어에서만 나타나는 것은 아니다. Crystal(1987: 174)은 개별적인 소리들이 의미를 갖추기 위하여 세상의 속성을 반영하거나 상징화한다고 했으며, Reay(1994: 4064)는 말소리가 실제 세상의 사물과 상관성을 가지고 있는 것 같다고 하였다.

Fischer(1999: 123)에서는 '음운적 도상성(phonological iconicity)'을 '청각적 도상성(auditory iconicity)'과 '조음적 도상성(articulatory iconicity)', 그리고 '연상적 도상성(associative iconicity)'으로 세분하였다.

청각적 도상성은 '휭', '똑똑', '야옹'과 같은 의성어에 잘 나타난다. '휭'은 바람소리, '똑똑'은 문 두드리는 소리, '야옹'은 고양이 우는 소리를 들리는 대로 모방한 것이다. 이상적인 경우에 말소리가 지시하는 것은 말소리 그 자체일 수도 있는데, '휙'이나 '훅', '휘휘'는 그것이 나타내고자 하는 바람소리 그 자체이기도 하다. 하지만, 대부분의 경우 청각적 도상성은 정도의 문제이며 관습성과 섞여서 실현된다.

조음적 도상성은 /i/와 같은 '전설고모음(high front vowel)'이 작은 것을 나타내고 /a/나 /ɒ/와 같은 저모음이 큰 것을 나타내는 예에서 발견된다. 영어의 'little, wee, teeny'는 작은 것을, 'large, vast, massive, loud'는 큰 것을 나타내는데, 물론 이러한 관계는 'big'이 전설고모음으로 큰 것을 나타내는 것을 보면 알 수 있듯이 언제나 일정하게 성립되지는 않는다. Swadesh(1972)는 /i/와 /a/의 대조를 통해 나타나는 조음적 도상성이 범언어적으로 관찰된다고 보고하지만, Plank(1978: 251)은 이러한 경향성을 벗어나는 예로 한국어를 거론하기도 했다. 이 책에 함께 실린 왕난난의 연구에서도 한국어의 경우 '발갛다-벌겋다'처럼 'ㅏ, ㅑ, ㅗ, ㅛ, ㅐ, ㅘ, ㅚ, ㅙ'와 같은 저모음은 밝고 가벼운 느낌을 주고 'ㅓ, ㅕ, ㅜ, ㅠ, ㅡ, ㅣ, ㅔ, ㅖ' 등 고모음은 어둡고 무거운 느낌을 주는 반면, 중국어의 경우 '小(xiǎo)-大(dà), 低(dī)-高(gāo), 俠(xiá)-广(guǎng)'처럼 /i/는 '작은 것'을, /a/는 '큰 것'을 의미하는 경우가 많다는 것을 보고하고 있다. 만약 조음적 도상성과 연상적 도상성을 엄격하게 나눌 수 있다면, 한국어의 모음 대립에 의해 발생하는 의미의 차이는 연상적 도상성에 더 가까울 것으로 생각된다. 크기는 조음기관의 구조와 관련지을 수도 있지만, 어두움이나 무거움과 같은 의미는 조음적 특징과 관련짓기 어렵기 때문이다.

음운적 도상성은 여러 단어에서 비슷한 의미를 나타내는 것처럼 보이는 말소리인 '음감각소(phonaetheme)'에서도 나타나는데, 음감각소는 형태소 이하의 층위에서 나타나지만 의미의 연관성을 형성하고 있다. Fischer(1999: 129)에 따르면 음감각소는 연상적 도상성을 가진 예에 속한다. 이를테면 'bash(후려치다), brash(성급한), clash(충돌하다), dash(돌진하다), gnash(이를 갈다), hash(으깨다)' 등에 나타나는 '-ash'는 형태소라고 하긴 어렵지만 '과격함'이나 '빠른 속도'를 연상시키고, 'flame(화염), flare(확 타오르다), flicker(깜박거리다)'의 'fl-'은 '빛의 방출'을 연상시킨다(Bloomfield 1935: 156, Wimsatt 1976: 65-66). 하지만, Fischer (1999: 129)가 음감각소의 성격이 연상적 도상성에 속한다고 보는 이유는 그것의 소리가 실제의 소리를 유사하게 반영하는 것은 아니기 때문이다. 더 나아가 Fischer(1999: 129)는 /i/와 /a/의 대조를 통해 나타나는 조음적 도상성도 연상적 도상성의 측면을 함께 보아야 더욱 완전하게 설명될 수 있다고 제안한다. Fischer(1999: 129)에 따르면 연상적 도상성은 단순히 비슷한 소리의 연쇄를 가진 비슷한 의미를 가진 단어들이 존재하는 것만으로도 생겨난다. 예를 들어 'flash'를 구성하는 'fl-'이나 '-ash'는 본질적으로 청각적 도상성이나 조음적 도상성 때문이 아니라, 그것이 여러 단어에서 비슷한 의미로 나타나는 반복적 패턴으로 인해 연상되는 의미를 가지게 된다.

음운적 도상성에 대한 Fischer(1999)의 분류는 음운론의 영역에서 내용이 형태를 동기화하는 작용에 대하여 놀라운 통찰력을 보여 준다. 하지만, 음운의 연상적 도상성이 애초에 어떻게 발생하는지에 대해서는 납득할만한 설명이 제공되지 않고 있다. 왜 대부분의 언어에서 '엄마'를 의미하는 단어는 (/m/과 같은) 비음을 포함하고 있을까? Jakobson(1960/1971)은 아기가 젖을 먹으면서 (입이 막힌 채로) 낼 수 있는 유일한 소리가 비음이기 때문이라고 설명하기도 했다. 그렇지만, 음운적 도상성을 보여주는 예들 중에서는 Fischer(1999)가 말한 그 어떤 경우로도 설명하기 어려운 것도 있다. 그것은 바로 뚜렷한 이유 없이, 왠지 어떤 것을 의미할 것 같은 느낌이 드는 소리들이라고 말할 수 있겠다.

특정한 소리들이 설명하기 어려운 어떤 이유로 특정한 의미를 나타내는 데 잘 어울릴 수 있을 거라는 추측을 뒷받침해주는 잘 알려진 연구 결과가 있다. Ramachandran & Hubbard(2001)의 실험은 인간의 말소리가 대상이나 사건에 완전히 자의적으로 사상(寫像)되는 것이 아니라는 것을 보여 준다. 그 실험의 내용은 다음과 같다. 미국 대학생들과 인도의 타밀어 화자에게 <그림 3>의 두 형상들 중 어느 것이 'kiki'이고 어느 것이 'bouba'인지 물었는데, 그 결과 95~98%가 완만한 곡선으로 이루어진 도형이 'bouba'이고 모서리가 각진 도형이 'kiki'라고 대답하였다.

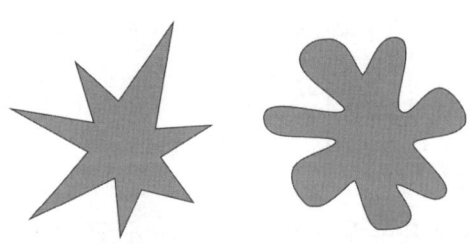

〈그림 3〉 Ramachandran & Hubbard(2001)의 실험에 사용된 두 도형

이 실험은 인간의 두뇌가 형상이나 소리에 일관성 있게 추상적인 의미를 부여한다는 것을 시사한다. Maurer 외(2006)에 의하면 생후 30개월 정도 되는 아이들도 도형 이름 붙이기 실험에서 88% 수준의 편향성을 보이는데, 자폐증을 가진 어린이는 56% 정도의 편향성만을 보인다. 이는 논리적으로 완전히 설명하기 어려운 언어의 동기화된 구조를 파악하는 능력이 원시 언어의 소통이나 유아기의 언어 습득을 더 효율적이게 해주는 중요한 요인이 됨을 암시하는 것이기도 하다(Nygaard 외 2009). 모서리가 각진 형상의 급격한 변곡(變曲)은 'bouba'보다는 'kiki'를 발음할 때의 느낌, 즉 급격한 어조의 변곡이나 혀가 구개에 작용하는 딱딱하고 예리한 느낌에 더 유사하다(Ramachandran & Hubbard 2001: 19). 이렇게 형상과 소리가 공감각적으로 연상되는 현상을 통해 인간의 말소리가 대상이나 사건에 아무렇게나 자의적으로 사상(寫像)되는 것이 아니라는 것을 알 수 있다.

지금까지 살펴본 바와 같이, 말소리는 100% 자의적으로 선택되는 것이 아니라 의미하는 대상과의 청각적인 유사성, 조음적인 유사성, 공감각적인 유사성에 의해 동기화되며, 또한 아직 다 밝혀지지 않은 인지적 특성으로 인해 동기화되기도 한다. (1)에 제시된 의태어들은 소리를 의미하는 것이 아니기 때문에 의미와의 유사성을 가지고 있지 않다. 그럼에도, 이 의태어들의 소리는 왠지 전달하고자 하는 개념과 닮았다는 인상을 불러일으킨다.

(1) a. 또랑또랑, 초롱초롱, 카랑카랑, 똘망똘망
b. 오글오글, 쪼글쪼글, 보글보글
c. 꼬질꼬질, 꼬장꼬장, 꼬불꼬불

(1a)의 '또랑또랑'은 공명음에 속하는 'ㄹ'과 'ㅇ', 그리고 양성모음의 조합으로 맑고 또렷한 이미지를 연상시킨다. '카랑카랑', '똘망똘망', '초롱초롱'과 같은 의태어에서도 'ㄹ'과 'ㅇ'의 유사한 기여를 확인할 수 있다. (1b)의 '오글오글', '쭈글쭈글'은 주름이 잡히면서 변형되는 모습을 의미하는데, '데굴데굴', '둥글다', '구르다'에서 둥근 형상이나 회전하는 움직임을 연상시키는 'ㄱ'과 'ㄹ'의 조합이 여기에서도 기능하는 것을 볼 수 있다. (1c)의 '꼬질꼬질'은 '뒤틀리고 꼬불꼬불한 모양', '꼬장꼬장'은 '성격이 경직되어 있는 모양', '꼬불꼬불'은 '길 등이 뒤틀려 있는 모양'을 나타내는데, '꼬리'나 '꼬다'와 같은 단어에서도 이러한 특징이 보인다. 여기에서 '꼬-'는 뒤틀린 속성을 연상시키는 음감각소임을 알 수 있다.

이렇게 특정한 자음이 특정한 추상적 의미와 연관되는 현상은 의태어에서만 관찰되는 것이 아니다.[1] (2a)에서 둥근 모양이나 둥글게 회전하는 움직임을 나타내는 단어인 '둥글다'와 '구르다'는 /l/, /r/과 같은 유성자음이나 유음 위주로 구성되어 있다. 하지만, (2b)에 제시된 '거칠다', '팍팍

---

[1] 영어의 초성 자음군(onset) /gl/은 'glimmer, glisten, glitter, gleam, glow, glint'처럼 시각이나 빛에 관련된 단어에 자주 나타나고, /kr/은 'crash, crack, crunch'처럼 시끄러운 소음과 관련된 단어에 자주 나타난다.

하다', '날카롭다', '뾰족하다', '까칠하다'와 같은 말들은 /tɕʰ/, /pʰ/, /kʰ/, /p'/, /k'/와 같은 거센소리와 된소리 계열의 참여가 두드러지며, [유기성]과 [후두 긴장]의 유무에 따라 평음, 경음, 유기음으로 분류되는 한국어 자음의 소리 자원을 잘 활용하고 있다². 또한, (2c)를 보면 '막다', '접다'처럼 폐쇄를 나타내는 말들의 어간 종성이 평폐쇄음인 반면 개방을 나타내는 말들의 어간은 유음인 'ㄹ'과 유기음 'ㅎ'의 조합으로 끝나거나, 종성이 아예 없는 것을 볼 수 있다. 그리고 (2d)의 '담다'의 어간에는 비강의 울림을 통해 기류를 오래 간직하게 해주는 종성 'ㅁ'이 사용된 반면 '흘리다'의 어간에는 유음인 'ㄹ'이 종성으로 사용되고 있다.

(2) a. 둥글다, 구르다
    b. 거칠다, 팍팍하다, 날카롭다, 뾰족하다, 까칠하다
    c. 막다 ⇔ 뚫다, 접다 ⇔ 펴다
    d. 담다 ⇔ 흘리다

지금까지 살펴본 음운적 동기화의 예들은 모두 음성적 도상성이라는 은유적인 메커니즘에 기대어 발생한 것들이었다. 하지만, 음운적 동기화의 예들 중에는 환유적인 메커니즘이 작용한 것도 있다. (3a)에서 사용된 '푹'은 무언가 깊이 찌를 때 나는 소리와 유사하므로, 음성적 도상성을 가진 의성어에 가깝다. (3b)와 (3c)의 '푹'은 소리가 아닌 모양을 나타내므로 의태어에 속하지만, 그 의미가 의성어인 '푹'으로부터 환유적으로 확장된 것으로 추측된다. '소리'가 매체가 되어 그것의 목표인 '작용'을

---

² Nielsen & Rendall(2011)은 /b/, /m/, /l/, /g/와 같은 자음이 들어 있는 '유사비단어(類似非單語 : pseudoword)'들이 둥근 모양의 물체에 더 잘 사상되고, /p/, /t/, /k/와 같은 자음이 들어 있는 유사비단어들은 뾰족한 모양의 물체에 더 잘 사상된다는 실험 결과를 얻었다. Fort 외(2015)의 실험에서는 /b/, /ʃ/, /d/, /l/, /m/, /n/, /s/, /p/, /ʒ/, /g/가 /f/, /k/, /t/, /v/, /z/보다 둥근 모양에 더 잘 사상된다는 결과를 얻었다.

대신하는 환유가 발생한 것이다.

(3) a. 베개에 머리를 푹 파묻었다.
    b. 고기를 푹 삶았다.
    c. 걱정 없이 푹 자고 나니 정신이 맑아졌다.

내용이 형태를 동기화하는 현상은 현재의 학교 문법에서 별로 중요하게 처리되고 있지 않으며, 아예 음운론의 영역에서 가르쳐야 할 내용으로 여겨지지도 않는 것 같다. 하지만, 이 내용에 대한 교육은 학생들의 언어 생활에 긍정적인 영향을 끼칠 수 있다. 지금까지의 학교 문법은 음운론의 교육 내용에서 의미와 관련된 기술을 최대한 배제해 왔다. 하지만, 동기화를 음운 교육의 내용에 접근하는 원리로 수용한다면, 내용이 형태를 동기화하는 현상에 대한 교육의 가능성이 열리게 된다. 다만, 이 내용을 학교 문법에서 다룬다면 어디에서 어떤 식으로 가르쳐야 할지에 대해서는 더 많은 고민과 연구가 필요할 것이다.

2.2. 형태가 내용을 동기화하는 경우: 그렇게 발음하는 데는 다 이유가 있다

의미가 형태의 영향을 받는 <그림 2c>는 '하나의 형태에 하나의 의미'라는 원리에 의해 만들어진다. 형태의 동일성은 의미의 동일성을 시사하고, 형태의 차이는 의미의 차이를 시사한다는 이 원리는 '구조동형성', '동형성', '등질동상'과 같이 'isomorphism'을 번역한 다양한 이름을 가지고 있다. 또한, 한 언어가 가지고 있는 소리의 자원, 즉 음소의 개수는 유한하기 때문에 더 어울릴 것 같은 소리를 선택함으로써 한정된 자원을 더 효과적으로 배분할 수 있다. 그러므로 미세한 음운적 자질의 차이를 통하여 역시 미세한 의미의 차이를 표현하는 것도 이와 같은 기호적 관계에서 작용하는 동기라고 할 수 있다.

'빨갛다-발갛다-벌겋다-붉다-불그스름하다-불그죽죽하다'가 보여주는 소리의 연속변차선은 그에 대응하는 의미의 연속변차선과 연결되어 있다. 그리고 '붙이다'와 '부치다'는 소리로는 구분이 안 되지만 의미를 구분하기 위하여 문자적인 형태를 분화시킨 것으로 역시 구조동형성의 한 예를 보여 준다.

국어에 나타나는 첨가현상들은 형태가 내용을 동기화하는 경우를 보여주는 좋은 예이다. '고깃배'와 '고기배'의 의미가 사잇소리의 유무에 따라 달라진다는 사실은 교과서에서 심심치 않게 다루어지곤 한다. 하지만, 사잇소리가 의미를 동기화한다는 점을 교과서는 충분히 강조하지 않으며 음운론과 관련된 설명 전체에서 의미와의 관련성에 대한 설명이나 언급은 극도로 제한된다. 만약, 사잇소리가 의미와 관련없이 발생하는 음운현상이라고 가정한다면 (4a)의 예를 설명하기 어렵다. 동일하게 종성인 비음 'ㅁ'의 뒤에 예사소리 'ㅂ'이 이어지지만, '봄비'에는 사잇소리가 발생하고 '담비'에는 발생하지 않는다. 기본적으로 사잇소리는 고유어의 합성이 일어나는 환경에서 발생하는데, 이 사실은 사잇소리가 음운론적 층위에서만 설명되는 현상이 아님을 말해 준다. 반면에 (4b)에 제시된 경음화 현상들은 음운론적 층위에서만 발생한다고 할 수 있다. 종성에 오는 'ㄱ', 'ㄷ', 'ㅂ' 받침 뒤에 오는 예사소리 'ㄱ', 'ㄷ', 'ㅂ', 'ㅅ', 'ㅈ' 등은 언제나 경음으로 발음되는데, 이는 평폐쇄음을 발음할 때 필요한 후두의 긴장으로 인해 예사소리를 연이어 발음할 때 나타나는 현상으로 의미가 끼어들 수 있는 여지는 전혀 없다.

(4) a. 봄비[봄삐] / 담비[담비]
    b. 국재[국째] / 받재[받째] / 밥그릇[밥끄릇]

c. 나뭇잎[나문닙→나문닙]
   d. 나뭇결[나묻껼]

　한편, 사잇소리 현상은 (4c)처럼 아예 종성이 없는 어근 뒤에 모음이 올 때도 발생하고 (4d)처럼 같은 환경에서 예사소리가 올 때도 발생한다. 그런데, '고기배(고기의 배)'처럼 음운적으로는 사잇소리가 발생할 수 있는 환경임에도 사잇소리가 발생하지 않는 경우가 있으므로, 결국 사잇소리란 합성어의 구성에서 두 어근 사이에 만들어진 특별한 의미 관계를 표시하기 위해 'ㄷ'이 첨가되는 현상이라고 볼 수 있다. 그러면, 사잇소리는 어떤 구성요소들의 어떤 관계를 표시하기 위해 첨가되는 것일까? (5)의 예들을 관찰해 보면 합성어의 구성을 'A+B'라고 할 때 A가 B에 정신적으로 접근하는 데 필요한 참조점 역할을 할 수 있는 경우에 사잇소리가 발생하지 않는다는 것을 추정해 볼 수 있다. 이 합성구조의 선행요소는 전체 구성의 의미에 용이하게 접근하게 해주는 참조점이자, 목표하는 의미를 불러일으키는 환유의 매체 역할을 한다. '참조점(reference point)'은 전달하고자 하는 대상의 특징적인 요소이거나(콩밥, 기와집, 밤송이, 비바람), 그것을 포함한 전체이거나(고래기름), 그것의 주재료(은돈, 고추장, 유리잔), 또는 소유자(말방울)이다. 그리고 '아래위'처럼 A와 B가 동일한 비율로 전체를 활성화시키는 매체가 되는 경우도 있다. Barcelona(2015: 149)나 Littlemore(2015: 20)에 따르면 환유는 매체와 목표가 하나의 '틀(frame)', 혹은 ICM 안에서 기능적으로 연결되어 있어야 발생할 수 있기 때문에, [전체⇨부분], [부분⇨전체], 그리고 하나의 ICM에 속한 부분들끼리의 [부분⇨부분]과 같은 세 가지 조건에서만 발생한다. (5)의 예들은 모두 A와 B가 하나의 ICM이나 틀로 묶여있는 경우에 속한다.

(5) 사잇소리가 발생하지 않는 합성어들

> 콩밥, 고래기름, 기와집, 밤송이, 은돈, 말방울, 고추장, 아래위, 비바람, 유리잔

한편, 사잇소리가 발생하는 (5)의 예들은 (6)과 비교했을 때 구성요소들 간의 개념적 연합이 상대적으로 더 느슨해 보인다. '아랫도리'에서 '아래'는 '도리'와 '부분-전체'의 관계를 이루지 않는다. '눈덩이'를 발음할 때는 사잇소리가 발생하지만, '밤송이'는 사잇소리가 발생하지 않는데, 그 이유는 눈으로 만들어진 송이는 녹으며 영속적인 관계를 유지하지 못하지만 밤과 밤송이는 [부분⇨전체]의 영속적인 관계를 맺고 있기 때문이라고 설명할 수 있다. 한편, '눈덩이'에서는 '눈'이 '눈덩이'의 재료이지만, '눈송이'에서는 '눈'이 그 자체가 '송이'이기 때문에 구성성분들 간의 관계가 더 밀접하다. 이는 왜 '눈송이'의 표준발음이 [눈:쏭이]임에도 대부분의 사람들이 [눈송이]로 발음하는지를 설명할 수 있는 단서가 될 수 있다. 한편, 사잇소리가 발생하지 않는 '유리잔'의 '유리'는 잔의 영구적인 재료이지만, 사잇소리가 발생하지 않는 '술잔'의 '술'은 술잔에 잠시 담기는 내용물이어서 구성성분들 간의 영속적인 관계가 성립하지 않는다.

(6) 사잇소리가 발생하는 합성어들

> 아랫도리, 눈덩이, 등불, 봄바람, 고춧가루, 기왓골, 칼자루, 풀빛, 사잇문, 술잔

또 다른 예로 'ㄴ-첨가'를 살펴보자. 'ㄴ-첨가'는 앞의 어근이 종성을 가지고 있고, 뒤에 오는 어근이 'ㅣ[i]'나 반모음 'ㅣ[j]'로 시작될 때 일어나는데, '솜+이불→솜이불[솜니불], 한+여름→한여름[한녀름]'과 같은 예

가 있다. '구개음화'와 'ㄴ-첨가'는 모음 'ㅣ[i]'나 반모음 'ㅣ[j]' 앞에서 발생한다는 점이 같다. 그러면, 왜 같은 음운적 환경에서 서로 다른 변동이 발생하는 것일까?

'ㄴ-첨가'는 합성어의 구성요소 사이에 형태적 경계를 만들어 주는 역할을 한다. (7)의 예들을 'ㄴ-첨가' 없이 발음하게 되면 [새견필], [마길], [시녀성], [누뇨기], [콩옛], [영어봉]처럼 들려서 단어를 구성하고 있는 어근의 고유한 의미를 파악하기 어려워지게 된다. '신여성'은 [시녀성]처럼 들리고 '영업용'의 '영업'은 [영어]로 발음되어 동음이의어인 다른 단어를 연상시키기도 한다. 'ㄴ-첨가'는 선행요소의 종성이 연음되어 소리를 통해 자동으로 개념이 떠오르는 상징환유가 작동하지 못하게 되는 혼란을 최소화해 주는 역할을 한다.

(7) 'ㄴ-첨가'가 일어나고 있는 예들

> 색연필[생년필], 막일[망닐], 신여성[신녀성], 눈요기[눈뇨기], 콩엿[콩녇], 영업용[영엄뇽]

이렇게 학교 문법에서 음운 변동 현상으로 다루고 있는 내용들 중 상당수가 의미, 즉 내용에 의해 동기화되어 있다. 하지만, 현재의 학교 문법에서는 음운 관련 내용을 가르칠 때 의미와 연관시키는 것을 전혀 시도하지 않고 있는데, 이는 음운 현상을 의미와 관련되지 않은 자율적인 규칙으로 설명하려는 생성언어학의 영향을 받은 금기(禁忌)가 작동한 결과라 할 수 있다. 사잇소리 현상이나 'ㄴ-첨가'를 그것이 사용되는 동기와 함께 가르치는 것이 좋을까? 아니면 음운 현상을 고립시킨 채 의미 없이 가르치는 것이 좋을까? 한국어 사용자들은 특히 이 두 가지 현상에 대해 언제 규칙이 적용되는지 확실하게 알지 못하여 혼란을 느끼는 일이 많다.

(8)은 한국어 사용자들이 사잇소리가 적용되는지 혼란을 느끼는 몇 가지 예들이다. 이 예들에 대해 제시된 발음 중에서 앞에 있는 것이 표준발음이고, 뒤에 있는 것은 현실 발음이거나 사람들에게서 더 많이 관찰되는 발음이다.

(8) 사잇소리 적용에 혼란이 있는 단어들

> 김밥[김ː밥/김ː빱][3], 놀잇배[노릳빼/노리배], 막냇동생[망내똥생/망내동생]

여기에서 '김밥'은 [김ː빱]이라고 발음하는 사람들이 더 많은데, 그 이유는 무엇일까? 우선 '인삼밥[인삼밥]', '알밥[알밥]', '굴밥[굴밥]', '콩밥[콩밥]'의 경우 합성어를 구성하는 선행요소가 밥의 특징적인 재료로 섞여 있는 것과 달리 '김밥'의 경우 '김'이 밥 속에 섞여 있는 특징적인 재료가 아니라 밥을 둘러싸고 있는 재료라는 차이점에 주목해 보자[4].

(9a)와 (9b)는 모두 'A+B'를 구성하는 'A'가 자음 'ㅁ'으로 끝나는 동일한 음운적 조건을 가지고 있지만, (9a)에서는 '김밥'처럼 사잇소리가 발생하고 있는 것에 반하여 (9b)에서는 사잇소리가 발생하지 않고 있다. 'A+B'를 구성하는 'A'가 'ㅁ'으로 끝나지 않는 (9c)와 (9d)를 비교해도 이와 같은 차이가 동일하게 발견된다. 사잇소리가 발생하지 않는 (9b)와 (9d)에서는 'A'가 주재료이며 'B'는 그것으로 만든 완성된 요리(과자, 부각, 스낵)나 제품(반지, 가방)이지만, 사잇소리가 발생하는 (9a)와 (9c)에서는 'B'가

---

[3] 국립국어원의 '온라인가나다'에서는 [김ː밥]과 [김ː빱] 중에서 전자만을 표준발음으로 인정한다고 답변하고 있으나, 최근 표준국어대사전에서는 원칙적인 발음인 [김ː밥]과 함께 [김ː빱]을 허용되는 발음으로 제시하고 있다.

[4] '묵밥[묵빱]', '연잎밥[연닙빱]' 등과 같은 예들은 사잇소리가 아닌 선행요소의 종성 평폐쇄음 'ㄱ', 'ㅂ'으로 인해 뒤에 오는 평음이 경음화되므로, 사잇소리와 관련된 논의에서 제외한다.

'가루'나 '조각'처럼 완성된 요리나 제품이 아님을 알 수 있다.

(9) a. 김가루, 금가루, 울금가루 (→ A가 'ㅁ'으로 끝나고 사잇소리 있음)
    b. 김과자[5], 김부각, 김스낵, 금반지 (→ A가 'ㅁ'으로 끝나고 사잇소리 없음)
    c. 고춧가루, 식빵가루, 철가루 (→ A가 'ㅁ'으로 끝나지 않고 사잇소리 있음)
    d. 두부과자, 치즈과자, 호두과자, 철가방 (→ A가 'ㅁ'으로 끝나지 않고 사잇소리 없음)

'A+B' 구성의 합성어에 사잇소리가 발생하지 않으려면 "'A+B'는 'A'가 재료로 들어간 'B'의 한 하위 유형이다."라는 관계가 성립해야 한다. 사잇소리가 발생하지 않는 '김부각'은 '김'이 재료로 들어간 '부각'의 한 하위 유형이고, '금반지'도 '금'이 재료로 들어간 '반지'의 한 유형이다. 하지만, 사잇소리가 발생하는 '김가루'는 '김'이 재료로 들어간 '가루'의 한 유형이 아니며, '철가루'는 '철'이 들어간 '가루'의 한 유형이 아니다. '가루'는 음식이나 제품의 한 유형이 아니기 때문이다.

이제 '김밥'을 왜 [김빱]이라고 발음하는 동기를 조금이나마 더 이해할 수 있게 되었다. 사잇소리가 발생하지 않는 '인삼밥[인삼밥]', '알밥[알밥]', '굴밥[굴밥]', '콩밥[콩밥]' 등은 모두 'A(인삼, 알, 굴, 콩)'라는 재료가 들어간 '밥'으로 분류되는 음식이다. 하지만, '김밥'은 '밥'의 한 유형이 아니라 '김'과 '밥'이 어우러져 만들어진 독립적인 음식의 한 장르이다. 사잇소리가 발생하는 '기름밥[기름빱]' 역시 밥의 한 유형이 아니라 기름과 밥이 어우러져 만들어진 또 다른 음식의 한 유형이다.

---

[5] 경상도에서는 '김과자'를 [김꽈자]로 발음하기도 한다. 이는 '과자'를 [꽈자]로 발음하는 경상도 방언의 특수성과 관계된 것이기 때문에 예외로 처리한다.

(10) 사잇소리가 발생하는 'A+밥' 구성의 예들

> 김밥[김빱], 기름밥[기름빱]⁶

(10)에서 두 번째 예인 '놀잇배'의 표준발음은 [노릳빼/노리빼]이지만, [노리배]라고 발음하는 사람들도 많이 볼 수 있다. 사람들이 이렇게 발음하는 이유는 '놀이방'이나 '노래방'을 사잇소리 없이 [노리방], [노래방]과 같이 발음하는 이유와 같다. 배의 용도인 '놀이'와 방의 용도인 '놀이', '노래'는 목표에 효율적으로 접근하게 해주는 개념적인 참조점으로 작용하고 있는 것이다.

(10)에서 세 번째 예인 '막냇동생'은 [망내똥생/망낻똥생]이 표준 발음으로 정해져 있지만 많은 사람들은 [망내동생]이라고 편하게 발음한다(물론 개인차는 있을 수 있다). '막내'라는 말은 '동생'이라는 목표에 접근하는 데 유용한 참조점 역할을 하므로, 사잇소리 없이 발음하는 것이 더 자연스러울 수 있다. 이와 같은 현실 발음과 발음의 동기를 인정한다면 '김밥', '놀잇배', '막냇동생'의 표준발음뿐만 아니라 사잇소리 규정을 현실에 맞게 바꾸는 것이 더 합리적이리라 생각된다.

(11)은 'ㄴ-첨가'가 발생할 수 있는 음운론적, 형태론적 조건을 갖추었음에도 'ㄴ-첨가'가 일어나지 않는 예들이다. 여기에서도 형태가 내용에 동기를 제공하는 작용을 찾을 수 있을까?

---

6   '기름밥'이라는 단어는 다음과 같은 여러 의미로 사용되지만, 어떤 의미로 사용되건 상관없이 모두 사잇소리와 함께 발음된다. ㉠기름칠 등 기름과 관련된 일에 종사하는 사람들이 자신의 경력을 속되게 이르는 말. ㉡[북한어]기름에 볶은 밥. ㉢우즈베키스탄의 전통음식인 '쁠롭(плов)'을 한국인들이 부르는 말.

(11) a. 땅임자[땅임자], 극영화[극영화]
　　 b. 불이익[부리익]
　　 c. 6(육)일[유길], 7(칠)일[치릴], 며칠[며칠]

(11a)의 '땅임자'와 '극영화'를 'ㄴ-첨가'를 적용하여 [땅님자]와 [긍녕화]로 발음할 경우 '신여성'을 [신녀성]으로 발음하는 것과 달리 오히려 후행 요소의 형태를 변형시켜 원래의 내용을 떠올리기 어렵게 만든다. 'ㄴ-첨가'를 적용하지 않은 [땅임자]와 [그경화]가 오히려 'A+B'의 구성요소인 'A'와 'B'의 소리를 더 잘 보존해 준다. (11b)의 '불이익'도 'ㄴ-첨가'를 무리하게 적용하면 [불리익]으로 발음되어 구성요소 B의 원래 의미를 전달하기 위해 형태를 보존해 주고자 하는 동기가 실현되지 못한다.

(11c)의 '6일'과 '7일'에서 '일'은 의존명사이며 실질형태소임에도 불구하고 'ㄴ-첨가'가 적용되지 않는다. 이 경우 단어가 아니기 때문에 'ㄴ-첨가'가 적용되지 않는다고 설명할 수 있지만 '며칠'의 경우 단어임에도 (혹은 단어로 사전에 나와 있음에도) 불구하고 'ㄴ-첨가'가 적용되지 않고 있다. 이에 대해서도 'ㄴ-첨가'가 적용된 [면닐]이라는 발음보다 [며칠]이라는 발음이 'A+B'의 구성요소인 '몇'과 '일'의 소리를 더 쉽게 복원할 수 있게 해주기 때문이라고 설명하는 것이 가능하다. 이렇게 본다면 '며칠'의 어원이 불확실하다는 이유로 '몇일'이 아닌 '며칠'로 표기하도록 한 규정도 수정될 필요가 있을 것이다.

(12)는 일반적으로 규정되는 'ㄴ-첨가'의 발생 조건을 갖추지 않았으나 'ㄴ-첨가'가 발생하는 예들이다. (12)의 '요'는 표준국어대사전에서 보조사로 규정되어 있고, 국내의 전통적인 방식으로는 형식형태소로 분류된다. 이는 'ㄴ-첨가'가 형식형태소 앞에서는 발생하지 않는다는 일반적인 규칙(이문규 2015: 229)에서 벗어나는 것이다.

(12) 'ㄴ-첨가'의 조건이 갖추어지지 않았지만 'ㄴ-첨가'가 발생한 예들

그랬군요[그랜꾼뇨], 제발요[제발료], 그럼요[그럼뇨]

동기화의 관점에서 본다면 (12)의 예외적인 현상은 '요' 앞에 오는 '-군', '제발', '그럼'의 소리값을 보존함으로써 적절한 의미의 연상(상징 환유)을 원활하게 하려는 동기가 작용한 것으로 설명이 가능하다. 만약 'ㄴ-첨가' 가 적용되지 않으면 [그랜꾸뇨], [제바료], [그러묘]로 발음되어 형태를 통해 원래의 의미를 연상하기 어려워진다.

'ㄴ-첨가'에 대하여 이문규(2015: 229)에서는 '종이'와 같은 단일어, 그리고 뒷말이 실질 형태소가 아닌 경우에는 'ㄴ-첨가'가 일어나지 않지만, 단어의 구조나 종류, 방언, 발음 습관과 같은 변수에 따라 실현 양상이 다르게 나타난다는 것을 밝히고 있다. 'ㄴ-첨가'의 실현에 영향을 주는 요인으로는 음절수나 단어의 내부 구조, 친숙도 등이 거론되고 있는데(이문규 2015: 229), 여기에서 중요한 것은 'ㄴ-첨가'에 다양한 요인들이 작용하고 있으며 하나의 규칙으로는 그것의 모든 양상을 설명하기 어렵다는 것이다. 동기화는 하나의 규칙으로 설명하기 어려운 음운 현상을 다양한 요인과 관련지어 이해할 수 있게 해주는 이론적 토대가 된다.

2.3. 형태가 형태를 동기화하는 경우

종성에 오는 평폐쇄음 'ㄱ, ㄷ, ㅂ' 뒤의 경음화나 종성에 오는 평폐쇄음 'ㄱ, ㄷ, ㅂ'의 비음화, 자음군 단순화처럼 전적으로 음운론적 조건에서 발생하는 음운 현상들은 대부분 형태가 형태를 동기화한 경우로 분류할 수 있다. 이와 같은 예들은 내용과 형태, 즉 의미와 소리라는 존재론적으로 서로 다른 영역 간에 동기화에 의한 상호작용이 발생하지 않기 때문

에, 의미나 동기에 대한 고려 없이 순수한 음운론적인 관점에서 언어 현상에 대한 기술이 가능한 것처럼 보이기도 한다. 하지만, 형태가 형태를 동기화하는 경우에도 내용이나 의미와의 상호작용은 없지만 발성관습이나 발성기관의 구조적 제약에 의한 동기화가 작용하는 것을 볼 수 있다.

형태가 형태를 동기화하는 음운 현상들 중 하나로 경음화의 예를 살펴보도록 하자. (13)과 같이 종성에 오는 평폐쇄음 'ㄱ, ㄷ, ㅂ' 뒤에 오는 예사소리 'ㄱ, ㄷ, ㅂ, ㅅ, ㅈ'는 무조건적으로 경음화를 겪게 된다. 경음화에도 관형사형 어미 '(으)ㄹ' 뒤나 어간말 종성 자음 'ㄴ, ㅁ' 뒤에서 발생하는 경음화처럼 형태론적 조건이 개입되어 발생하는 것이 있지만, 평폐쇄음 'ㄱ, ㄷ, ㅂ' 뒤에서 발생하는 경음화에는 의미나 내용과 관련된 동기화가 작용하고 있지 않다.

(13) 경음화의 예들

국밥[국빱], 밥상[밥쌍], 옷고름[옫꼬름]

(13)의 경음화는 종성에 오는 자음을 발음할 때 기류의 개방이 일어나지 않고 중화된 불파음 'ㄱ, ㄷ, ㅂ' 뒤에서 자동으로 발생한다. 기류의 개방 없이 발음될 수 있는 비공명자음인 불파음은 'ㄱ, ㄷ, ㅂ' 3개뿐이며, 불파음을 발음할 때의 기류 폐쇄와 후두의 긴장으로 인한 반작용은 뒤따르는 예사소리의 경음화를 촉진한다.

한편, 평폐쇄음 'ㄱ, ㄷ, ㅂ'은 기류가 전혀 없는 비공명음(안울림소리)이지만 뒤따르는 공명음(울림소리) 앞에서 조음위치를 유지한 채 조음방법만 공명음으로 바뀐 'ㅇ, ㄴ, ㅁ'으로 변한다. 비공명음과 공명음은 조음방법의 차이로 인해 사이에 휴지(休止, pause)를 두지 않으면 구분되어 소리낼 수 없는 성질이 있다. 이런 제약으로 인해 인접한 비공명음이 공명음으로 바뀌는 음운변동이 발생한 것이다. 공명음이 비공명음으로 바뀌지 않고 비공명음이 공명음으로 바뀌는 것은 소리굽쇠에서 발생하는 공명 현상처럼 자연적인 것에 속한다.

(14) 비음화의 예들

국민[궁민], 닫는[단는], 잡는[잠는]

지금까지 형태가 형태를 동기화하는 음운 현상들을 평폐쇄음 'ㄱ, ㄷ, ㅂ' 뒤의 경음화나 종성에 오는 평폐쇄음 'ㄱ, ㄷ, ㅂ'의 비음화의 예를 통해 살펴보았다. 이와 같은 음운 현상의 동기화는 의미에 대한 고려 없이 기술할 수 있기 때문에, 생성음운론을 포함한 전통적인 음운론에서도 이와 같은 부류의 음운 현상에 대해 자세하게 기술해 왔고 그 결과는 형태가 내용을 동기화하는 음운 현상에 비해 성공적이었다고 말할 수 있을 것 같다. 하지만, 이런 현상들 역시 발성기관의 구조나 소리의 특질과 같은 물리적인 성질이나 제약들에 의해 동기화되어 있으므로, 동기화의 관점에서는 그러한 원인들을 탐색하는 것에 더 초점을 맞추어 접근하게 될 것이다.

3. 동기화 이론에 기반한 음운론과 음운 교육론의 새로운 접근

음운 현상을 동기화로 설명하는 것은 규칙에 기반하여 설명하는 것에 비해 크게 두 가지의 측면에서 유리하다. 첫째, 음운 자체의 변동 현상뿐만 아니라 음운의 선택이 언어의 의미 구성에 어떤 효과를 주는지 이해하고 활용하도록 교육하는 것이 가능해진다. 작품성이 높은 문학 작품과 다양한 장르의 모범적인 텍스트들은 의미뿐만 아니라 음운적인 효과도 적극적으로 살리고 있다. 하지만, 현재의 학교문법은 이와 같은 음운적 선택 능력을 길러줄 수 있는 이론적 토대를 갖추고 있지 않으므로 한국어의 음운적 동기화에 대한 지식을 유익하게 활용할 수 있는 방안을 모색할 필요가 있다. 둘째, 동기화의 관점에서 음운 현상을 바라보면 탐구학습을 통하여 음운 현상에 교육적으로 접근하는 것이 가능해진다. 동기화의 관점에서 접근하면 실제 음운 현상에서 빈번하게 관찰되는 예외 현상에 대해서도 적절하게 설명할 수 있는 길이 열린다. 앞서 2절에서는 음운 변동 현상들을 규칙이 아닌 동기화 이론의 관점에서 다시 고찰하면 어떤 점에서 유리한지 살펴보았다. 어떤 측면에서는 음운 변동의 동기를 설명하고자 하는 시도 역시 언어에 내재된 원리나 패턴을 찾는다는 점에서 언어를 지배하는 규칙을 발견하고자 하는 노력과 크게 다르지 않아 보인다. 표면적으로는 유사해 보이는 측면이 있을 수 있지만, 음운 현상을 동기의 작용으로 설명하는 관점은 음운 현상에 예외가 있다는 것을 자연스러운 것으로 인정하며 음운 현상이 동기의 '지배'를 받지는 않는다고 보는 점에서 규칙 지배적인 관점과 본질적인 차이가 있다. 예컨대, 우리는 '김밥'을 [김ː빱]이라고 발음하는 동기를 생각해 보았으나 그것은 짐작된 동기일 뿐 규칙이 아니다. 표준발음법을 공부했기 때문인지, 다른 어떤 이유에선지 몰라도 '김밥'을 [김밥]이라고 발음하는 사람도 존재할 수 있으며 '신여성'을 [시녀성]이라고 발음하는 사람도 존재할지 모른다. '눈송이'를 [눈송이]라고 발음하는 사람도 있지만 표준발음법대로 [눈ː쏭이]라고 발음하는 사람도 있다. 이처럼 사람들은 여러가지 동기로 다양한 발음의 변이를 보이는데 반해, (불파음 'ㄱ, ㄷ, ㅂ' 뒤에서 자동으로 발생하는 경음화나 평폐쇄음 'ㄱ, ㄷ, ㅂ'의 비음화와 같은) 어떤 음운 현상은 발음 기관의 구조적 제약과 음절 구성 제약 등으로 인해 예외가 거의 발생하지 않는다. 개인에 따라 '솥이'를 [소시]로, 혹은 '솥을'를 [소츨]로 발음하거나 '밭을'이 [바츨]로 발음하는 경우도 관찰할 수 있는데, 이처럼 현실 발음에서 유추나 다른 동기로 인해 구개음화와 같은 특정 '규칙(?)'을 어기는 사례들은 얼마든지 더 찾을 수 있다. 비음화처럼 더 규칙적으로 보이는 현상도 있고 첨가 현상처럼 덜 규칙적으로 보이는 현상도 있다. 하지만, 인지적 관점에서는 두 가지 현상 모두 규칙이 아닌 동기로 설명하는 것이 가능하다. 이것이 바로 이 글에서 제안하는 음운론과 음운 교육에 대한 관점의 전환이다.

이와 같은 관점의 전환은 음운 교육의 평가에도 절실히 요청된다. 현재의 학교문법의 교과서 내용이나 평가 방식을 살펴보면 음운 변동과 같은 현상들이 예외 없는 규칙의 지배를 받는다는 세계관을 어렵지 않게 확인할 수 있다. 2017년에 출제되었던 대학수학능력시험 12번 문제(<그림 4> 참조)는 음운 현상에 대한 규칙 기반의 접근이 야기하는 문제점을 잘 보여주는 사례다.

> **12.** <보기>의 (가), (나)를 중심으로 음운 변동을 이해한 내용으로 적절한 것은? [3점]
>
> ─────<보 기>─────
> 국어의 음운 변동은 교체, 탈락, 첨가, 축약으로 구분된다. 이 중에는 음절의 종성과 관련된 음운 변동이 있다.
> (가) ┌ 음절의 종성에 마찰음, 파찰음이 오거나 파열음 중 거센소리나 된소리가 올 경우, 모두 파열음의 예사소리로 교체된다. 이는 종성에서 발음될 수 있는 자음의 종류가 제한됨을 알려 준다.
> (나) ┌ 또한 음절의 종성에 자음군이 올 경우, 한 자음이 탈락한다. 이는 종성에서 하나의 자음만이 발음될 수 있음을 알려 준다.
>
> ① '꽃힌[꼬친]'에는 (가)에 해당하는 음운 변동이 있다.
> ② '몫이[목씨]'에는 (나)에 해당하는 음운 변동이 있다.
> ③ '비웃[비욷]'에는 (나)에 해당하는 음운 변동이 있다.
> ④ '않고[안코]'에는 (가), (나) 모두에 해당하는 음운 변동이 있다.
> ⑤ '읊고[읍꼬]'에는 (가), (나) 모두에 해당하는 음운 변동이 있다.

<그림 4> 2017년 대입수학능력시험 12번 문항

이 문제와 관련된 논란은 국립국어원이 2017학년도 수능 시험 국어 영역 12번 문항의 정답을 평가원이 제시한 정답인 5번이 아닌 1번으로 볼 수 있게 해주는 설명을 홈페이지에 게시해 온 것에서 비롯되었다. 많은 수험생들이 '꽂힌'의 음운변동 과정을 [꼳히다→꼬티다→꼬치다]로 판단했고, 국립국어원에서 제공하는 '온라인가다나'의 설명도 이와 다르지 않았다. 그로 인해 복수 정답을 인정해 달라는 요청이 거셌지만, 결국 복수 정답은 채택되지 않았다.

평가원에서 제시한 정답의 출제 근거는 표준발음법 제12항이다. 표준발음법 제12항에는 'ㅎ(ㄶ, ㅀ)' 뒤에 'ㄱ, ㄷ, ㅈ'이 결합되는 경우에는, 뒤 음절 첫소리와 합쳐서 [ㅋ, ㅌ, ㅊ]으로 발음한다고 규정되어 있고, 그에 덧붙여 "받침 'ㄱ(ㄺ), ㄷ, ㅂ(ㄼ), ㅈ(ㄵ)'이 뒤 음절 첫소리 'ㅎ'과 결합되는 경우에도, 역시 두 음을 합쳐서 [ㅋ, ㅌ, ㅍ, ㅊ]으로 발음한다."라고 규정하고 있다. 표준발음법 제12항 [붙임 1]에는 <그림 5>와 같이 '꽂히다'가 유기음화의 예로 제시되어 있다.

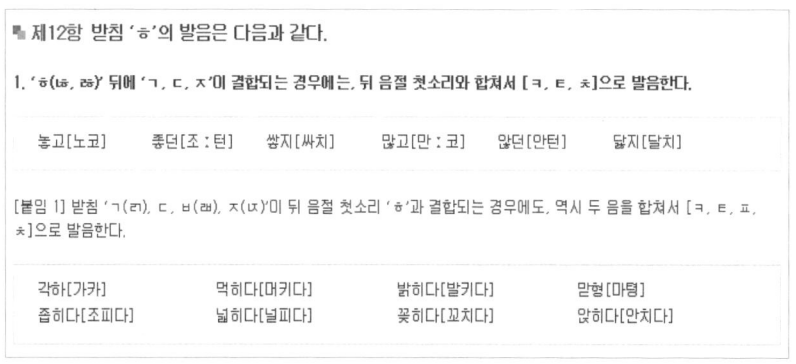

〈그림 5〉 'ㅈ'-'ㅎ' 연쇄의 유기음화에 대한 근거 규정

복수 정답을 인정하지 않은 평가원의 해명에서 엿볼 수 있는 가장 근

본적인 문제점은 표준발음법 제12항이 표준발음에 대한 규정일 뿐 그것이 음운 현상에 대한 적절한 탐구를 반영하는 결과가 아니라는 것이다. 그러나 규칙 지배의 관점에서 볼 때도 평가원의 처리 근거에는 문제점이 보인다. 규정에서는 'ㅈ' 뒤에 'ㅎ'이 오는 경우와 'ㅎ' 뒤에 'ㅈ'이 오는 경우를 구분하지 않았지만, 사실 이 두 개의 환경은 유기음화가 발생할 수 있는 조건으로서 동등하지 않다. 'ㅎ' 뒤에 'ㅈ'이 올 경우, '좋잔아[조차나]', '좋지[조치]'처럼 'ㅈ' 뒤에 오는 모음이 반드시 [ㅣ]가 아니어도 유기음화가 발생한다. 하지만, 'ㅈ' 뒤에 'ㅎ'이 오는 경우 '낮하고[나타고]', '소젖하고[소저타고]'처럼 모음 [ㅏ]가 올 경우 유기음화가 아닌 평폐쇄음화가 먼저 발생하게 되며, 모음 [ㅣ]가 오는 경우는 '꽂히다[꼬치다], 앉히다[안치다]'처럼 구개음화 과정을 통해서도 음운변동을 설명할 수 있는 예들만 관찰된다. (15)와 같이 'ㅈ' 종성 뒤에 형식형태소인 '하고'가 올 때도 '낮'의 'ㅈ'은 '옷'의 'ㅅ'처럼 평폐쇄음화를 먼저 겪고 그 후에 유기음화가 일어난다. 사실 '집'의 'ㅂ'도 파열음이던 것이 불파음으로 바뀌었으니 평폐쇄음화를 겪은 것으로 보아야 한다. 여기에서 우리는 평폐쇄음화가 한국어 음절구조제약에 따라 다른 어떤 음운변동보다 먼저 적용되는 경향이 있다는 것도 확인할 수 있다.

(15) 'ㅎ' 앞에서 평폐쇄음화를 겪는 종성 자음의 사례들

> 낮하고[낟하고→나타고], 옷하고[옫하고→오타고], 집하고[집하고→지파고]

그러므로 'ㅎ' 뒤에 'ㅈ'이 결합되는 경우와는 달리, 받침 'ㅈ'의 뒤에 음절 첫소리 'ㅎ'이 오는 경우에는 'ㅊ'으로의 축약(유기음화)이 발생하기 이전에 먼저 끝소리규칙, 혹은 평폐쇄음화의 적용을 받을 수 있다고 가정하는 것도 가능하며, '꽂힌'의 음운변동 과정을 [꼳히다→꼬티다→

꼳히다]로 보는 것은 이와 같은 가정을 자료를 통해 검증하여 도달하게 되는 정당한 결론들 중 하나이다. 이 결론을 정당하다고 볼 수 있는 이유는 현대 국어에서 'ㅎ'이 뒤에 결합한다고 해서 평폐쇄음화를 겪지 않는 어떤 종성 자음의 사례도 찾을 수 없기 때문이다.

평가원은 이에 대해 "'꽃히다'의 '-히-'가 조사가 아닌 어미이기 때문에 위와 같은 논리는 잘못되었으며, 'ㅈ'이 평폐쇄음화를 겪지 않고 'ㅎ'과 결합하여 'ㅊ'으로 유기음화된다."라고 설명한다. 하지만, 'ㅈ' 뒤에 'ㅎ'이 포함된 어미가 와서 유기음화되는 다른 사례는 찾을 수 없고, 이 변동이 [꼳히다→꼬티다→꼬치다]의 과정을 거친다는 가정을 폐기해야 할 적절한 근거도 찾을 수 없다. 평가원의 답변은 검증되지 않은 가정에 기초했을 뿐만 아니라, 적절한 탐구 과정을 인정해주지 않았고, 공정한 논의의 과정을 생략한 채 '규정'에 의존하고 있다는 점에서 문제점을 드러낸다.

이처럼 2017년 대학수학능력 12번의 문제점은 규칙 지배적인 논리 안에서도 발견되지만, 근본적으로는 규칙을 넘어 규정의 차원에서 음운 현상을 다루는 태도에서 발견된다. 이와 같은 평가의 상황에서 언어 현상의 동기나 규칙에 대한 탐구는 오히려 정답을 찾는 데 방해가 될 뿐이며, 현상에 대한 관찰이나 논리는 제거되고 오직 규정을 기억하고 준수하는 것만이 요청된다. 음운 현상을 규칙으로 보는 것을 넘어서 규정과 규칙이 같은 선상에서 취급되는 것이 바로 오늘의 학교문법이 처해 있는 현실이다. 음운 현상을 동기의 관점에서 본다면 12번과 같은 문제는 애초에 성립하기가 어렵다. '솥이'를 [소시]로, '밭을'을 [바츨]로 발음하는 현상을 규칙으로 설명하기 어렵듯이, 어떤 발음이 발생한 동기는 짐작할 수 있을 뿐 반드시 어떤 규칙이 작용한 직접적인 결과라는 것을 증명하기 어렵기 때문이다. 음운 지식에 대한 교육 내용과 평가가 새로운 패러다임을 수용하는 데는 많은 시간과 노력이 필요할 것이다. 하지만 동기의 측면에서 음운 현상에 접근하는 관점의 전환은 규칙으로 설명하기 어려운 음운 현상에 대한 관심과 탐구를 촉진하고 음운 교육의 내용과 평가에서 발생하는 문제점들을 바로잡는 데 기여할 수 있을 것이며, 올바른 노선과 방향을 찾아가기 위한 먼 여정의 첫걸음이 되리라 생각한다.

참고문헌

송현주·최진아. 2010. "동기화에 기반을 둔 단어 형성법 교육". 『한국어 의미학』 33: 153-177. 한국어의미학회.

송현주. 2014. "사동 표현과 피동 표현". 『문법교육의 인지언어학적 탐색』 142-169. 태학사.

이문규. 2015. 『국어교육을 위한 현대 국어 음운론』. 한국문화사.

임지룡 외. 2014. 『문법교육의 인지언어학적 탐색』. 태학사.

정병철. 2015. "당구공 모형으로 보는 한국어 사동 표현의 동기화". 『담화와 인지』 22(1): 79-102. 담화인지언어학회.

정병철. 2016. "동기화에 기초한 피동 표현의 교육 내용 연구". 『청람어문교육』 57: 135-179. 청람어문교육학회.

양순임. 2011. "사잇소리 현상과 사이시옷 표기에 대하여". 『한글』 293: 117-167. 한글학회.

하세경. 2006. "사잇소리와 합성명사의 내부구조". 『음성음운형태론연구』 12(1): 177-197. 한국음운론학회.

Bloomfield, L. 1935. *Language*. London: George Allen & Unwin.

Crystal, D. 1987. Sound Symbolism. *The Cambridge Encyclopedia of Language*, 174-175. Cambridge: Cambridge University Press.

Fischer, A. 1999. What, if Anything, is Phonological Iconicity? In Nänny,

M. & O. Fischer eds., *Form Miming Meaning*, 123-134. Amsterdam/Philadelphia: John Benjamins Publishing Company.

Maurer, D., Pathman, T. & C. J. Mondloch. 2006. The shape of boubas: Sound-shape correspondences in toddlers and adults. *Developmental Science* 9(3): 316-322.

Nygaard, L. C., Cook, A. E. & L. L. Namy. 2009. Sound to meaning correspondences facilitate word learning. *Cognition* 112: 181-186.

Plank, F. 1979. Ikonisierung und De-Ikonisierung als Prinzipien des Sprachwandels. *Sprachwissenschaft* 4: 121-158.

Ramachandran, V. S. & E. M. Hubbard. 2001. Synaesthesia: A window into perception, thought and language. *Journal of Consciousness Studies* 8(12): 3-34.

Reay, I. E. 1994. Sound Symbolism. In R. E. Asher ed., *The Encyclopedia of Language and Linguistics*. Vol. 8, 4064-4076. Oxford: Pergamon Press.

Swadesh, M. 1972. *The Origin and Diversification of Language*. London: Routledge & Kegan Paul.

Wimsatt, W. K. 1976. In Search of Verbal Mimesis. *Day of the Leopards: Essays in Defense of Poems*, 57-73. New Haven and London: Yale University Press.

제8장

동기화에 기반한 한국어 어휘 교육
- "관용표현"을 중심으로 -

정수진

1. 들머리

이 글에서는 한국어 관용표현의 교육 방안으로 인지언어학의 의미 탐구 기제 중 하나인 "개념적 혼성 이론"의 가능성을 타진해 보고자 한다. 이를 토대로 한국어 교육에 적용할 수 있는 개념적 혼성의 잠재적 가치를 검토하고, 나아가 중·고급 한국어 학습자의 어휘 및 언어 사용 능력 향상을 위한 교수·학습 자료의 기초를 마련하고자 한다.

(1) a. 완전범죄를 꿈꾸던 이들의 범행은 경찰의 끈질긴 추적에 결국 **꼬리가 잡혔다**.
b. 주인공의 상상암 설정은 많은 시청자들의 **뒤통수를 친** 설정이었지만 드라마 속 인물들에게는 아픔 그 자체였다.

c. 현역 자치단체장 중 절반이 최근 경찰 수사선상에 직·간접적으로 거론되면서 지역 공직사회가 **살얼음판을 걷고** 있다.
d. 주전 선수의 부재로 이번 경기에서 어려움을 겪을 것이라는 예상이 많았지만, 막상 **뚜껑을 열어보니** 경기 양상은 완전히 달랐다.

위의 예에서 보듯이 우리가 일상생활에서 관용표현을 사용하는 비중은 적지 않다. 또한 이들 표현은 특정한 의미 국면을 생생하게 강조하기 위해 사용하는 비유적 표현의 일종이기 때문에, 이를 적절하게 구사하는 것은 언어를 유창하고 효율적으로 사용하는 것의 지표가 된다. 그런데 관용표현의 의미는 이들을 구성하고 있는 단어의 의미만으로는 정확히 파악하기가 어렵다. 그 이유는 이들 표현이 일정한 상황에서 반복되어 사용되면서 일회적인 비유의 단계에서 벗어나 관용성을 획득하였기 때문이다. 다시 말해 관용표현은 고정적 결합 형식이 관습적으로 사용되면서 그 의미가 굳어진 표현이기 때문에, 그 의미를 정확히 이해하기 위해서는 적절한 맥락이나 상황, 나아가 그 문화에 대한 이해가 뒷받침되어야 한다.

이러한 관점에서 보면, 한국어교육 분야에서 학습자가 관용표현을 올바로 이해하고 적절히 사용할 수 있는 방법에 주목하는 것은 당연하다. 이러한 까닭에 한국어 관용표현의 효율적인 교육 방안이 활발히 제안되고 있다(유덕자 1998, 문금현 1998, 전혜영 2001, 조현용 2001, 송혜원 2005, 김선정·강현자 2006, 김애진 2009, 신혜인 2010, 이양금 2010, 장정정 2010, 구효진 2011, 김영인 2011, 조영화 2011, 조혜인 2011, 김현진 2015 등). 이들 연구의 내용은 대체로 한국어 교재에 제시된 관용표현의 목록을 조사한 후 목록을 선정하는 기준을 세워 교육용 관용표현 목록을 선정하고 단계별 지도방안을 제안하거나, 특정 언어권 학습자의 모어를 대상으로 한국어 관용표현에 해당하는 표현 요소를 대조

분석한 후 이를 바탕으로 교육 방안을 제시하거나, 관용표현의 의미 정보를 효율적으로 제시할 수 있는 학습 모형과 다양한 방법을 구체적으로 제시하고 있다. 또한 이들 연구에서 제시된 관용표현에 대한 교수·학습 방법은 대체로 전통적인 관점에서 관용표현의 형태적, 통사적, 의미적 특이성에 초점을 두고 있다. 즉 문화와 연계하여 설명하거나 그 뜻을 유추할 수 있는 상황적 맥락을 제시함으로써 관용표현의 의미를 이해하고, 이어 학습한 관용표현을 다른 상황에 적용하여 사용하는 연습이 주를 이룬다.

한편, 이러한 연구 성과를 토대로 이루어진 지금까지의 한국어 관용표현 교육은 학습자에게 관용표현의 목록을 제시하고, (관용표현의 비합성성에 초점을 두고) 그 의미를 파악하게 한 후, 상황에 맞게 관용표현을 사용할 수 있도록 연습하게 하는 데 머물러 왔다. 그러나 이처럼 학습자가 관용표현을 특이한 언어표현으로서 개별적으로 이해해야 한다면, 첫째, 하나의 관용표현을 이해하기 위해 소화해야 하는 학습내용이 지나치게 방대해진다는 점에서, 둘째, 새로운 관용표현을 접했을 때 그 의미를 파악해 내기가 어렵다는 점에서 교육적 한계를 지닐 수밖에 없다. 따라서 한국어 관용표현을 효율적으로 이해하고 사용하는 데 기여할 수 있는 교수·학습 방안을 새로운 관점에서 고안해 낼 필요가 있다.

인지언어학적 관점에서 관용표현은 언어 사용자의 지식과 경험에 의해 동기화되기 때문에, 그 의미는 구성 요소의 의미와 일정한 상관관계를 맺고 있다. 즉 관용표현은 "구성 요소가 표현의 의미를 구성하는 데 기여하는 표현"으로서 우리의 인지 작용 및 개념화 방식과 상당히 밀접한 관련을 맺고 있다. 이와 관련하여 Gibbs(1994)는 실제 실험을 통해 관용표현이 개념적 은유로써 고정된 패턴을 가지게 됨을 보인 바 있으며, 최지훈(2007) 및 심지연(2009)은 인지언어학적 관점에서 은유 및 환유의 기제를 통해 국어 관용표현의 의미를 분석한 바 있다. 이 밖에도 이지용·심지연(2010)은 인지언어학의 영상도식 은유를 활용한 관용어 교수·학습이 외국인 학습자의 이해 능력에 상당한 영향을 끼친다는 사실을 실험으로 증명하였으며, 송현주·최진아(2011)는 중등 국어교육과 관련하여 인지언어학의 관점에서 7학년을 대상으로 관용표현 교수·학습 모형을 제시하였다.

지금까지 제2언어 혹은 외국어의 관용표현 교육에 인지언어학적 접근을 시도한 연구는 주로 영어를 중심으로 논의되었고, 독일어, 프랑스어, 스페인어, 일본어 등에 대한 제한된 논의가 있었으나 한국어와 관련된 연구는 크게 진전된 바 없다. 또한 이들 연구는 대체로 개념적 은유 이론을 토대로 전개되었으며, 개념적 혼성 이론을 적용한 연구는 찾아보기가 힘들다. 이에 이 글에서는 한국어 관용표현 교수·학습에 대한 새로운 방법론의 기초를 마련하기 위하여, 인지언어학의 의미 분석 기제인 "개념적 혼성 이론"에 기초하여 관용표현의 의미구성 방식을 설명하고자 한다.

2. 관용표현 목록

관용표현의 개념은 연구자의 관점에 따라 크게 두 가지로 나뉘어 사용된다. 첫째는 연어, 다의어, 속담, 인사말 등과 같이 관용적인 의미를 지니는 다른 표현들과 구분하여 "관용어구"만을 나타내는 하위 개념의 명칭으로 설정되는 경우이다. 둘째는 고사 성어나 유행어와 같은 단어, 관용어구, 속담이나 표어와 같은 문장 단위, 유행담이나 인사말까지 아우르는(민현식 2003: 18) 상위 개념의 명칭으로 사용되는 경우이다. 이처럼 관용표현의 개념 및 범위가 연구자에 따라 다르게 정의되는 까닭에 용어 또한 관용어, 관용구, 숙어, 익힘말, 익은말, 관용표현 등 다양하게 통용되고 있는 실정이다. 이 글에서는 관용표현을 학습하는 대상이 외국인이라는 점을 고려하여, 민현식(2003)의 정의에 따라 관용표현의 범위를 넓게 보고자 한다. 즉 이 글에서는 습관적인 말의 사용에서 야기된 어절들의 의미·통사·형태적 결합관계를 보이는 일련의 표현들을 포괄하는 상위 개념으로서 "관용표현"을 사용하고자 한다.

이러한 관점에서, 다음과 같은 기준에 따라 연구 대상으로서 실제 활용도가 높은 관용표현을 선정한다.

- 현대 한국어에서 사용하는 빈도와 범위가 넓은 표현
- 한국어 학습자가 실제 언어생활에서 자주 접할 수 있는 표현
- 일반목적의 성인 한국어 학습자에게 적합한 표현

그리고 다음과 같은 단계에 따라 교수·학습용 관용표현을 목록화한다.

- 1단계 : 현재 시판되고 있는 한국어 교재에 수록된 관용표현 중 일치하는 목록
- 2단계 : 최근 5년간 시행된 한국어능력시험에 출제된 관용표현 목록
- 3단계 : 1단계와 2단계의 목록을 통합한 전체 목록

이 글에서 교수·학습용 관용표현을 목록화하기 위해 참고한 자료는 다음과 같다.

〈표 1〉 관용표현 선정을 위한 참고 자료 목록

	자료명	특징
1	외국인을 위한 한국어 학습 사전	5개의 대규모 말뭉치, 한국어 교재 26종, 사전 7종을 분석하여 기본 어휘 및 관용표현 수록

2	국제 통용 한국어 교육 표준 모형	국립국어원에서 진행한 연구 자료
3	한국어 교육 어휘 내용 개발 1-4	
4	속담100 관용어 100	한국인 화자를 대상으로 한 사용 빈도 조사 결과를 토대로 관용표현 선정
5	우리말 관용어 사전	의미범주에 따라 관용어를 분류 제시

위의 자료에서 3회 이상 중복 출현한 관용표현을 목록화하고, 이들 관용표현에 대한 한국인 화자의 사용 빈도를 조사하여 실제 활용도가 높은 관용표현을 선정하였다.

⟨표 2⟩ 관용표현 목록(가나다 순)

1	간이 크다	26	덕을 보다	51	발 디딜 틈이 없다	76	양다리 걸치다
2	국수를 먹다	27	떡이 되다	52	발이 넓다	77	어깨가 무겁다
3	귀가 얇다	28	뜸을 들이다	53	밥맛이 떨어지다	78	얼굴이 두껍다
4	귀를 기울이다	29	말 그대로	54	밥 먹듯 하다	79	열을 올리다
5	귀에 못이 박히다	30	말꼬리를 잡다	55	배가 아프다	80	열이 오르다
6	그림의 떡	31	말이 많다	56	배꼽을 잡다	81	인상을 쓰다
7	기를 쓰다	32	말이 아니다	57	보는 눈이 있다	82	인심을 쓰다
8	깨가 쏟아지다	33	머리를 굴리다	58	부르는 게 값이다	83	입만 살다
9	꼬리를 내리다	34	머리를 쓰다	59	뼈도 박도 못하다	84	입만 아프다
10	꼬리를 잡다	35	못을 박다	60	뼈 빠지게	85	입씨름을 하다
11	꼬리에 꼬리를 물다	36	못이 박히다	61	속을 썩이다	86	입에 침이 마르다
12	꿈인지 생시인지	37	무덤을 파다	62	속을 태우다	87	입을 다물다
13	날개가 돋치다	38	문을 닫다	63	속이 타다	88	입을 맞추다
14	눈 깜짝할 사이	39	문을 열다	64	손가락 하나 까딱 않다	89	입이 무겁다

15	눈물이 앞을 가리다	40	밑도 끝도 없다	65	손발이 맞다	90	입이 벌어지다
16	눈앞이 캄캄하다	41	바가지를 긁다	66	손에 땀을 쥐다	91	입이 짧다
17	눈이 높다	42	바가지를 쓰다	67	손을 놓다	92	정신을 차리다
18	눈이 빠지게	43	바가지를 씌우다	68	손을 떼다	93	제 눈에 안경
19	눈치가 보이다	44	바람을 피우다	69	손이 작다	94	주머니가 가볍다
20	눈치를 보다	45	발이 떨어지지 않다	70	손이 크다	95	콧대가 높다
21	눈치를 살피다	46	발등에 불이 떨어지다	71	숨이 막히다	96	풀이 죽다
22	눈코 뜰 사이 없다	47	발등을 찍히다	72	시치미를 떼다	97	피부로 느끼다
23	눈 하나 깜짝 안 하다	48	발목을 잡다	73	신경을 쓰다	98	한 우물을 파다
24	다리 뻗고 자다	49	발목을 잡히다	74	앞뒤가 맞다	99	한턱내다
25	더위를 먹다	50	발 벗고 나서다	75	애 먹다	100	호흡을 맞추다

3. 관용표현의 의미구성 양상

3.1. 개념적 혼성 이론

'개념적 혼성(conceptual blending)'은 둘 이상의 입력공간 구축, 입력공간들의 부분적 사상, 입력공간에서 혼성공간으로의 선택적 투사, 발현구조의 창조를 포함하는 개념적 통합의 과정을 말한다. Fauconnier & Turner(2002)에 따르면 아래의 그림과 같이 개념적 혼성을 통해 '통합 연결망(integration network)'이 형성된다.

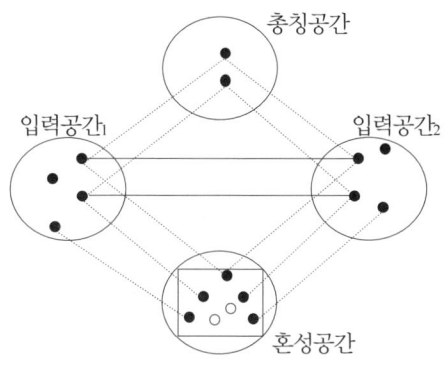

개념적 통합 연결망의 성분

원	정신공간(총칭공간, 입력공간, 혼성공간)
검은 점	각 공간을 구성하는 요소들 (실체, 실체의 속성, 실체들 사이의 관계)
실선	입력공간 사이의 공간횡단 사상
점선	입력공간에서 혼성공간으로의 투사
사각형	발현구조
흰 점	혼성공간에서 새롭게 창조된 요소

〈그림 1〉 개념적 통합 연결망

개념적 혼성의 과정을 살펴보면, 먼저 두 입력공간은 언어 표현에서 환기되는 인지영역과 문맥의 상호작용을 통해 구축된다. 그리고 이들 공간의 요소들은 '공간횡단 사상(cross-space mapping)'을 통해 연결됨으로써 체계적인 '대응관계(correspondence)'를 이룬다. 이때 일어나는 사상은 모든 상관 요소들이 일대일로 될 수도 있고, 몇몇 상관 요소들만 부분적으로 이루어질 수도 있다. 이러한 사상은 두 입력공간이 공유하는 추상적 구조인 총칭공간에 의해 가능해진다. 다음으로, 혼성공간은 두 입력공간의 요소들이 선택적으로 '투사(projection)'됨으로써 형성된다. 이 공간에서는 두 입력공간의 요소가 하나로 융합되고, 각 입력공간의 요소가 개별적으로 투사되며, 입력공간에서 투사되지 않는 새로운 요소들이 창조되면서 '발현구조(emergent structure)'가 생성된다. 이처럼 언어 표현의 의미는 개념적 통합의 과정을 거쳐 혼성공간의 발현구조에서 구성된다.

(2) This surgeon is a butcher. (이 외과의사는 도살자이다.)

〈표 3〉 "이 외과의사는 도살자이다"의 의미구성

총칭공간	입력공간₁ "도축장"		입력공간₂ "수술실"
주체	도살자	→	외과의사
대상	동물	→	환자
도구	칼	→	메스
목적	고기 자르기	→	치료
수단	**도축**	→	**수술**
혼성공간	외과의사의 목적(치료)을 위해 도살자의 수단(도축)을 사용 ⇒ "**비전문적임, 무능함**"의 새로운 의미 발생		

(2)의 표현은 외과의사의 무능함을 의미한다. 이러한 의미는 두 입력공간("도축장"과 "수술실") 요소들의 체계적 사상을 토대로 "목적"과 "수단"의 선택적 투사가 이루어짐으로써 형성된 혼성공간에서 발생된다.

이와 같이 개념적 혼성은 실제 담화가 진행되는 동안, 공간 구축과 부분적 사상 및 선택적 투사가 실시간으로 이루어지면서 언어 표현의 의미가 구성되는 과정을 명시적으로 보여 준다. 이를 통해 우리는 언어 표현의 의미가 부분의 합 이상이며, 이러한 의미는 실제로 담화가 진행되는 동안 창조적으로 구성됨을 설명할 수 있다. 따라서 분석 및 기술의 단계에서는 앞서 마련된 교수·학습용 관용표현을 대상으로 하여 그 의미가 구성되는 방식을 개념적 통합 연결망의 유형에 따라 분석하고, 그 내용을 기술하여 교육 내용을 마련하도록 한다.

3.2. 관용표현의 의미구성

관용표현의 의미를 이해하는 데에는 대체로 이를 구성하고 있는 어휘의 난이도, 축자 의미와 관용 의미 사이의 유연성 정도, 이들 표현의 생성 배경에 대한 인식도 등이 관련된다. 특히 관용표현의 축자 의미에서 관용 의미를 예측할 수 있는 정도에 따라 (3a)의 반 투명한 의미, (3b)의 반 불투명한 의미, (3c)의 불투명한 의미로 관용표현의 의미 유형을 나눌 수 있다.

(3) a. 발목을 잡다, 속이 타다, 입이 무겁다
 b. 국수를 먹다, 꼬리를 잡다, 입씨름을 하다
 c. 깨가 쏟아지다, 무덤을 파다, 시치미를 떼다

(3)의 예에서 보듯이 의미가 반 투명한 관용표현은 구성 어휘의 의미에서 관용 의미를 비교적 쉽게 짐작할 수 있으며, 의미가 반 불투명한 관용표현은 관용 의미를 어느 정도 유추해 낼 수 있다. 이에 반해 의미가 불투명한 관용표현은 대체로 역사·문화적 배경을 지닌 것이 많아 관용표현의 생성 유래를 알아야 그 의미를 이해할 수 있다.
언어 표현의 의미가 동적이면서도 구체적으로 구성되는 과정을 실시간으로 설명해 주는 개념적 혼성은 이들 관용표현의 의미가 생성되는 과정에 대한 풍부한 설명력을 제공한다.

(4) 사람들은 **입이 무거운** 사람을 믿을 만한 사람이라고 한다.

〈표 4〉 "입이 무겁다"의 의미구성

총칭공간	입력공간₁ "물건 나르기"		입력공간₂ "말하기"
주체	사람	→	사람
대상	**물건**	→	메시지
도구	몸	→	**입**
목적	들기/옮기기	→	**말하기**
여건	(물건이) **무겁다**	→	(메시지가) 중요하다
결과	**옮기기 어려움**	→	**침묵**
혼성공간	입이 물건처럼 무거움→움직이기 어려움=침묵 ⇒ **"신중한 언행"**의 새로운 의미 발생		

<표 4>에서 보듯이, "입이 무겁다"와 관련된 두 인지영역인 "물건 나르기"와 "말하기"의 입력공간이 구축되고, 두 공간의 대응요소 사이에 사상이 일어난다. 그리고 두 공간에서 행위의 대상 및 여건, 결과와 말하기의 수단 및 목적, 결과가 각각 혼성공간에 선택적으로 투사된다. 혼성공간에서는 "입이 무겁다"라는 관용표현이 형성되고, 입이 물건처럼 무거워서 움직이기 어렵다(침묵)는 발현구조가 생성됨으로써 "신중한 언행"이라는 새로운 의미가 형성된다.

(5) 핑크뮬리가 장관을 이루면서 관광객과 관리인과 **입씨름하는** 경우가 잦아졌다.

〈표 5〉 "입씨름하다"의 의미구성

총칭공간	입력공간₁ "말하기"		입력공간₂ "씨름 경기"
주체	**대화참여자**	→	씨름선수
행위	**대화**	→	**씨름**
목적	친교	→	**승부**
수단	**입**	→	몸
혼성공간	대화참여자가 입을 수단으로 씨름 경기에서처럼 승부를 내려고 함 ⇒ **"말다툼(언쟁)"**의 새로운 의미 발생		

<표 5>에서 보듯이, "입씨름을 하다"와 관련된 두 인지영역인 "말하기"와 "씨름 경기"의 입력공간이 구축되고, 두 공간의 대응요소 사이에 사상이 일어난다. 그리고 두 공간에서 대화의 주체와 수단, 씨름의 행위와 목적이 각각 혼성공간에 선택적으로 투사된다. 혼성공간에서는 "입씨름"이라는 합성어가 형성되고, 대화참여자가 입을 수단으로 하여 씨름 경기에서처럼 승부를 내려고 한다는 발현구조가 생성됨으로써 "말다툼(언쟁)"이라는 새로운 의미가 형성된다.

(6) "그가 너무 많은 언론 인터뷰를 자청해 **스스로 무덤을 파고** 있다."라고 비판했다.

〈표 6〉 "무덤을 파다"의 의미구성

총칭공간	입력공간₁ "무덤 파기"		입력공간₂ "업무"
주체	무덤 파는 사람	→	의사결정자
대상	시체 (행위의 결과를 모름)	→	의사결정자 (의사결정의 결과를 모름)
행위	무덤 파기	→	의사결정을 위한 행동의 축적
결과	무덤의 완성-시체 매장	→	의사결정의 실패
혼성공간	의사결정을 위한 행동의 축적이 실패를 초래함 ⇒ "**실패를 자초함**"의 새로운 의미 발생		

<표 6>에서 보듯이, "무덤을 파다"와 관련된 두 인지영역인 "무덤파기"와 "업무"의 입력공간이 구축되고, 두 공간의 대응요소 사이에 사상이 일어난다. 그리고 두 공간에서 무덤파기의 주체와 행위, 업무의 주체와 대상, 행위가 각각 혼성공간에 선택적으로 투사된다. 혼성공간에서는 "무덤을 파다"라는 관용표현이 형성되고, 의사결정을 위한 행동의 축적이 실패를 초래한다는 발현구조가 생성됨으로써 "실패를 자초함"이라는 새로운 의미가 형성된다.

이처럼 개념적 혼성은 관용표현의 의미에 대한 총체적 통찰력을 제공해 주고, 그 의미를 추론하는 데 적용할 수 있는 시나리오의 구성을 제공한다. 따라서 한국어 교육용 관용표현을 대상으로 하여 그 의미가 구성되는 방식을 개념적 통합 연결망으로 분석하고, 그 내용을 기술하여 교육 내용을 마련한다면 새로운 관용표현 수업 모형을 구축할 수 있을 것으로 예상된다. 나아가 이러한 수업 모형을 통해 관용표현의 의미 구성 방식에 대한 학습자의 이해 능력이 보다 효과적으로 활성화될 수 있으며, 학습자는 이러한 의미 해석 능력을 바탕으로 새로운 관용표현의 의미를 유추해 낼 수 있는 추론 능력을 갖게 될 것으로 기대된다.

4. 관용표현 교수·학습 모형

교수·학습 단계는 "학습 동기 및 호기심 유발→관용표현 의미 추출→상황에 맞는 관용표현 사용"으로 설정할 수 있다.

■ 도입 단계 : 학습 동기 및 호기심 유발
① 탈문맥적으로 제시된 관용표현의 의미를 추측해 본다. 이때 비슷한 혹은 반대의 의미를 지닌 관용표현을 2~3개 함께 제시해도 좋다. (예: 손을 떼다-손을 씻다-손을 털다, 입이 무겁다-입이 가볍다)
② 자신이 추측한 의미와 그렇게 추측한 이유를 이야기해 본다.

■ 제시 단계 : 관용표현 의미 추출 및 설명
① 관용표현이 사용된 텍스트를 읽어 본다.
② 문맥 속 상황에서 관용표현의 의미를 추측해 본다. 이때 도입 단계에서 자신이 추측했던 의미와 비교해 본다.

③ 관용표현의 의미를 제시한 후, 그 의미가 추출되는 과정을 개념적 통합망을 통해 단계적으로 설명한다. "입이 무겁다-입이 가볍다"를 예로 들면 다음과 같이 설명할 수 있다.

교사 : 물건을 옮길 때를 생각해 볼까요? 어떤 장면이 떠올라요? (학생들의 대답을 기다렸다가 판서하며) 그렇죠. 어떤 사람이 물건을 들어서 다른 장소로 이동하는 모습. 그런데 물건의 무게는 어때요? (역시 학생들의 대답을 기다렸다가 판서하며) 그렇죠. 가벼울 수도 있고, 무거울 수도 있고.

판서 내용

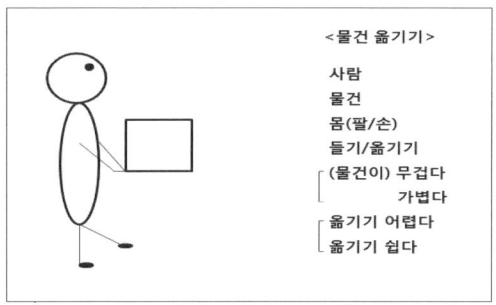

교사 : 그럼 이제 말하는 장면을 생각해 봐요. (학생들의 대답을 기다렸다가 판서하며) 그렇죠. 어떤 사람이 다른 사람에게 말을 하는 모습. 그런데 말을 할 때 가장 중요한 곳이 어디죠? 맞아요. 바로 입이에요.

판서내용

⬇

교사 : 자, 그럼 여기 보세요. (물건 옮기기와 말하기 내용을 연결하며) 만약에 입이 물건처럼 무거우면 움직이기 어렵겠죠? 움직이기 어려우면? (학생들의 대답을 기다렸다가) 그렇죠. 움직이기 어려우니까 말을 하기가 어렵겠죠? 그래서 "입이 무거우면" 어떤 말이든, 특히 중요한 말은 더욱 조심해서 말하게 되는 거예요. 이렇게 말을 신중히 하는 사람, "입이 무거운 사람"은 믿음직하겠죠? (반대의 "입이 가볍다"도 이와 같은 방식으로 진행할 수 있다.)

판서 내용

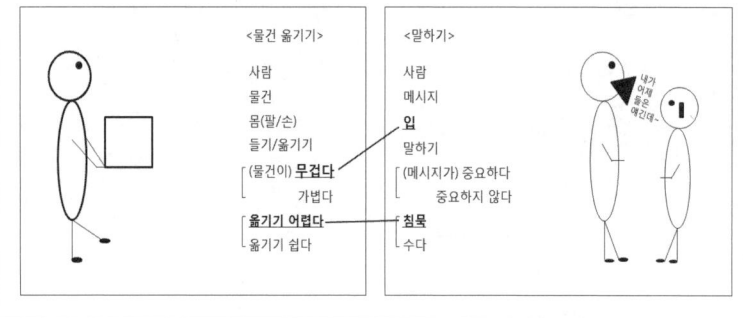

■ **연습 단계**

① 해당 관용표현을 사용하여 문장을 만든다.
② 학습자 간의 묻고 대답하기, 자유 대화 등을 통해 관용표현의 다양한 형태를 문맥에서 연습한다.

■ **사용 단계 : 상황에 맞게 관용표현 사용**

① 교사가 일반 표현과 함께 특정 상황을 제시하면, 학습자는 학습한 관용표현 중 그 상황에서 일반 표현 대신 사용할 수 있는 관용표현을 찾아본다.
② 해당 관용표현을 사용할 수 있는 다른 상황을 이야기해 본다.
③ (학습자의 수준과 요구에 따라) 학습자 모국어로는 어떻게 표현하는지, 한국어 관용표현과 어떻게 비슷하고 다른지 이야기해 본다.

5. 마무리

이 글에서는 한국어 관용표현 교육에 대한 새로운 방법을 고안하기 위해 인지언어학의 '개념적 혼성 이론'에 기초하여 관용표현의 의미구성 방식을 설명하고, 이에 따른 교수・학습 모형을 제안해 보았다.

개념적 혼성 이론을 비롯한 인지언어학적 관점을 한국어교육에 적용할 때, 가시적이며 실용적인 성과가 기대되는 것은 '언어적 동기화(linguistic motivation)'이다. 종래의 한국어교육은 대체로 어휘의 형태와 의미, 문법 요소와 규칙, 그 밖의 예외들을 개별적으로 암기하는 학습이 중심을 이루어졌다. 이는 언어의 자의성에 근거한 것으로, 학습자에게 언어 현상을 있는 그대로 기술하고 제시하는 것에 불과하다. 따라서 이처럼 임의적으로 학습되고 저장된 언어 정보는 비효율적으로 보존되므로, 반복 학습이 이루어지지 않는 이상 쉽게 상실된다. 이에 반해 인지언어학적 관점에서, 목표언어인 한국어의 단위를 동기화된 것으로 제시하는 것은 학습자에게 언어 현상에 대한 명시적이고 적절한 설명을 제공하는 것이다. 이처럼 인지언어학의 높은 설명력에 근거하여 한국어교육이 이루어지면, 한국어에 대한 학습자의 이해도가 높아지고 기억이 강화될 뿐만 아니라, 나아가 학습자가 한국어의 구조와 의미에 대한 통찰력을 갖게 될 것으로 기대된다.

참고문헌

강현화 외. 2012.『한국어 교육 어휘 내용 개발 1단계』. 국립국어원.
강현화 외. 2013.『한국어 교육 어휘 내용 개발 2단계』. 국립국어원.
강현화 외. 2014.『한국어 교육 어휘 내용 개발 3단계』. 국립국어원.
구효진. 2011. "한국어 관용표현 지도 방안 연구". 건국대학교 대학원 석사학위 논문.

국립국어원. 2006. 『외국인을 위한 한국어 학습 사전』. 신원프라임.

국제교육진흥원. 2002. 『한국어 속담 100 관용어 100』. 국제교육진흥원.

김동환. 2002. 『개념적 혼성 이론: 인지언어학과 의미구성』. 박이정.

김동환. 2004. "개념적 혼성에 입각한 은유의 의미구성". 『담화와 인지』 11(1): 31-57. 담화인지언어학회.

김동환. 2005. 『인지언어학과 의미』. 태학사.

김동환. 2010. "인지언어학 연구 방법론". 『우리말연구』 27: 5-28. 우리말 학회.

김동환. 2012. "개념적 통합 연결망 유형 연구". 『언어과학회 학술발표대회 논문집』. 99-110.

김중현. 2000. "포코니에의 정신공간 이론을 통한 국어 의미구조 연구". 경북대학교 대학원 국어국문학과 석사학위논문.

김문기. 2007. "한국어 매인풀이씨 연구". 부산대학교 대학원 국어국문학과 박사학위논문.

김선정·강현자. 2006. "한국어 관용어 교재 개발을 위한 기초 연구 및 단원 제시". 『이중언어학』 32: 35-56. 이중언어학회.

김애진. 2009. "일본어권 한국어 학습자를 위한 관용어 교육". 한양대학교 교육대학원 외국인을 위한 한국어교육전공 석사학위논문.

김영인. 2011. "관용적 표현을 통한 언어문화 통합 교육: 스페인어 학습자를 중심으로". 고려대학교 대학원 서어서문학과 석사학위논문.

김주식. 2002. "혼성이론에 근거한 주관적 이동 언어". 『언어학』 10(3): 137-155. 대한언어학회.

김중섭 외. 2011. 『국제 통용 한국어 교육 표준 모형 개발 2단계』. 국립국어원.

문금현. 1998. "외국어로서의 한국어 관용 표현의 교육". 『이중언어학』 15(1): 207-233. 이중언어학회.

민현식. 2003. "관용 표현의 범위와 유형에 대한 재고". 『한국어 의미학』 12:

17-50. 한국어의미학회.

송현주. 2010. "한국어 합성어에 나타난 동기화 양상". 『한글』 289: 125-150. 한글학회.

송현주·최진아. 2011. "인지언어학에 기반을 둔 관용 표현 교육 연구". 『중등교육연구』 59(3): 789-812. 중등교육학회.

송혜원. 2005. "한국어 교재의 관용 표현 분석과 지도 방안". 고려대학교 교육대학원 한국어교육전공 석사학위논문.

신현정·최민정·김수연. 2005. "명사-명사 개념결합의 처리과정". 『한국심리학회지: 일반』 24(2): 61-84. 한국심리학회.

신혜인. 2010. "중국인 학습자를 위한 한국어 관용표현 및 교육 방안 연구". 한양대학교 대학원 외국인을 위한 한국어교육전공 석사학위논문.

심지연. 2009. "국어 관용어의 인지의미론적 연구". 고려대학교 대학원 국어국문학과 박사학위논문.

심지연. 2009. "국어 관용어 의미에 나타나는 은환유성에 대한 연구". 『한국어 의미학』 28: 127-145. 한국어의미학회.

유덕자. 1998. "외국어로서 한국어 관용어 교육". 이화여자대학교 대학원 한국학과 석사학위논문.

이신우. 2004. "개념적 혼성 이론에 의한 환유적 의미 구축". 수원대학교 대학원 영어영문학과 박사학위논문.

이신우. 2006. "개념적 혼성이론에 의한 "The three highs cloud the global economic outlook"의 환유적 의미 구축". 『담화·인지언어학회 학술대회 발표논문집』 81-89. 담화인지언어학회.

이양금. 2010. "대조를 통한 한국어 관용어 교육 연구: 영어권 학습자를 대상으로". 부산외국어대학교 대학원 외국어로서의한국어교육학과 석사학위논문.

이지용·심지연 2010. "인지의미론을 통한 한국어 관용어 교육의 효율성 연구". 『한국어 의미학』 31: 209-247. 한국어의미학회.

이종열. 1999. "정신공간을 통한 합성어의 인지적 의미 해석".『언어과학연구』 16: 483-504. 언어과학회.

이종열. 2002. "혼성에 의한 은유적 의미의 인지 과정".『담화와 인지』 9(1): 91-122. 담화·인지언어학회.

이종열. 2004. "혼성에 의한 국어의 비유적 의미 해석".『국어교육연구』 36: 191-222. 국어교육학회.

임지룡. 1997.『인지의미론』. 탑출판사.

임지룡. 2008.『의미의 인지언어학적 탐색』. 한국문화사.

임혜원. 2004.『공간 개념의 은유적 확장』. 한국문화사.

장정정. 2010. "중국인 학습자를 위한 관용표현 교육의 수준별 목록 선정 방법". 대불대학교 대학원 한국어학과 석사학위논문.

전혜영. 2001. "한국어 관용 표현의 교육 방안".『한국어 교육』 12(2): 181-199. 국제한국어교육학회.

정수진. 2005. "미각어의 의미 확장 양상".『한국어 의미학』 18: 149-174. 한국어의미학회.

정수진·송현주. 2012. "개념적 혼성 이론에 기초한 한국어 의미구성".『어문학』 116: 81-102. 한국어문학회.

조현용. 2001.『한국어 어휘 교육 연구』. 박이정.

조혜인. 2011. "한국어 교육용 관용표현 목록 선정 연구". 경희대학교 교육대학원 외국어로서의한국어교육전공 석사학위논문.

최경봉. 2014.『(의미에 따라 갈래지은) 우리말 관용어 사전』. 일조각.

최지훈. 2007. "국어 관용구의 은유·환유 연구: 인지의미론적 관점으로". 이화여자대학교 대학원 국어국문학과 박사학위논문.

최재유. 2011. "로버트 프로스트 시에 나타난 개념적 혼성이론 연구".『영어영문학연구』 53(4): 383-403. 한국중앙영어영문학회.

한송화 외. 2015.『한국어 교육 어휘 내용 개발 1단계』. 국립국어원.

Cook, A. 2010. *Shakespearean neuroplay: Reinvigorating the study of dramatic texts and performance through cognitive science*. London: Palgrave Macmillan.

Coulson, S. 2001. *Semantic leaps: Frame-shifting and conceptual blending in meaning construction*. Cambridge: Cambridge University Press.

Coulson, S. & T. Oakley. 2005. Blending and coded meaning: Literal and figurative meaning in cognitive semantics. *Journal of Pragmatics* 37: 1510-1536.

Dirven, R. & M. Verspoor eds. 1998. *Cognitive Exploration of Language and Linguistics*. Amsterdam·Philadelphia: John Benjamins Publishing Company. (이기동 외 옮김. 1999. 『언어와 언어학: 인지적 탐색』. 한국문화사.)

Evans, V. & M. Green. 2006. *Cognitive Linguistics An Introduction*. Edinburgh: Edinburgh University Press. (임지룡·김동환 옮김. 2008. 『인지언어학 기초』. 한국문화사.)

Evans, V. 2009. *How Words Mean.: Lexical concepts, cognitive models and meaning construction*. Oxford: Oxford University Press. (임지룡·김동환 옮김. 2012. 『인지언어학적 어휘의미론』. 경북대학교출판부.)

Fauconnier, G. 1997. *Mappings in Thought and Language*. Cambridge: Cambridge University Press.

Fauconnier, G. & M. Turner. 1998. Conceptual integration networks. *Cognitive science* 22(2): 133-187.

Fauconnier, G. & M. Turner. 2000. Metaphor, metonymy, and binding. In Barcelona, A. ed. *Metaphor and Metonymy at the Crossroads*. 133-145. Berlin, New York: Walter de Gruyter.

Fauconnier, G. & M. Turner. 2002. *The Way We Think: Conceptual Blending and the Mind's Hidden Complexities*. New York: Basic Books.

Geeraerts, D. & H. Cuyckens eds. 2007. *The Oxford Handbook of Cognitive*

Linguistics. Oxford: Oxford University Press.

Gibbs, R. W. 1994. *The Poetics of Mind: Figurative Thought. Language and Understanding*. Cambridge: Cambridge University Press.

Kövecses, Z. 2006. *Language, Mind and Culture: A Practical Introduction*. Oxford: Oxford University Press. (임지룡・김동환 옮김. 2008.『언어・마음・문화의 인지언어학적 탐색』. 역락.)

Littlemore, J. 2009. *Applying Cognitive Linguistics to Second Language Learning and Teaching*. London: Palgrave Macmillan.

Radden, G. & R. Dirven. 2007. *Cognitive English Grammar*. Amsterdam, Philadelphia: John Benjamins Publishing Company. (임지룡・윤희수 옮김. 2009.『인지문법론』. 도서출판 박이정.)

Robinson, P. & N. C. Ellis eds. 2008. *Handbook of Cognitive Linguistics and Second Language Acquisition*. New York: Routledge.

제4부

동기화의 대조언어학적 탐색

제9장

한국어와 중국어의 말소리에 나타난 동기화

왕난난(王楠楠)

1. 들머리

이 연구의 목적은 한국어와 중국어의 말소리에 나타난 동기화(motivation)[1], 즉 '음성 도상성(phonetic iconicity)'[2]의 양상을 대조·분석함으로써 두 언어에서 음성 도상성이 보이는 특성을 밝히는 데 있다.[3]

---

[1] 'motivation'은 국내에서 '유연성(有緣性), 배의성(配意性), 동기화'로 번역돼 사용하고 있다(송현주 2015: 17).

[2] 이와 관련된 용어로 '음성 상징(sound symbolism)'이나 '음감각소/음운주제(phonaetheme)' 등이 있다(Cho 1980: 88-89, 정원용 1980: 4-11, 윤병달 2000: 62, 劉丹靑·陳玉洁 2008: 289 등 참조). 이들은 말소리와 뜻 사이에 존재하는 비자의적 관련성을 가리킨다는 점에서 유사하나 각 용어가 가리키는 대상의 범위가 다르다.

[3] 李福印(2008)에서 언어 형식과 의미 간에 존재하는 더 구체적인 비자의적 관계로서 도상성은 반드시 유연성을 보이지만 유연성은 반드시 도상성이 아니라고 도상성과 동기화의 관계를 설명하였다. 송현주(2015: 32)에서 의미(내용)가 구조(형태)를 동기화하는 경우를 도상성과 환유로 나눴다. 즉 도상성은 동기화의 한 유형으

언어의 자의성과 유연성에 대하여 20세기 중후반부터 논쟁이 벌어져 왔다. 소쉬르가 언어 기호의 기표와 기의 간의 관계에 대한 자의성을 주창한 이래로 언어의 자의성은 언어 기호의 지배적 원리로 간주되어 왔다. 그런데, 일부 언어 기호에서 유연성 또한 확인되었다. 특히 인지언어학이 자리매김 되면서 도상성은 자의성과 대립되는 개념으로서 언어의 중요한 연구 과제로 부각되었다.[4] 그러나 어휘·문장·담화의 도상성에 관한 연구에 비해 음성의 도상성 양상에 관한 연구는 상대적으로 적은데다가 '의성어(onomatopoeia)'나 '음감각소(phonaetheme)' 등 개별적인 음운 현상에 관심이 많았고, 음운 단위 전반을 보여 주는 연구를 찾기 어렵다. 특히 이와 관련된 대조언어학적 연구 또한 성과가 부족한 듯하다. 한국 학계에서는 정인승(1938), 이희승(1955), 남풍현(1965), 이숭녕(1978), 채완(1987) 등 연구가 모음의 음성적 특성에 의한 의미 분화에 집중하였고 김형규(1977), 조석종(1980), 임규홍(2006) 등 연구에서 한국어의 끝소리나 첫소리가 보이는 상징 의미를 제시하였다. 중국 학계에서는 음성 도상성과 관련해서 朱憲超(2003), 趙亮(2006), 劉丹靑(2008, 2009) 등 적지 않은 연구가 있지만 연구 대상은 대부분 영어에 한정되어 있다. 많은 학자들이 지적했듯이 음성 도상성의 정도가 낮을 뿐만 아니라 그 논거를 찾아내기 어렵고 찾아냈다고 해도 예외가 많다. 그렇다고 해서 음성과 의미 사이에 도상성이 없다고 단언할 수 없다. 실제로 소리의 크기에 따라 의미 기능이 다르고 소리의 높낮이나 강세 등 여러 가지 성조에 따라 의미 기능이 다른 것은 쉽게 이해할 수 있다(임규홍 2006: 3).[5]

로 간주된다.

[4] 인지언어학자들은 언어의 구조와 의미 간에 필연성을 찾을 수 없다는 자의성보다 일부를 제외하고는 도상성이 내재되어 있음을 주장한다.

[5] 채완(2003: 90)은 어떤 음소에서 특정한 의미를 느낀다면 그것은 해당 언어사회에 관습으로 이어져 오는 언어 능력의 일부라고 하였다. 그러나 어떤 음소에서 특정한 의미를 '느끼는 것'이 아니라 특정한 의미를 '드러내는 것'이어서 이것은 소리

이에 이 연구에서 기존 연구에서 간과되어 왔던 음성의 도상성 양상을 연구 대상으로 삼는 것은 한편으로 말소리와 뜻의 상관관계를 보여줌으로써 도상성이 어휘·문장·담화 등 층위에서 발견된 현상뿐만 아니라 범언어적으로 언어의 모든 범주에 걸쳐 그의 존재론적 위상을 확보할 것이다. 다른 한편으로 한국어와 중국어의 대조를 통해 음성 도상성이 보이는 보편성과 특수성을 확립할 것이다.

이 연구는 다음과 같이 구성한다. 2장은 도상성에 대한 기존 연구의 기술을 살피고 음성 도상성의 성격과 연구 현황을 파악한다. 3장은 한국어와 중국어의 말소리에서 관찰되는 도상성의 발생 양상을 '분절음', '초분절음', '음절'의 세 가지 음운 단위로 나눠 살펴본다. 4장에서는 말소리에 나타난 도상성의 특성에 대해 검토해 본다. 마지막으로 논의의 내용을 요약하고 남은 문제를 제시한다.

2. 음성 도상성의 성격 및 연구 현황

2.1. 음성 도상성의 성격

'도상성'이라는 개념에 대한 정의는 지금까지 아직 통일된 바가 없다. 이 용어는 기호학자인 Peirce에 의해 제기되었고 그는 형식과 내용 간에 존재하는 동기화의 정도에 따라 기호를 '도상적(iconic) 기호', '지표적(indexical) 기호', '상징적(symbolic) 기호' 세 가지로 구별하였다. 그중 도상적 기호는 기호와 그것이 가리키는 대상 간에 '닮음(resemblance)'이 존재하는 경우를 말하는데 사진, 그림 등이 이에 해당한다. 지표적 기호

가 의미와 관련성이 있음을 의미한다.

는 기호와 그것이 가리키는 대상이 '자연적 관계(natural connection)'를 이루는 경우인데 비가 오기 전 하늘에 있는 먹구름이나 불이 날 때 생기는 연기 등이 이에 속한다. 상징적 기호는 기호와 그것이 가리키는 대상이 자의적이고 규약적인 관계를 이루는 경우를 말하는데 언어 기호를 상징적 기호로 간주되어 왔다. 이에 '도상성'은 기호의 형식과 의미 간에 존재하는 '닮음'으로 기술될 수 있다(賈衛國 1999, 賀川生 2002, 임지룡 2004: 172 등 참조). 이로써 '음성 도상성'은 말소리와 그 말소리가 지칭하는 대상 사이에 존재하는 유사성으로 정의할 수 있다.

한편, 도상적 기호는 추상성의 정도와 유사성이 차지하는 비율에 따라 다시 '영상적(imagic) 도상성', '도형적(diagrammatic) 도상성', '은유적(metaphorical) 도상성'으로 나눌 수 있다. 그중 영상적 도상성은 산수화, 인물화처럼 실체를 있는 모양 그대로 그리는 경우이며, 도형적 도상성은 지도와 같이 실체의 각 부분을 일정한 비율로 다시 조정하여 이를 약속된 기호로 표시한 것을 말한다. 그리고 은유적 도상성은 실체의 상태나 움직임을 암시적으로 나타내는 것과 같다. 이와 같은 분류로 볼 때, 의성어는 그 의미가 소유하고 있는 어떤 자질을 공유하고 있다는 점에서 영상적 도상성에 해당하며, 상형문자는 그 의미가 조직되는 원리를 복사하고 있다는 점에서 도형적 도상성에 해당한다. 그리고 은유적 도상성은 주로 기호와 제삼자 간의 관계를 나타내는 것이므로 속담이나 광고 언어에서 종종 보인다(김동환 1997: 238, 王寅 2003: 5 참조).

음성 도상성은 말소리를 만드는 발음 기관의 위치, 동작, 모양 그리고 음성이 드러내는 각종 연상과 관련이 있다고 볼 수 있다. 즉 도상성의 원리를 이용하여 듣는 자에게 언어 부호의 음성적인 특징에 따라 외부세계의 특정 사물이나 현상을 연상하게 하는 성격을 가진다. 그러나 다른 언어 집단이 다른 인지능력, 사회문화 환경 등의 제약과 영향을 받아 일부 언어에서는 음성 도상성의 성분이 많지만 일부 언어에서는 음성 도상성의 성분이 상대적으로 적다.

2.2. 음성 도상성의 연구 현황

오늘날 음성과 의미의 관계에 관한 주요 연구 방법론과 음성 도상성에 대한 국내외의 연구 현황을 살펴보기로 한다.

먼저, 음성과 의미의 관계에 대하여 아직 명확한 해답을 얻지 못하고 있으나[6] 많은 '상징어(symbolic words)'의 음운형태가 의미와 닮았다는 것도 유력한 증거들에 의해 뒷받침되고 있다. 특히 언어를 사용 주체의 몸과 마음 그리고 사회문화적 틀에서 파악하려는 인지언어학은 언어기호와 지시대상의 관계를 밝히는 이상적인 터전을 제공했다고 해도 과언이 아니다. 이에 더불어 음성 인지 실험을 통해 일부 소리가 가지는 성질로 인해 언어 사용자가 어떻게 다르게 인지하고 있음을 가늠할 수 있으며 대조언어학에 의해 일부 말소리와 의미의 관계에 있어서 각 언어의 음운 체계와 관습 등에 따른 보편성과 특이성을 파악할 수 있게 되었다. 요컨대, 음성과 의미의 관계 연구는 인지언어학, 음성학, 그리고 대조언어학의 학제적 관점의 협업을 통해 음성의 본질 규명을 위해 새로운 지평을 열어가고 있다.

다음으로, 어휘나 문법 범주의 도상성에 대한 논의가 국내외에서 매우 활성화되고 있는 추세에 비추어, 음성의 도상성은 국내외를 통틀어 그다지 큰 관심을 받지 못하고 있는 실정인데, 이와 관련된 주요 논의는 음운형태가 의미를 반영하는 장치로서 '의성어(onomatopoeia)', '음운주제

---

[6] 윤병달(2000: 61)에서는 "소리가 의미를 반영하는 방향으로 언어가 변화하는지, 자의적 기호와 도상적 기호의 분량 사이에 일정한 균형이 존재하는지, 혹은 언어가 통시적 변화에도 불구하고 안정 상태(steady state)를 유지하는지는 아직 해결되지 않은 문제이다."라고 언급한 바가 있다.

(phonaetheme)' 등의 '소리상징성(sound symbolism)'과 도상성을 들 수 있다.

Firth는 음성과 의미 간의 필연성을 믿지 않았으나 slam, slide, slender, sprawl, sprightly 등 상징어를 수집하여 /sl-/, /spr-/과 같은 자음군의 의미를 논의하였고 Bloomfield는 음성과 의미의 상관성을 반대하지만 음성 상징의 존재를 승인하였으며 /fl-/, /gl-/, /sl-/, /kr-/, /sn-/ 등 자음군의 의미 특성을 제시하였다. 이 두 연구에서는 언어의 소리가 뜻과 상관관계가 있음을 보여 주었다. 또한 언어에서 가장 현저한 음성 도상성을 보이는 것은 의성어라고 의심할 여지가 없다. Ullmann은 영어의 의성어를 소리에 대한 직접 모방인 직접 의성어와 자연의 소리를 그대로 모방하기보다는 일정한 감각을 일으키게 하는 간접 의성어로 나눠 이들과 의미의 도상적 관계를 논의하였다. 그리고 Fonagy는 'Why Iconicity'라는 논문에서 처음으로 '음성 은유(phonetic metaphor)'라는 용어를 사용하였는데 그는 음성과 음성이 나타내는 의미 간의 유사성에 입각하여 이 개념을 설명하였다.

이상에서 보듯이 '음성 도상성'의 양상에 대해서는 주로 한 언어의 특정 범주를 대상으로 한 논의는 있으나, 음성 전반에 걸쳐 두 언어의 대조를 통해 종합적으로 논의된 바가 없다. 이에 이 연구에서는 언어의 구조와 의미가 동기화되어 있다는 인지언어학의 관점으로 말소리에 나타난 도상성을 한국어와 중국어의 대조를 통해 살펴보기로 한다. 이 과정에서 '음성 도상성'에 따른 언어 간의 공통성과 특이성이 밝혀질 것이며, 한국어의 '음성 도상성'이 갖는 특성이 보다 더 뚜렷이 드러날 것이다.

3. 음성 도상성의 양상

음성 도상성과 관련하여 주로 모음 또는 자음을 중심으로 연구되어왔다. 음성 도상성이 한국어와 중국어의 음운체계에서 보이는 전반적인 모습을 파악하기 위해 이 절에서는 기존 연구를 바탕으로 '분절음', '초분절음', '음절' 세 가지 음운 단위에 따라 살펴볼 것이다.

3.1. 분절음의 도상성

'분절음(segment)'은 분석의 정밀한 정도에 따라 '음성(phone)'과 '음소(phoneme)'로 나누어지는데 그중 '음성'이란 원어민이 인식하지 못하는 음성적 차이까지 정밀하게 분석한 분절음을 말하며 '음소'[7]는 원어민이 인식하고 있는 음성적 차이를 기준으로 분석한 분절음을 말한다(배주채 2015: 28 참조). 즉 음성은 음소에 속한 변이음임을 알 수 있다. 여기에서 음소를 중심으로 한국어와 중국어의 말소리에 나타난 도상성의 양상을 살펴보기로 한다.

첫째, 한국어와 중국어의 모음에 나타난 도상성을 보자.[8]

(1) a. 발갛다-벌겋다, 하얗다-허옇다, 보얗다-부옇다
    b. 반짝-번쩍, 새들-시들, 따끔-뜨끔
(2) a. 小(xiǎo)-大(dà), 低(dī)-高(gāo), 俠(xiá)-广(guǎng)
    b. 細(xì)/渺(miǎo)/巧(qiǎo)-龐(páng)/胖(pàng)/豪(háo)

(1)의 한국어에서는 'ㅏ, ㅑ, ㅗ, ㅛ, ㅐ, ㅘ, ㅚ, ㅙ' 등 저모음은 밝고 가벼운 느낌을 주지만 'ㅓ, ㅕ, ㅜ, ㅠ, ㅡ, ㅣ, ㅔ, ㅖ' 등 고모음은 어둡

---

[7] 음성은 좁은 의미에서 음소와 대립하는 'phone'을, 넓은 의미에서 '말소리(speech sound)'나 음운을 가리킨다.
[8] Ultan이 136개 언어에 속한 모음을 연구한 결과, 모음과 크기의 관련성이 대다수의 언어에 존재하며 높은 일치성을 가진다고 지적하였다. 즉 전설 고모음은 '작음'을 의미하며 후설 저모음은 '큼'을 의미한다. 이것은 바로 '소리-크기 상징(size-sound symbolism)' 가설이다.

고 무거운 느낌을 준다.⁹ (2)의 중국어에서는 [i]는 '작음'의 의미를 나타내는 데 많이 사용되며, [a]는 '큼'의 의미를 나타내는 데 많이 사용된다.¹⁰ 이를 통해 조음방법에 따른 음성적 특성으로 개구도가 크고 혀 위치의 높낮이가 높은 모음과 개구도가 작고 혀 위치의 높낮이가 낮은 모음이 서로 대립되는 의미를 나타내는 데 사용되어 있음을 확인할 수 있으나 의미적으로 한국어의 경우, 주로 무거움과 가벼움의 대립을 나타내지만 중국어의 경우, 주로 크고 작음의 대립을 나타낸다.¹¹

둘째, 한국어와 중국어의 자음에 나타난 도상성을 보자.¹²

(3) a. 가맣다-까맣다, 벋다-뻗다, 설렁하다-썰렁하다
   b. 빙빙/삥삥/핑핑, 졸졸/쫄쫄/촐촐, 덩덩/떵떵/텅텅
(4) a. 点(diǎn): 滴(dī), 頂(dǐng),
    線(xiàn): 隙(xì), 弦(xián),
    面(miàn): 門(mén), 蒙(méng)
   b. 圓(yuán), 圈(quān), 團(tuán), 卷(juǎn),
    環(huán), 旋(xuán), 轉(zhuǎn), 卵(luǎn)
   c. 幕(mù), 墓(mù), 暮(mù), 昧(mèi), 霾(mái),
    霧(wù), 幔(màn), 晚(wǎn), 茂(mào), 密(mì),
    茫(máng), 冥(míng), 夢(mèng), 蒙(méng), 盲(máng)

---

9 양성모음은 밝고 가벼운 느낌을 주기 때문에 항상 긍정적인 의미를 나타내지만 음성모음은 어둡고 무거운 느낌을 주므로 항상 부정적인 의미를 나타낸다. 양성모음과 음성모음은 각각 저모음과 고모음, 작은말과 큰말이라고 불리기도 하며 이들의 교체 현상은 모음교체라고 한다.

10 李弘(2005)에서 중국어의 모음인 'u, o'은 '원형'의 의미를 나타내는 데 사용된다고 논의한 바가 있다. 그 예로 '園, 环, 碗, 丸, 湾, 圈, 拳, 珠, 球' 등을 들었다.

11 Kim(1977)에서는 영어에서 [i]는 '작음'을, [a]는 '큼'을 나타내는 데 비해 한국어는 영어와 반대가 되는데, 이는 언어에 따라 같은 음운자질을 다른 목적(상징)을 위해 사용하기 때문이라고 하였다.

12 중국어의 자음에 나타나는 도상성과 관련된 연구는 찾아보기 어렵다. 여기에서 施靜(2015: 215)의 용례를 참조하였다.

(3)에서 본 바와 같이 한국어에서는 'ㄱ, ㄷ, ㅂ, ㅅ, ㅈ' 등 평음 자음은 약한 느낌을 주는 반면, 'ㄲ, ㄸ, ㅃ, ㅆ, ㅉ' 등 경음 자음과 'ㅍ, ㅊ, ㅌ' 등 격음 자음은 센 느낌을 준다. (4a)에서 본 바와 같이 중국어에서는 d[t]와 같은 설첨음이 '점' 형태를 나타내는 데 많이 사용되고 x[ɕ]와 같은 설면음이 '선' 형태를, m[m]와 같은 양순음이 '면'을 나타내는 데 많이 사용된다. 이런 자음들은 발음 위치의 접촉 범위가 점점 커진다는 점에서 일정한 도상성을 보이지만 더 많은 사례를 확보할 필요가 있다. 그리고 (4b)에서는 원순의 자음이 동근 형태를 가리키는 데 많이 사용되며 (4c)에서는 자음인 /m/이 어두움을 가리키는 데 많이 사용된다. 이를 통해 조음위치나 조음방법에 따른 음성적 특성으로 한국어의 경우, 긴장도에 따라 다른 의미의 강약을 나타낼 수 있지만[13] 중국어의 경우, 조음 위치의 접촉 범위나 원순성 또는 마찰성 등 음성적 자질에 따라 관련된 의미를 나타낼 수 있다.

한국어와 중국어에서 공통적으로 모음이나 자음의 다른 음성적 특성을 통해 의미의 다름을 나타내어 일정한 도상성을 보인다. 그러나 한국어의 경우, 모음교체나 자음교체에 의해 안정적으로 실현되는 것과 달리 중국어의 경우, 개별적 음소가 가지는 변별적 자질을 통해 드러나지만 예외가 많아 보인다.

3.2. 초분절음의 도상성

'초분절음(suprasegment)'은 분절음과 상대되는 개념으로 주로 음장(音

---

[13] 임규홍(2006)에서 한국어 첫소리 [ㅁ]과 [ㅂ]이 의미와의 관련성을 고찰한 바가 있으나 [ㅁ]과 [ㅂ] 소리로 시작하는 말 가운데 [ㅁ]과 [ㅂ]의 대립으로 대립의 의미를 변별할 수 있는 말이 전체 조사 낱말에서 많지 않아서 일정한 경향성만 보여주었을 뿐이다.

長), 음고(音高), 음강(音强) 세 종류로 나누어진다.14 그중 한국어의 경우, 음장의 차이로 의미가 구별되지만 중국어의 경우, 음고의 차이로 의미가 구별된다.15 그러면 이러한 음장 또는 음고에 나타난 도상성이 어떤지 구체적인 낱말을 통해 살펴보자.

먼저, 한국어에서는 장단음의 대립으로 의미가 달라지는데 이는 다시 두 가지로 나눠 볼 수 있다.

(5) a. 배:다(스며 나오다)-배다(촘촘하다)
　　b. 말:(言)-말(馬)-말(斗)
　　c. 눈:(雪)-눈(目)
(6) a. 병:(病)-병(瓶)
　　b. 배:(倍)-배(杯)
　　c. 성:(姓)-성(城)

(5)에서 제시된 고유어들은 어휘적 장단음인데 이들은 동일한 형태지만 소리의 장단에 의해 의미가 구별된다. 장음으로 표시된 낱말이 기본적으로 동작성이나 추상성을 보이지만 단음으로 표시된 낱말이 상태성이나 개체성을 가진다. 그러나 예외가 없는 것이 아니다. 고유어 '밤:(栗)'과 '밤(夜)'은 이러한 도상성을 위반한 예이며 고유어 '발:(물건)'과 '발(足)'은 이 방식으로 구별할 수 없다. (6)에서 제시된 낱말들도 동일한 형태로 소리의 장단에 의해 서로 다른 의미를 나타내는 점에서 (5)와 비슷하지만 한자어라는 점에서 (5)와 다르다. (6)을 관찰해보면 대응되는 한자가 중국어에서 3성과 4성으로 발음하면 한국어에서 장음으로 실현되며 1성과 2성으로 발음하면 한국어에서 단음으로 실현된다.16 이는 또 다른 도상성

14　초분절음을 '운율적 요소(prosodic feature)' 또는 '운소(prosody)'라고도 한다.
15　한국어와 중국어에서 억양(intonation)도 의미를 구별할 수 있는데 이는 주로 두 언어에서의 평서문과 의문문을 통해서 확인할 수 있다.

인데, 즉 중국어 음가의 높낮이가 한국어 음장의 장단과 비례하는 관계임을 말해준다. '단:모음(短母音)'과 '단모음(單母音)', '방:화(放火)'와 '방화(防火)', '연:기(演技)'와 '연기(煙氣)' 등 한자어에서도 같은 도상성을 가지고 있음을 확인할 수 있다.[17]

(7) a. 높대[놉:때], 넓은[널:븐], 더럽다[더:럽따], 길쭉하다[길:쭈카다]
    b. 금방[금:방], 아주[아:주], 훨씬[훨:씬], 힘껏[힘:껃]
(8) a. 조용하다[조용:하다], 뜨뜻하다[뜨뜨:타다]
       둥그스름하다[둥그스름:하다], 길쭉하다[길쭉:카다]
    b. 꾸벅꾸벅[꾸벅:꾸벅], 비틀비틀[비틀:비틀]
       어슬렁어슬렁[어슬렁:어슬렁], 문이 스르르[스르르:] 열렸다

(7)과 (8)에서 제시된 낱말들은 표현적 장음이다. (7)처럼 어두의 표현적 장음은 형용사나 부사의 발음에 많이 나타나는데 정도를 강조하여 어감을 변화시킨다. (8)처럼 비어두의 표현적 장음은 '~하다' 형용사나 의성·의태어에 많이 나타나는데 공간적인 크기, 시간적인 길이, 정도 등을 강조하여 어감을 변화시킨다.

(5)-(8)을 통해 한국어에서 어휘적 장음은 단어의 어휘적 의미와 관계 있고 어감과 관계없으나 표현적 장음은 단어의 어휘적 의미와 관계없고 어감과 관계있다. 전자의 경우, 장음과 단음을 화자가 선택할 수 없으나 후자의 경우, 장음과 단음을 화자가 선택한다. 따라서 어휘적 장음은 사전에 표시되어 있는 반면, 표현적 장음은 사전에 표시되어 있지 않다.

---

16 (6a)의 한자어와 대응되는 중국어 발음은 '病(bìng)'과 '甁(píng)', (6b)의 한자어와 대응되는 중국어 발음은 '倍(bèi)'와 '杯(bēi)', (6c)의 한자어와 대응되는 중국어 발음은 '姓(xìng)'과 '城(chéng)'이다.

17 이에 대한 예외도 존재하는데 '난민(難民)'과 '난:민(亂民)', '정당(政黨)'과 '정:당(正當)' 등이 그 예이다. 따라서 이러한 음성 도상성의 정도성을 파악하기 위해 더 정밀한 조사가 필요하다.

그 다음, 중국어의 경우, 음고에 따라 네 가지의 성조(tone)가 있는데 이러한 성조에서 확인된 도상성은 다음과 같다.

(9) a. 淸(qīng), 天(tiān), 飄(piāo), 漂(piāo), 飛(fēi)
    b. 重(zhòng), 地(dì), 降(jiàng), 墜(zhuì), 墮(duò)
(10) a. 悶(mēn), 橫(héng), 難(nán), 紋(wén), 奔(bēn)
     b. 悶(mèn), 橫(hèng), 難(nàn), 紋(wén), 奔(bèn)

(9)에서는 볼 수 있듯이 중국어의 1성은 가볍고 밝은 느낌을 나타내는 데 많이 사용되는 반면, 중국어의 4성은 무겁고 어두운 느낌을 나타내는 데 사용된다. (10)에서는 동일한 어휘소가 두 가지 성조를 가지는 경우인데 4성은 1성이나 2성보다 강한 의미를 나타내는 데 사용된다. 林焘·王理嘉(2016: 139)에서 성조의 높낮이 변화가 소리의 장단과 소리의 강약에 영향을 끼친다고 하였다. 이 연구에서 표준어의 네 가지 성조 가운데 4성이 제일 짧지만 강한 반면, 3성이 제일 약하고 길다. 그리고 1성과 2성이 음장과 음강의 중간 위치에 있지만 1성은 2성보다 약간 길다.

이상을 통해 한국어와 중국어에서 초분절음도 일정한 도상성을 보이지만 음운체계의 제약으로 두 언어는 각자 다른 방식으로 실현되고 있음을 알 수 있다.

3.3. 음절의 도상성

음절은 분절음보다 큰 음성단위로서 하나 이상의 분절음이 한 줄로 이어져 음절이 만들어진다. 모든 단어는 하나나 하나 이상의 음절이 한 줄로 이어진 형태이며 그 수에 따라 1음절어, 2음절어, 3음절어 등으로 나누어질 수 있다.[18] 이와 관련된 기존 연구로는 의성어의 도상성에 대한 논의가 가장 많았다. 여기에서 지시어를 중심으로 한국어와 중국어의 음절이 드러내는 도상성을 살펴보기로 한다.

Woodworth(1991)에서는 지시어가 각 언어에서 보편적인 음성 도상성을 지니고 있다는 점을 발견하였다. 이 연구들에 따르면 거리의 멀고 가까움은 지시어의 핵심적인 의미인데 지시어에 존재하는 음성 도상성도 멀고 가까움의 대립과 음성 사이의 관련성에 있음을 확인할 수 있었다. 한국어와 중국어의 지시어도 이러한 음성 도상성을 가지는지, 가졌다면 그들의 소리와 뜻 사이에 어떤 관련성을 찾을 수 있는지를 살펴보기로 한다.

(11) a. 이, 그, 저
　　 b. 這, 那

(11)과 같이 한국어의 지시어는 삼분법을, 중국어의 지시어는 이분법을 취한다. 우선, 그들의 모음을 보면 한국어는 '/i/', '/ɯ/', '/ʌ/'로, 중국어는 '/ɤ/', '/A/'로 구성된다. 이러한 모음은 혀의 앞뒤 위치와 높이에 따라 각각 '/i/ > /ɯ/ > /ɤ/ > /ʌ/ > /A/'의 순서를 이룬다. 이는 두 언어에서 근칭을 나타내는 데 사용된 모음에 대한 혀의 앞뒤 위치와 높이는 상대적으로 앞과 위에 있으며 원칭을 나타내는 데 사용된 모음에 대한 혀의 앞뒤 위치와 높이는 상대적으로 뒤와 아래에 있음을 말해 준다. 다음은 자음을 보면 한국어는 'Ø', '/k/', '/ʧ/'로, 중국어는 '/tʂ/', '/n/'로 구성된다. 이러

---

[18] Leibniz에서 언어가 의성의 원칙으로 인해 만들어진다고 주장한다. 예컨대, '엄마'는 영어에서 mum, 프랑스어에서 maman, 러시아어에서 MaMa이라고 하며 '아빠'는 영어에서 papa, 프랑스에서 papa, 독일어에서 papa라고 한다. 언어 체계가 다르지만 부모님을 부르는 발음이 매우 유사하다. ≪論語·里仁≫에서 '父'와 '母'는 아기가 기뻐할 때와 두려워할 때 무의식적으로 나타내는 소리에 의해 형성된 의성어라고 설명하였다(陳北郊 1989).

한 자음은 발음위치와 발음방법에 따라 각각 '평음(무성음)', '마찰음(무성음)', 마찰음(유성음)과 '비음(유성음)'의 유형에 속하며 음량에 따라 '평음＞마찰음＞비음'의 순서를 이룬다. 이는 두 언어에서 근칭을 나타내는 데 사용된 자음은 음량이 큰 반면, 원칭을 나타내는 데 사용된 자음은 음량이 작음을 보여 준다. 이는 가까운 데에서 소리가 크게 들리고 먼 데에서 소리가 작게 들린다는 것과 관련이 있어 보인다. 이러한 음절의 도상성과 관련하여 주로 어휘관계를 통하여 추출되는데 여기에서는 지시어에 한정하여 살펴보았다. 이 밖에도 친족어, 공간어 등 어휘 범주에서도 어느 정도 음절의 도상성이 나타날 것으로 예상된다.

그 외, 중국어에서 일부 동물 명칭을 나타내는 명사의 발음은 옛날의 발음에 대한 고찰을 통해 각각 해당 동물의 짖는 소리와 유사하며 일부 입이나 손으로 만들어지는 동작을 기술하는 동사는 그 발음의 입 모양과 해당 동작을 이루는 데 형성된 입 모양을 모의하거나 해당 동작을 이루는 데 발생한 소리와 유사한 경우가 있다는 점에서 이러한 낱말들의 소리와 뜻 사이에 도상성을 보인다고 말할 수 있다. 그 구체적인 예로 명사는 '猫, 鴨, 鵝, (烏)鴉' 등을 들 수 있으며 동사는 전자의 경우, '噴, 呼, 哈(气), 啐'가 있고 후자의 경우, '拍, 撕' 등이 있다(劉丹青·陳玉洁 2008: 289 참조).

요컨대, 음성 도상성은 한국어와 중국어의 모든 음운 단위에서 발견되지만 두 언어 계통이 전혀 다르고 음운체계도 달라서 두 언어의 음성 도상성은 자기만의 특징을 가지고 있음을 알 수 있다.

4. 음성 도상성의 특성

여기에서는 앞의 논의를 바탕으로 음성 도상성이 가지는 보편성과 특수성, 음성 도상성 연구가 가지는 의미 두 측면에서 음성 도상성의 특성을 밝혀보기로 한다.

4.1. 음성 도상성의 보편성과 특수성

한국어와 중국어의 대조를 통해 음성 도상성은 두 언어의 모든 음성 단위에서 존재하고 있음을 확인할 수 있다. 김동환(1997: 233)에 따르면 언어의 자의성이 어떤 언어 단위들을 서로 개별적으로 간주할 때 나타나는 성질인 반면, 도상성이란 언어 단위들의 배열 방식을 고려할 때 드러나는 성질이라고 주장한다. 임지룡(1995: 4)에서는 언어 단위 그 자체는 개별적으로 상징적이지만 그 단위들의 배열은 도형적으로 도상적이다. 앞의 논의를 통해 알 수 있듯이 한국어의 양성모음과 음성모음, 한국어의 평음, 경음, 격음은 그 자체가 어떤 의미를 가지는지 알 수 없지만 양성모음과 음성모음의 교체로, 또는 평음, 경음과 격음의 교체로 구성된 여러 낱말들을 통해서 비교할 때, 해당 자모들이 어떤 의미와 관련성을 맺었는지 뚜렷해진다. 이는 음운 도상성은 대부분이 개별적인 음소나 낱말을 통해서 발견되는 것이 아니라 여러 음소나 음절 간의 비교를 통해 추출되는 현상임을 말해준다.

그러나 음성 도상성은 다른 언어에서 다른 정도성을 가지고 있다는 것도 사실이다. 앞에서 살펴본 바와 같이 한국어와 중국어에서 모두 모음과 자음이 가지는 변별적 자질의 차이로 의미적 차이를 나타낼 수 있으나 한국어의 모음교체와 자음교체는 보편적인 성격이 보이는 것과 달리 중국어의 경우, 일정한 경향성을 반영하는 것일 뿐, 예외가 많다. 결과적으로 음성 도상성은 있느냐 없느냐의 문제가 아니라 정도의 문제로 볼 필요가 있다. 즉 다른 언어 집단이 다른 인지능력, 사회문화 환경 등의 제약과 영향을 받아 일부 언어에서는 음성 도상성의 성분이 많지만 일부 언어에서는 음성 도상성의 성분이 상대적으로 적다. 따라서 음성 도상성은 모든 언어에 존재하며 다른 언어에서 다른 정도성을 보인다는 보편성을 가진다 하겠다.

다음으로, 음성 도상성은 다른 언어에서 서로 다른 양상으로 실현되는 경우가 많은데 이는 음성 도상성은 언어에 따라 일정한 특수성을 가진다고 볼 수 있다. 음성 도상성의 구체적인 표현 방식이 특정 언어 또는 문화와 밀접한 관계를 가진다. 앞에서 본 바와 같이 한국어의 경우, 음장의 대립으로 대립되는 의미를 나타낼 수 있지만 중국어의 경우, 음고의 대립으로 대립되는 의미를 나타낼 수 있다. 또한 한국어의 경우, 주로 자모의 교체를 통해 대립되는 의미적 양상을 보이지만 중국어의 경우, 개별적 자모의 변별적 자질을 통해 의미적 특성을 나타낸다는 것은 한국어와 중국어의 음운체계 제약과 관련이 있다.

그 외, 음성 도상성은 생리적 요인뿐만 아니라 문화적 요인을 가지기도 한다. 앞에서 한국어와 중국어에서 공통적으로 저모음과 고모음의 대립을 통해 크고 작음을 나타낼 수 있지만 한국어의 경우, 저모음이 '작음'을, 고모음이 '큼'을 나타내는 것과 달리, 중국어의 경우, 저모음이 '큼'을, 고모음이 '작음'을 나타낸다는 것은 두 언어가 서로 다른 음운 자질에 주의를 기울이는 것으로 보인다.

4.2. 음성 도상성의 의의

음성 도상성의 연구는 언어 부호의 본질, 언어의 기원과 발전, 그리고 아동의 언어 습득과 제2언어학습 등에 있어서 중요한 역할을 할 수 있다.

첫째, 음성 도상성이 가지는 이론적 가치이다. 음성 도상성의 연구는 인지언어학에 대한 이론적 체계의 확립을 위한 소재를 제공하며 인지언어학의 연구 범주를 풍부하게 해 준다. 인지언어학의 연구 분야 가운데 가장 중요한 연구 대상은 바로 도상성이다. 그러나 지금까지 관련 연구는 어휘나 통사 범주에 집중되며 음성 측면에 대한 연구가 그다지 많지 않았다. 연구의 심화에 따라 음성 도상성에 대한 인식은 인지언어학의 이론을 더 설명력이 있게 강화시킬 수 있을 뿐만 아니라 언어의 기원과 발전을 파악하는 데도 도움이 될 것이다. 언어의 기원에 관한 여러 이론들이 주로 의성어에 기반을 두었다. Allott(1973)에서 소리와 의미 간의 관련성을 통해 언어 기원의 도상 이론을 제시하였는데 그의 연구에서는 언어 부호가 처음 생겼을 때 '도상성(iconicity)'이지만 점점 '지표성(indexicality)'이나 '부호성(symbolicity)'에 의해 대치되어 발전되어 왔다고 하였다.

둘째, 음성 도상성이 가지는 실천적 가치이다. 임지룡(2004: 195)에서 주장하듯이 도상은 우리의 경험과 경향성이 언어 구조에 반영됨으로써 언어 사용에서 기억의 편리함과 능률성의 극대화 효과를 낳는다는 점에서 그 설명력을 갖는다.

먼저, 음성 도상성의 주된 실용 분야는 바로 문학 언어나 상업 언어의 창작이다. 음성 도상성은 시가나 아동 문학 작품에서 많이 사용되는데 이러한 음성 도상성을 통해 묘사, 강조, 대조, 유머, 풍자 등 분위기를 만들어낼 수 있다. 따라서 음성 도상성을 통해 형태와 의미의 상호작용, 그리고 시각과 청각 이미지를 강화시킬 수 있다. 한편, 한 언어에 존재하는 음성 도상성을 다른 언어에 적용할 수 없고 설사 적용되더라도 그 표현력을 나타내지 못할 것이다. 따라서 한 언어에 존재하는 음성 도상성을 다른 언어에서 어떻게 반영하는지에 대한 심화된 연구가 필요하다. 그 외, 광고 언어에서 음성 도상성의 사용은 생동적이고 수사적인 효과를 높일 수 있으며 문학 작품에서 인물의 이름, 상품의 브랜드 명칭, 새로운 사물의 명칭은 표면적으로 자의적이지만 실제로 음성 도상성을 많이 이용하기도 한다.

또한, 외국어 교육에 있어서 음성 도상성이 폭넓게 적용될 가능성이 있다. 많은 외국어 어휘들이 일정한 음성 도상성을 보이는데 이러한 음성 도상성에서 드러나는 음성과 의미의 관계를 파악하게 되면 어휘에 대한 기억을 증진할 수 있다. 이는 음성 도상성은 어휘 학습에 있어서 흥미로움을 일으킬 수 있으며 어휘에 대한 기억을 간편화시키고 음성과 의미 간의 관련성을 강화하는 역할을 할 수 있기 때문이다. 외국어를 가르치는 사람은 한 언어의 도상성에 대한 인식을 높이면 그 언어에서 형태-의미 간의 관계에 대한 설명이 용이해지며, 배우는 사람은 도상성을 통한 설명이 모국어에도 적용될 수 있음을 인식하게 됨으로써 외국어에 대한 이해 속도가 빨라질 것으로 생각한다. 예컨대, 동일한 형태를 가지는 한국어의 장단음을 중국인 학습자에게 교육시킬 때 앞에서 제시한 방법으로 설명해 주면 더 잘 외워질 것이다. 그 외, 기계 번역이나 검색 등 면에서도 음성 도상성의 원리를 이용할 수 있다.

그러나 음성 도상성의 우연성이 다른 언어 층위의 도상성보다 높기 때문에 그 연구의 범위가 제한적이다. 본 연구는 기존연구에서 많이 언급했던 음운 현상을 한국어와 중국어의 대조를 통해 다시 살펴보았으나 음성 도상성을 더욱 유용하게 이용하기 위해 더 전면적이고 심화된 연구가 필요하다.

5. 마무리

언어의 형태와 의미 간의 관계에 대한 연구는 언어 연구의 중요한 일환으로 그 동안 다양한 각도에서 많은 논의가 있어 왔다. 그중 언어의 도상성은 언어의 자의성에 대한 도전으로 언어의 형태와 의미 간에 존재하는 유연성을 말하는데 일찍이 학자들의 주의를 받았지만 말소리에 나타난 도상성에 대한 연구는 아직 시작 단계에 머물러 있다. 지금까지 한국어와 중국어의 분절음, 초분절음, 음절의 의미를 소리의 특질과 관련시켜서 분석하였다. 의미의 차이가 소리에서 기인하는 것인지 아닌지는 단정지을 수는 없지만 소리의 특성과 그 소리가 가지고 있는 의미와 매우 관련성이 있다는 것은 확인할 수 있었다. 이상의 내용을 간추리고 이 연구를 마무리하기로 한다.

첫째, 음성 도상성은 말소리와 그 말소리가 지칭하는 대상 사이에 존재하는 유사성으로 정의할 수 있으며 말소리를 만드는 발음 기관의 위치, 동작, 모양 그리고 음성이 드러내는 각종 연상과 관련이 있다.

둘째, 음성 도상성은 한국어와 중국어의 모든 음성 단위에서 관찰되지만 음운체계의 차이로 인해 서로 다른 방식으로 실현되며 인지능력, 사회 문화 환경 등의 제약과 영향을 받아 다른 정도성을 보인다.

셋째, 음성 도상성에 대한 연구가 이론적 가치와 실용적 가치를 동시에 가진다. 특히 어휘 학습과 교육에 있어서 많은 흥미를 일으키므로 어휘 기억 부담량을 감소시키고 어휘의 발음과 의미 간의 연상을 증진시킬 수 있다.

음성 도상성이 언어 체계에서 그 주변적인 성격을 더 이상 말할 필요가 없으나 그의 객관적 현실성과 심리적 진실성을 간과해서는 안 된다. 한 의미가 한 언어에서 어떤 말소리로 표현된다는 점이 확정된다면 이 말소리가 이 특정한 의미와 연관성을 가지게 된다. 이를 통해 유사한 개체들을 명명하는 데 비슷한 말소리로 표시하는 경우가 많다. 이는 발음 위치와 발음 방법의 다름이 운소의 물리학적 특징을 결정할 뿐만 아니라 언어사용자가 이러한 말소리에 대한 감지를 간접적으로 형성시키게 되기도 한다. 그러나 음성 도상성은 우연적인 현상에 불과하다는 면도 있어 더 많은 조사와 용례를 통해 음성 도상성을 보다 폭넓게 확보하는 일이 남은 과제라 하겠다.

참고문헌

김동환. 1997. "언어의 도상성 탐구".『현대명미어문학회』. 현대영미어문학 15(1): 233-262. 현대영미어문학회.

김형규. 1977.『국어학개론』. 일조각.

남풍현. 1965. "十五世紀國語의 音聲象徵研究". 서울대학교 대학원 국어국문학과 석사학위논문.

문병태. 1999. "언어 도상성과 외국어 교육".『영미어문학연구』15(1): 63-64. 영미어문학회.

배주채. 2015.『한국어음운론의 기초』. 삼경문화사.

송현주 · 최진아. 2010. "동기화에 기반을 둔 단어 형성법 교육".『한국어 의미학』33: 153-177. 한국어의미학회.

송현주. 2015.『국어 동기화의 인지언어학적 탐색』. 한국문화사.

이문규. 1996. "상징어의 형태 확장".『한글』234: 35-60. 한글학회.

이승녕. 1978. "국어 음성상징론에 대하여-특히 중세어 모음의 음색 순위의 재구와 대립의 체계를 주로 하여-".『언어』3(1): 1-18. 한국언어학회.

이희승. 1955.『국어학개설』. 민중서관.

임규홍. 2006. "한국어 첫소리 [ㅁ]과 [ㅂ] 낱말의 의미특성-소리와 의미의 관련성을 중심으로".『우리말글』37: 197-227. 우리말글학회.

임지룡. 2004. "국어에 내재한 도상성의 양상과 의미 특성".『한글』266: 169-205. 한글학회.

윤병달. 2000. "의미의 조밀성과 음의 도상성". 『언어연구』 16: 61-80. 한국현대언어학회.

정인승. 1938. "모음 상대 법칙과 자음 가세 법칙". 『한글』 6: 419-434. 한글학회.

채완. 1987. "국어 음성상징론의 몇 문제". 『국어학』 16: 277-300. 국어학회.

채완. 2003. 『한국어의 의성어와 의태어』. 서울대학교출판부.

陳北郊. 1989. "擬聲詞散論". 『語文研究』 10: 17-21.

賀川生. 2002. "音義學: 硏究音義相關的一門科學". 『外語敎學與硏究』 1: 22-29.

賈衛國. 1999. "英語詩歌的語音象征". 『山東外語敎學』 2: 39-43.

李福印. 2008. 『認知語言學槪論』. 北京: 北京大學出版社.

李弘. 2005. "語音隱喩初探". 『四川外語學院學報』 3: 70-74.

劉丹靑·陳玉洁. 2008. "漢語指示詞語音象似性的跨方言考察(上)". 『当代語言學』 4: 289-297.

劉丹靑·陳玉洁. 2009. "漢語指示詞語音象似性的跨方言考察(下)". 『当代語言學』 1: 1-9.

林焘·王理嘉. 2016. 『語音學教程』. 北京: 北京大學出版社.

施靜. 2015. "從認知角度探究英漢語言中的數量音義象似性". 『海外英語』 14: 214-215.

王寅. 1999. "論語言符号象似性". 『外語与外語敎學』 5: 4-7.

王寅. 2003. "象似性辯証說优于任意性支配說". 『外語与外語敎學』 5: 3-8.

吳漢. 2011. "論語音象征". 『甘肅科技』 27(1): 187-189.

趙亮. 2006. "語言象似性的符號學分析". 『外語敎學』 5: 19-23.

朱憲超. 2003. "現代漢語中聲音象征意義的初探". 西南交通大學碩士學位論文.

Allott, R. 1973. *The Physical Foundation of Language*. Seaford: ELB.

Cho, S. C. 1980. "Sound Symbolism". 『새한영어영문학』 10: 83-101. 새한영어영문학회.

Haiman, J. 1983. *Iconicity in Syntax*. Amsterdam: John Benjamins.

Kim, K. O. 1977. Sound Symbolism in Korean. *Journal of Linguistics* 13: 67-75.

Hinton, L., Nichols, J. & J. J. Ohala. 1994. *Sound Symbolism*. Cambridge: Cambridge University Press.

Veldi, E. 1995. Sound-Related Vocabulary and Its Use in Language Teaching. *Applied Linguistics* 1: 121-126.

Woodworth, N. L. 1991. Sound Symbolism in Proximal and Distal Forms. *Linguistics* 29: 273-229.

제10장

한·중 동물명 기반 물고기 이름의 동기화 양상

리우팡(劉芳)

1. 들머리

인간은 환경 세계를 인식할 때 사물을 구별하기 위해 세상만물에 종류별로 이름을 부여한다. 사물의 이름은 자의적인 것이 아니라 대상 사물과 동기화[1] 관계가 성립된다. 이런 동기화의 양상은 언어 사용자의 개념화 방식과 관련되므로 문화의존적 일면을 지녀 언어에 따라 달리 나타나기도 한다.

이 글은 특히 물고기 이름의 동기화 양상을 살피고자 한다. 인간 환경 세계의 일부로 물고기는 종류가 다양하고 수량이 허다하며 오래전부터 인간 생활과 밀접한 관계를 가져 왔다. 하천이 많고 해안선이 긴 한국과

---

[1] 인지언어학에서는 언어의 형식과 의미 간에 자의적이 아니라 동기화 관계가 성립된다고 주장하고 언어는 기본적으로 동기화되는 것이며 자의성은 최후의 수단으로 간주된다(Lakoff 1987: 346).

중국은 여러 종류의 물고기가 서식하고 있어 양국 언어에 모두 물고기 이름이 풍부하게 발달하였다.

한국과 중국은 모두 일찍부터 고문헌에서 물고기 이름을 연구하기 시작하였다. 이들 고문헌으로는 『훈몽자회(訓蒙字會)』(한국, 최세진, 1527년), 『아언각비(雅言覺非)』(한국, 정약용, 1814년), 『물명고(物名攷)』(한국, 유희, 1820년대), 『爾雅』(중국), 『說文解字』(중국, 許愼, 121년)와 같은 자서류(字書類), 『흑산어보(茲山魚譜)』(한국, 정약전, 1814년), 『우해이어보(牛海異魚譜)』(한국, 김려, 1803년), 『난호어목지(蘭湖魚牧志)』(한국, 서유구, 1820년), 『閩中海錯疏』(중국, 屠本畯, 1596년), 『海錯百一錄』(중국, 郭柏蒼(1815—1890), 편찬연대 미상), 『記海錯』(중국, 郝懿行, 1804년)과 같은 백과사전류, 그리고 『동의보감(東醫寶鑑)』(한국, 허준, 1610년), 『本草綱目』(중국, 李時珍, 1596년)과 같은 약학서 등이 있다. 자서류 문헌은 물고기 이름으로 쓰인 한자의 의미를 해설하는 것이고 백과사전류와 약학서는 물고기의 이름, 산지, 생김새, 습성 등을 기술하였다.

물고기 이름에 관한 현대 언어학 연구로는 한국에서 다음과 같이 들 수 있다. 이숭녕(1936a, b)은 물고기 이름에 관한 최초의 언어학적 연구로 '티/치'가 '魚'라는 개념을 표시하는 일반적 정형이라는 것을 확인하였고 물고기 이름이 대체로 관련 물고기의 형태, 습성, 빛깔 등을 기준으로 지어졌다고 밝혔다. 장태진(1969)은 어부 집단을 중심으로 하여 물고기 이름의 어휘 발달의 특징을 고찰하였고 강영봉(1986), 손병태(1997), 김순자(2013), 홍기옥(2013a, b)은 물고기 이름의 방언학적 분화 양상을 살펴보았으며 김중빈(2004)은 19세기 근대한국어 시기에 쓰였던 『茲山魚譜』, 『蘭湖魚牧志』, 『物名考』에 나온 수산물 어휘를 고찰하였다. 여찬영(1994), 김홍석(1996), 윤정옥(2008)은 표준어 물고기 이름에 관한 연구이다. 그중에서 여찬영(1994)은 물고기 복합명칭어의 구성요소를 하위구별표지와 상위구별표지로 나누어 그들의 의미를 유형별로 살펴보았다. 김홍석(1996)은 국어학적으로 논의의 가치가 있다고 생각되는 물고기 이름 100개를 명명법에 따라 구분해 보고, 형태·의미적 특징을 살펴보았다. 윤정옥(2008)은 물고기 이름 854개를 형태 구조와 의미 구조로 나누어 구성·의미적 특징을 분석해 보았다.

한국에 비하여 중국 언어학계에서는 물고기 이름에 관한 연구가 그리 활발히 이루어지지 못하였다. 중국에는 물고기 이름에 관해서 전문적 논의가 없고 다만 동물 이름 연구에서 제한적으로만 논의했을 뿐이다. 대표적 논의로는 李海霞(2001, 2005), 盛超(2005), 周曉燕(2012) 등을 들 수 있다. 李海霞(2001)는 동물 명명의 4대 원칙 즉, 유사성, 구별성, 간결성, 심미성을 제시하고 명명 기반과 명명 규칙을 분석하였다. 李海霞(2005)는 동물 명칭의 고증적 연구로서 물고기 이름 146개의 명명기반을 살펴보았다. 盛超(2005)는 『說文解字』, 『爾雅』 그리고 『本草綱目』에 나타난 동물 이름을 중심으로 동물 명명 기반의 6가지 유형 즉, 소리, 비유, 특징, 습성, 용도, 상징을 제시하였다. 周曉燕(2012)은 동물 이름 조어법의 유형과 동물 합성어의 명명 기반을 살펴보았다.

이상에 언급된 논의들을 통해 물고기의 명명 기반이 되는 것으로 신체 부위(예: 주둥치), 사물(예: 실고기), 식물(예: 미역치), 사람(예: 꼬마망둑), 동물(예: 해마) 등이 있고 이들이 흔히 대상 물고기의 형태·생태·분포상의 특징을 동기화한다는 것을 알 수 있다. 이 글은 그간의 연구에서 많이 주목 받지 못한 동물명 기반 물고기 이름을 중심으로 한·중 대조언어학적 차원에서 물고기 이름의 동기화 양상을 고찰하고자 한다. 이 과정에서 물고기 이름에 쓰인 동물명의 의미적 특징이 밝혀지고 한·중 개념화자의 인지·문화적 경향성이 드러나게 될 것이다.

이 글의 연구는 바닷물고기[2] 이름을 중심으로 하고자 한다. 연구 대상으로 되는 한국어 어휘는 김홍석(1996)(100개), 윤정옥(2008)(854개) 등 기존 연구와 최윤 외(2014)의 『원색도감: 한국의 바닷물고기에 나오는 어류 명칭어』(937개)를 참고하여 추출하였고 중국어 어휘는 陳大剛·張美昭(2015)의 『中國海洋魚類』(3200여 개)와 韓振乾 외(2014)의 『漢朝朝漢動植物名稱詞典』(1500여 개)을 참고하여 한국어와 대응되는 것을 찾아서 확정한 것이다. 이렇게 조사 대상 어휘를 총 884쌍을 확정하였는데 그중에서 동물명 기반을 가진 것을 추출해 자세히 살피기로 한다.[3] 관련 물고기의 형태·생태·분포적 특징은 기왕 연구 외에 최윤 외(2014), 명정구·조광현(2016), 陳大剛·張美昭(2015)를 비롯한 어류도감과 네이버지식백과, 바이두백과(百度百科), 위키백과와 같은 온라인백과사전을 이용하여 조사하기로 한다.

  이 글은 다음과 같이 구성된다. 2절에서는 한·중 물고기 이름에 쓰인 동물명의 의미 양상을 살펴본다. 3절에서는 2절의 분석을 바탕으로 한·중 동물명 기반 물고기 이름의 동기화 양상을 자세히 검토한다. 4절에서는 전체 내용을 요약하여 마무리하기로 한다.

2. 동물명의 의미 양상

  한·중 물고기 이름에 쓰인 동물명을 제시하면 <표 1>과 같다. <표 1>과 같이 이들 동물명은 한·중 간에 공통인 경우도 있고 상이한 경우도 있다.

---

[2] 지구에 서식하는 전체 물고기 중 75퍼센트가 바닷물고기이다(네이버지식백과).
[3] 최윤(2014: 577)에 따르면, 물고기는 지방에 따라 많은 방언을 가진 것들이 있지만 표준어는 모두 한 가지이다. 더러 동일종에 대해 복수의 국명이 있는 경우가 있는데 이 글에서는 『표준국어대사전』과 최윤(2014), 陳大剛·張美昭(2015)를 기준으로 조사 대상을 확정하였다.

〈표 1〉 한·중 물고기 이름에 쓰인 동물명

한·중 공통	용, 범, 표범, 사자, 고양이, 개, 말, 돼지(돗), 쥐, 고래, 거북, 악어, 뱀, 학, 제비, 매, 앵무, 나비, 벌레 (19가지)
한국어 특유	곰, 새, 까치, 개구리, 반딧불, 벌 (6가지)
중국어 특유	이리, 여우, 소, 무소, 양, 토끼, 족제비, 도마뱀, 올챙이, 새우, 참새, 봉, 실잠자리 (13가지)

이 절에서는 한·중 물고기 이름에 쓰인 동물명의 의미 양상을 '공통 동물명'과 '상이 동물명'으로 나누어 살펴보기로 한다.

2.1. 공통 동물명의 의미 양상

〈표 1〉에서 보듯이 한·중 물고기 이름에 공통적으로 쓰인 동물명은 '용, 범'을 비롯한 19가지이다. 이들 어휘가 물고기 이름에서 나타낸 의미를 한·중 간에 대체로 같은 경우, 부분적으로 같은 경우, 그리고 완전히 다른 경우로 나눠서 살피기로 한다.

먼저, 한·중 간에 대체로 같은 의미를 나타내는 동물명은 '범, 표범, 개, 고래, 악어, 뱀, 거북, 학, 제비, 앵무' 10가지이다.

첫째, '범(虎)'의 경우이다. '범'은 물고기 이름에서 황색 바탕에 검은 색의 얼룩이나 줄무늬가 나 있는 것을 나타낸다(윤정옥 2008: 51). 관련 어휘는 (1)과 같다.[4] 예컨대, '범상어(虎紋猫鯊)'는 몸이 누렇고 짙은 무늬가 얼룩얼룩 나 있어 한국어나 중국어에서 모두 '범(虎)'으로 명명하였다. 또 중국어 '鰕虎魚(망둥이)'도 마찬가지로 피부 무늬 모양을 '범(虎)'으로 나타내는 것이다.

---

[4] 지면 관계로 대표적인 어휘만 예시한다. 또 예시를 통해 보다시피 이글에서 다루는 동물명 기반 물고기 이름은 대부분이 동물명만에 의해 동기화된 것이 아니라 다른 동기화 기반도 함께 가지고 있다. 이 글에서는 동물명 기반에만 초점을 두어 논의하고자 한다.

(1) a. **범**상어, **범**가자미, **범**돔, **범**수구리
   b. 虎紋猫鯊(범상어), 虎鯊(괭이상어), 單指虎鰤(일지말락쏠치), 五脊虎鰤(제주쏠치), 鰕虎魚(망둥이), 絲鰕虎魚(실망둑)

둘째, '표범(豹)'의 경우이다. '표범'은 물고기 몸에 있는 짙은 빛깔의 반점을 반영한다. 관련 어휘는 (2)와 같다. 예컨대 '표범상어'는 배 쪽을 제외한 몸 전체에 크고 작은 갈색점이 흩어져 있고 '東方豹魴鮴(죽지성대)'은 몸에 등황색 반점이 촘촘히 나 있다.

(2) a. **표범**상어, **불범**[5]상어, **표**문쥐치(豹紋--), 제주**표**문쥐치(濟州豹紋--), 큰뿔**표**문쥐치
   b. 東方豹魴鮴(죽지성대), 皮氏豹魴鮴(별죽지성대), 豹紋鱘(알락곰치), 豹紋鰓棘鱸(무늬바리), 豹紋鯊(얼룩상어)

셋째, '개(狗·犬)'의 경우이다. (3a)와 같이 한국어 '물천구'는 '천구(天狗, 하늘 개)'로 물고기를 명명한 것이다.[6] 이 물고기는 입이 매우 크고 양턱에 2~3줄의 날카로운 송곳니가 나 있는데 입 모양을 '천구'로 나타내는 것이다. (3b)와 같이 중국어에 똑같이 '천구(天狗)'가 들어가 있는 이름 '天狗旗鯛(육동가리돔)'가 있다. 또 '狗母魚'로 불리는 물고기는 입이 크고 이빨이 뾰족하며 몸이 원통 모양이라 암캐(狗母)로 비유하는 것이다(李海霞 2005: 385). '犬牙鯒(봉오리양태)'도 물고기의 이빨 모양을 '개(犬)'로 나타낸 것이다. 그리하여 '개'는 한·중 물고기 이름에서 모두 입이나 이빨 모양이 개를 닮았다는 것을 반영한다.

---

[5] 『표준국어대사전』에서 '불범'을 '표범'의 북한어로 제시하고 있다.
[6] '천구'는 개처럼 생긴 괴물인데 여기서 '개'류에 포함시켜 살피기로 한다. '물천구'는 중국에서 '개(狗)'에 기반한 '狗母魚'라는 방언형을 가지기도 한다.

(3) a. 물**천구**(-天狗)
    b. 天狗旗鯛(육동가리돔), 雜斑狗母魚(꽃동멸), 叉斑狗母魚(수다꽃동멸), 大頭狗母魚(황매퉁이), 犬牙鮋(봉오리양태)

넷째, '고래(鯨)'의 경우이다. (4)와 같이 '고래상어(鯨鯊)'는 대상 물고기가 세상에서 몸집이 가장 큰 물고기라서 지어진 이름이다. 즉, '고래'는 크기가 크다는 것을 나타낸다.

(4) a. **고래**상어
    b. 鯨鯊(**고래**상어)

다섯째, '악어(鰐)'의 경우이다. '악어'는 악어를 닮은 겉모습을 나타낸다. 관련 어휘는 (5)와 같다. 예컨대, '악어양태'와 '正鰐鮋(까지양태)'은 한국에서 '악어고기'[7]라는 별명을 가진 '양태'류 물고기로서 악어처럼 몸이 납작하며 머리가 넓고 비늘이 발달하다.

(5) a. **악어**양태
    b. 正鰐鮋(까지양태), 鰐蛇鱩(톰빌매퉁이), 鰐形圓頜針魚(꽁치아재비)

여섯째, '뱀(蛇)'의 경우이다. 예컨대, (6)과 같이 '갈물뱀(裾鰭蛇鰻)'은 물고기의 체형이 길고 가는 것을 한·중에서 모두 '뱀'으로 나타낸다. 한국어 '뱀상어', 중국어 '蛇首高鰭鰕虎魚(일곱동갈망둑)'와 '鰐蛇鱩(톰빌매퉁이)', '短蛇鯖(통치)'은 모두 물고기의 머리가 뱀 머리를 닮았다고 보이기에 붙은 이름이다. 그러므로 '뱀'은 한·중 물고기 이름에서 모두 체

---

7   낚시인들은 흔히 양태를 악어 닮은 고기라고 한다. 자세히 살펴보면 아가미와 등에 가시가 많고, 꼬리에도 돌기가 나 있다. 최대 1m까지 크는데 얼굴은 납작하고 흉측하게 생겼다(부산일보 2013.8.22. 참조).

형이 뱀과 같다는 것과 머리가 뱀 머리를 닮았다는 것 2가지 의미를 나타낸다.

(6) a. 갈물**뱀**, 바다**뱀**, 까치물**뱀**, 자물뱀, **뱀**상어
    b. 裾鰭蛇鰻(갈물뱀), 大吻沙蛇鰻(바다뱀), 艾氏蛇鰻(까치물뱀), 蛇首高鰭鰕虎魚(일곱동갈망둑), 鰐蛇鱛(툼빌매통이), 短蛇鯖(통치)

일곱째, '거북(龜)'의 경우이다. (7a)와 같이 '거북복'은 다른 복어와 달리 딱딱한 피부가 거북의 등딱지처럼 굳은 갑판으로 되어 있기 때문에 붙은 이름이다. (7b)의 '前鱗龜鮫(등줄숭어)'도 비늘이 거칠고 딱딱한 촉감을 '거북(龜)'으로 나타내는 것이다.

(7) a. **거북**복, 노랑**거북**복
    b. 前鱗龜鮫(등줄숭어)

여덟째, '학(鶴)'의 경우이다. (8)과 같이 '학'은 주둥이가 긴 것을 나타낸다. 예컨대, '황학치(鶴喉盤魚)'는 주둥이가 길고 편평하며 '학꽁치'는 아래턱이 학 부리처럼 길게 튀어나왔다.

(8) a. 황**학**치, **학**꽁치(鶴--)
    b. 鶴喉盤魚(황학치)

아홉째, '제비(燕)'의 경우이다. (9)와 같이 '제비'는 물고기 이름에서 옆모습이 하늘에 나는 제비처럼 보인다는 것을 나타낸다. 예컨대, '제비날치(平井燕鰩魚)'는 몸이 길고 횡단면이 둥글며 등지느러미와 배지느러미가 새의 날개처럼 길고 크며 뒤로 뻗어나가 측면에서 보면 제비의 모습과 같다.

(9) a. **제비**날치, **제비**활치, 깃털**제비**활치, 초승**제비**활치
    b. 平井燕鰩魚(제비날치), 圓翅燕魚(제비활치), 燕魚(깃털제비활치), 波氏燕魚(초승제비활치), 眞燕鰩魚(날치), 燕赤鮨(각시돔)

열째, '앵무(鸚鵡)'의 경우이다. (10)과 같이 '앵무고기(鸚鵡魚)'에서 '앵무(鸚鵡)'는 앵무새 부리를 닮은 돌출된 입 모양을 반영한다.

(10) a. **앵무**고기
    b. 鸚鵡魚(앵무고기), 突額鸚嘴魚(파랑비늘돔), 圓尾絢鸚嘴魚(비늘돔)

다음으로, 한·중 간에 부분적으로만 같은 의미를 나타내는 동물명에는 '용, 말, 쥐, 매, 나비, 벌레' 6가지가 있다.

첫째, '용(龍·鮫)'의 경우이다. (11a)와 같이 '용치(龍齒)놀래기'는 물고기의 송곳니가 용의 이빨처럼 날카롭고 뾰족한 데서 붙은 이름이다(박수현 2008: 120). '용상어'에서 '용'은 몸이 길쭉하고 입가에 수염이 있는 모양을 반영한다(윤정옥 2008: 40). '용가자미'는 다른 가자미와는 다르게 성질이 포악스러운 면이 있어서 건드리면 고개를 빳빳하게 쳐든다는 것을 '용'으로 나타내는 것이다.[8]

(11b)처럼 중국어의 '帶紋須海龍(풀해마), 舒氏海龍(실고기)'는 체형이 길고 가늘어서 용에 빗대어 이름이 붙여진 것이다. '龍頭魚(물천구)'는 머리가 용머리처럼 생겼기에 붙은 이름이고 '龍須蓑鮋(쏠배감펭)'는 용처럼 긴 수염이 있는 것을 나타낸다. 이 외에 '朝鮮馬鮫(평삼치)'와 같이 '鮫(교룡)'[9]로 동기화된 이름도 있는데 대상 물고기의 성질이 포악스

---

8   네이버 블로그(https://blog.naver.com/ge9933/220402383316).
9   '鮫'는 작은 용을 의미하는 '蛟'가 어원이다.

러워 교룡에 빗대어 지칭된 것이다.

그러므로 '용'은 한·중에서 모두 수염 모양, 체형 그리고 포악스러운 성질을 나타낸다. 또한 한국어에서는 날카로운 이빨 모양을 나타내고 중국어에서는 머리 모양을 반영하는 경우도 있다.

(11) a. **용**치놀래기, **용**상어, **용**가자미(龍---)[10]
b. 帶紋須海龍(풀해마), 舒氏海龍(실고기), 龍頭魚(물천구), 龍須簑鮋(쏠배감펭), 藍点馬鮫(삼치), 朝鮮馬鮫(평삼치), 黑線銀鮫(은상어), 云紋琵琶鮫(범수구리), 箕竹兎銀鮫(갈은상어)

둘째, '말(馬)'의 경우이다. (12)와 같이 '해마(冠海馬)'는 한·중에서 모두 머리 모양이 말 머리를 닮았다 하여 붙은 이름이다. '말쥐치(綠鰭馬面魨)'는 체형이 납작하고 긴 타원형으로 된 것이 말의 얼굴 모양을 닮아서 한·중에서 모두 이름에 '말'을 넣은 것이다. 또 중국어의 '白馬頭魚(옥두어)'는 물고기의 머리가 말머리처럼 사각형으로 나타나 붙은 이름이고 '藍点馬鮫(삼치)'와 '四指馬鮫(네날가지)'에서 '말(馬)'은 크기가 크다는 것을 나타낸다(李海霞 2005: 492). 그러므로 한·중 물고기 이름에서 '말'은 모두 물고기의 머리 모양이 말 머리를 닮은 것과 체형이 말의 얼굴을 닮은 긴 타원형인 것 2가지 의미를 나타낸다. 또한 중국어에서 '말'은 물고기의 머리가 사각형인 것과 크기가 큰 것을 나타낼 수 있다.

(12) a. 해**마**, 가시해**마**, 점해**마**, 산호해**마**, 복해**마**, 풀해**마**, **말**쥐치
b. 冠海馬(해마), 刺海馬(가시해마), 三斑海馬(점해마), 日本海馬(산호해마), 管海馬(복해마), 綠鰭馬面魨(말쥐치), 黃鰭馬面魨(별쥐치), 白馬頭魚(옥두어), 斑鰭馬頭魚(황옥돔), 藍点馬鮫(삼치),

---

[10] 이 외에 '용서대'와 '실용치'에도 '용'자가 있지만 『표준국어대사전』에 한자 '龍'을 병기하지 않았고 어원도 확실치 않아 다루지 않기로 한다.

朝鮮馬鮫(평삼치), 四指馬鮫(네날가지), 五指馬鮫(날가지숭어)

셋째, '쥐(鼠)'의 경우이다. (13a)와 같이 '쥐치'는 입이 튀어나왔고 넓적하며 끝이 뾰족한 이빨이 쥐를 닮았다고 보았기 때문에 붙은 이름이다(홍기옥 2013: 107). '쥐돔'도 마찬가지로 주둥이가 돌출된 모양을 나타낸다. '쥐가오리'는 머리 양쪽에 쥐 귀처럼 생긴 머리지느러미가 있다고 붙여진 이름이다(명정구 2016: 187). '쥐노래미'는 '쥐색(회색)빛이 도는 노래미'라는 말이다(홍기옥 2013: 55). (13b)에서 중국어의 '鼠鱚(압치)'는 돌출된 주둥이로 인해 '쥐'로 불린 것이고, '太平洋鼠鯊(악상어)'는 머리가 쥐머리와 비슷하게 생겨서 붙여진 이름이다.[11] 그러므로 '쥐'는 한국어 물고기 이름에서 입 모양이 쥐 입을 닮은 것, 머리지느러미가 쥐 귀를 닮은 것, 몸빛깔이 회색인 것 3가지 의미를 나타내고 중국어 물고기 이름에서는 입 모양과 머리 모양 2가지 의미를 나타낸다.

(13) a. **쥐**치, 가시**쥐**치, 분홍**쥐**치, 파랑**쥐**치, 갈**쥐**치, 무늬**쥐**치, 그물코**쥐**치, 말**쥐**치, 나팔**쥐**치, 톱**쥐**치, **쥐**가오리, **쥐**노래미, **쥐**돔
b. 鼠鱚(압치), 太平洋鼠鯊(악상어)

넷째, '매(鷹)'류의 경우이다.[12] (14a)와 같이 한국어에는 '매가오리' 하나만 있는데 머리 모양이 매를 닮아 불리게 된 이름이다.[13] 같은 물고기는 중국어에서 솔개(鳶)에 빗대어 '鳶鱝'이라고 불린다.

또한 중국어에는 체형이 솔개를 닮아서 지어진 이름 '日本鳶魟(나비가

---

[11] 눈과 얼굴이 쥐와 유사하여 생물학자가 이 물고기를 '鼠鯊'라고 명명하였다(搜狐 2016.11.9.).
[12] 비슷하게 생긴 '솔개, 새매, 독수리'도 '매'류에 포함시켜 다루기로 한다.
[13] 이 물고기는 서양에서는 '독수리가오리(eagle ray)'라 불리는 종인데 한국말로 옮길 때 '매'라는 이름을 붙여 '매가오리'가 되었다 한다.

오리)'이 있다. '새매(鷂)'에 기반한 '鮑氏鰩(깨알홍어), 斑鰩(홍어)'와 같은 '鰩'류 물고기 이름도 마찬가지로 너비가 넓은 마름모꼴 체형이 날아다니는 매를 닮았다고 보이기에 붙은 것이다(李海霞 2005: 354). '독수리(雕)'에 기반한 '眞鯛(참돔), 櫻鯛(꽃돔)'와 같은 '鯛'류 물고기 이름은 목과 등이 움츠린 것 같이 보여 체형이 서 있는 독수리를 닮았다고 하여 붙여진 것이다(李海霞 2005: 481). '素尾鷹鰳(여덟동가리)'은 무늬가 매의 무늬를 닮아서 지어진 이름이다.[14] 그러므로 '매(鳶(솔개))'는 한·중에서 모두 물고기의 머리 모양이 매를 닮았다는 것을 나타낼 수 있다. 또한 중국어에서 '매(鷹)'는 또한 물고기의 무늬 모양을 나타내고 '솔개(鳶)', '새매(鷂)', '독수리(雕)'는 체형을 반영할 수 있다.

(14) a. **매**가오리
b. 鳶鱝(매가오리), 日本鳶魟(나비가오리), 素尾鷹鰳(여덟동가리), 花尾鷹鰳(아홉동가리), 斑鰩(홍어), 美鰩(참홍어), 广東鰩(광동홍어), 大尾鰩(도랑가오리), 眞鯛(참돔), 櫻鯛(꽃돔), 松鯛(백미돔)

다섯째, '나비(蝴蝶)'의 경우이다. (15)와 같이 '나비고기(蝴蝶魚)'는 가슴지느러미를 나비처럼 팔락이며 헤엄쳐서 붙은 이름이다(명정구 2016: 63). '나비돔(帶蝴蝶魚)'도 같은 경우이다. '나비가오리'는 나비와 같은 체형을 가지기에 붙은 이름이다. 그러므로 '나비'는 한국어 물고기 이름에서 가슴지느러미가 나비 날개를 닮은 모양과 체형이 나비를 닮은 모양 2가지 의미를 나타내고 중국어에서는 지느러미 모양만을 나타낸다.

(15) a. **나비**고기, 꼬리줄**나비**고기, 가시**나비**고기, 룰**나비**고기, 부전**나비**고기, **나비**돔, **나비**가오리

---

[14] 이 물고기는 일본에서도 매의 무늬를 가진 물고기라는 뜻의 '유다찌다까노하(그ウダチタカノハ)'라고 불린다(네이버지식백과 두산백과).

b. 蝴蝶魚(나비고기), 魏氏蝴蝶魚(꼬리줄나비고기), 絲蝴蝶魚(가시나비고기), 月斑蝴蝶魚(룰나비고기), 項斑蝴蝶魚(부전나비고기), 暗帶蝴蝶魚(나비돔), 朴蝴蝶魚(세동가리돔)

여섯째, '벌레(虫・蠋)'의 경우이다. (16a)와 같이 '벌레문치'는 몸에 벌레 모양의 가로줄 무늬가 13~15개 있기 때문에 붙은 이름이다. (16b)에서 중국어의 '虫紋東方魨(국매리복)'도 몸에 흩어져 있는 하얀 점이 벌레 모양을 닮았다고 붙은 이름이다. '虫鰈(물가자미)'은 몸 전체에 벌레가 파먹은 듯한 연한 색의 점들이 흩어져 있는 것을 반영한다(최윤 2014: 531). '隆吻海蠋魚(띠거물가시치)'는 길고 가는 체형을 '나비애벌레(蠋)'로 나타내고 있다. 그러므로 한・중 물고기 이름에서 '벌레'는 모두 물고기의 무늬 모양을 반영하지만 중국어에서는 벌레 같은 무늬 이외에 벌레가 파먹은 듯한 무늬도 나타내며 가늘고 긴 체형을 반영하는 경우도 있다.

(16) a. **벌레**문치
 b. 虫鰈(물가자미), 虫紋東方魨(국매리복), 隆吻海蠋魚(띠거물가시치)

마지막으로, 완전히 다른 의미를 가진 동물명에는 '사자, 돼지(돗), 고양이' 3가지가 있다.

첫째, '사자(獅子)'의 경우이다. (17a)와 같이 '사자코망둑'에서 '사자'는 물고기의 코가 사자의 코처럼 벌름하고 넓적하게 생긴 들창코인 것을 나타낸다. (17b)의 '細紋獅子魚(꼼치)'에서 '사자(獅子)'는 지느러미가 사자의 갈기처럼 길게 펴져 있는 것을 나타낸다. '獅頭毒鮋(통쏠치)'는 머리가 크고 머리에 굵은 돌기들이 발달해 있는 것이 사자 머리를 닮았다고 하여 붙은 이름이다.

(17) a. **사자**코망둑
　　 b. 細紋獅子魚(꼼치), 方斑獅子魚(물메기), 网紋獅子魚(노랑물메기), 日本海晶獅魚(물미거지), 獅頭毒鮋(퉁쏠치)

둘째, '돼지(돗)(猪·魨)'의 경우이다. (18a)와 같이 '돗돔'과 '동갈돗돔'에서 '돗'은 '돼지'가 어원인데[15] 물고기의 크기를 돼지에 빗댄 것이다. '돗돔'은 별명이 '바다의 황소'라는데 전장이 2m 가까이 되는 대형종 물고기로 한국에서 낚을 수 있는 가장 큰 물고기이다. (18b)에서 중국어의 경우 '藍猪齒魚(호박돔)'는 돼지 이빨로 물고기의 이빨 모양을 나타내고 '花鰭海猪魚(용치놀래기)'는 튀어나온 입이 돼지 입 모양을 닮은 것을 반영한다. 또 '刺魨'과 같은 '魨'류 물고기 이름은 '魨'이 '돼지'를 의미하는 '豚'이 어원인데 돼지울음 같은 소리를 낸다고 해서 붙여진 것이다(바이두백과).

그러므로 '돼지(돗)'는 한국어 물고기 이름에서 크기를 나타내고 중국어에서는 입·이빨 모양을 나타내는 경우와 울음소리를 동기화하는 경우 2가지 의미 활성화 양상을 보인다.

(18) a. **돗**돔, 동갈**돗**돔
　　 b. 藍猪齒魚(호박돔), 花鰭海猪魚(용치놀래기), 細棘海猪魚(놀래기), 刺魨(가시복), 瓣鼻魨(별복), 絲背細鱗魨(쥐치)

셋째, '고양이(猫)'의 경우이다. (19a)에서 한국어 '고양이고기'는 주둥이 끝에 긴 수염이 있는 것이 고양이와 비슷해서 붙여진 이름이다(윤정옥

---

[15] 『표준국어대사전』에 의하면 '돗'은 '돼지'의 제주방언이다. 이 외에 네이버블로그 (https://blog.naver.com/younjun2000/150047607053)에 "돗돔은 현재 우리나라에서 낚을 수 있는 가장 큰 물고기다. '돗'은 크다는 뜻의 접두어. 제주도에선 큰 벤자리를 돗벤자리라 부른다. 돗의 어원이 '돼지'라는 말도 있는데 제주도에선 돼지를 '도새기' 혹은 '돗'이라 부른다."라고 주장한 글도 있다.

2008: 44). '괭이[16]상어'는 머리 양쪽이 약간 불룩하고 입술 끝이 둥그스름한 것이 고양이의 얼굴과 비슷하게 보여 붙여진 이름이다(윤정옥 2008: 40). (19b) 중국어 '虎紋猫鯊(범상어)'에서 '고양이(猫)'는 물고기의 눈이 고양이 눈처럼 좁고 긴 것을 나타낸다.[17] 요컨대, '고양이'는 한국어 물고기 이름에서 물고기의 수염과 얼굴 모양을 나타내고 중국어에서는 눈의 모양을 반영한다.

(19) a. **고양이**고기, **괭이**상어
 b. 虎紋猫鯊(범상어)

요컨대, 한·중 물고기 이름 간에 공통적으로 사용된 동물명 19가지 중에서 '범, 표범, 개, 고래, 악어, 뱀, 거북, 학, 제비, 앵무' 10가지는 같은 의미를 나타내고 '용, 말, 쥐, 매, 나비, 벌레' 6가지는 부분적으로 같은 의미를, '사자, 돼지(돗), 고양이' 3가지는 완전히 다른 의미를 활성화한다. 전체적으로 보아 이들 동물명의 의미는 한·중 간에 특수성보다 공통성이 훨씬 더 많다고 하겠다. '범'으로 물고기의 무늬 모양을 나타내는 것과 같은 한·중 공통성은 양국 개념화자가 이들 동물과 관련 물고기를 인식하는 데 같은 인지적 초점과 개념화 방식을 가졌기 때문이라 하겠다.

2.2. 상이 동물명의 의미 양상

먼저, 한국어의 경우를 살펴보자. <표 1>에서 제시한 바와 같이 한국어 물고기 이름에만 나타나는 동물명은 '곰, 새, 까치, 개구리, 반딧불, 벌'

---

[16] 『표준국어대사전』에 의하면 '괭이'는 '고양이'의 준말이다.
[17] '猫鯊'의 이름은 고양잇과 동물처럼 좁고 긴 눈이 있는 데서 기원된다. 그들의 눈은 빛 아래에서 반짝반짝하기도 한다.

6가지이다. 관련 물고기 이름은 (20)과 같다.

(20) a. **꼼**치, **분홍꼼**치[18]
 b. 백**새**치, 녹**새**치, 청**새**치, 황**새**치, 돛**새**치
 c. **까치**복, **까치**돔, **까치**횟대, **까치**상어, **까치**물뱀
 d. **개구리**꺽정이
 e. **반딧불**게르치
 f. **벌**감펭

첫째, '곰'의 경우이다. (20a)의 '꼼치, 분홍꼼치'에서 '꼼'은 '곰'의 된소리화로 흐물흐물한 살집과 둔해 보이는 생김새가 곰을 닮았다고 보기 때문에 붙인 이름이다.

둘째, '새'의 경우이다. '새'는 물고기 이름에서 주둥이의 길고 뾰족한 모양을 나타낸다. 예컨대, (20b)의 '새치'류 물고기는 주둥이가 새의 부리처럼 전방으로 길게 뻗쳐 있다.

셋째, '까치'의 경우이다. (20c)와 같이 '까치복, 까치돔' 등에서 '까치'는 물고기 몸에 검은 색 바탕의 흰 줄이 있는 얼룩무늬가 까치 무늬를 닮은 모양을 나타낸다.

넷째, '개구리'의 경우이다. (20d)의 '개구리꺽정이'는 얼룩얼룩한 점들이 있는 모양을 '개구리'로 나타낸다(윤정옥 2008: 51).

다섯째, '반딧불'의 경우이다. (20e)의 '반딧불게르치'에서 '반딧불'은 발광기가 있어 반딧불처럼 빛을 낼 수 있는 것을 반영한다.

여섯째, '벌'의 경우이다. (20f)의 '벌감펭'에서 '벌'은 벌처럼 독침을 쏠 수 있는 생태적 특성을 나타낸다.

---

[18] 이 외에 '곰치'라는 물고기 이름에도 '곰'자가 들어가 있지만 동물명 '곰'인지 확실하지 않아서 일단 다루지 않기로 한다.

다음으로, 중국어의 경우를 살펴보자. <표 1>에서 제시한 바와 같이 중국어 물고기 이름에만 나타나는 동물명은 '이리, 여우, 소, 무소, 양, 토끼, 족제비, 도마뱀, 올챙이, 새우, 참새, 봉, 실잠자리' 13가지이다. 관련 물고기 이름은 (21)과 같다.

(21) a. 中村狼綿鰯(먹갈치), 白斑狼綿鰯(벌레문치), 紅狼牙鰕虎魚(개소겡)
b. 東方狐鰹(줄삼치), 狐形長尾鯊(흰배환도상어)
c. 牛眼靑鮭(게르치), 日本犀鱈(날개멸), 角羊舌鮃(목탁가자미)
d. 月尾兔頭魨(밀복), 棕斑兔頭魨(은띠복), 暗鰭兔頭魨(흑밀복), 花鰭兔頭魨(청밀복), 箕竹兔銀鮫(갈은상어)
e. 黑潮新鼬鰯(그물메기), 棘鼬鰯(붉은메기), 仙鼬鰯(동갈메기), 多須鼬鰯(수염첨치), 鼬鯊(뱀상어)
f. 异鱗海蜥魚(발광멸), 暗紋蜥杜父魚(가시꺽정이)
g. 蝌蚪寬杜父魚(털수배기), 睛尾蝌蚪鰕虎魚(오셀망둑)
h. 蝦虎魚(망둥이), 絲鰕虎魚(실망둑), 帶鰕虎魚(댕기망둑)
I. 紫雀鯛(점자돔), 黃線雀鯛(세줄가는돔), 淡黑雀鯛(파랑점자돔), 霓虹雀鯛(파랑돔), 雀杜父魚(빨간횟대), 鳳鯑(싱어)
j. 豆娘魚(줄자돔), 六線豆娘魚(검은줄꼬리돔), 孟加拉豆娘魚(흑줄돔), 黃尾豆娘魚(동갈자돔), 條紋豆娘魚(해포리고기)

첫째, '이리(狼)'의 경우이다. (21a)에서 '白斑狼綿鰯(벌레문치)'는 양 턱에 날카로운 이빨이 무리지어 있고 입을 다물 때 입술 밖에 드러나 있는 모양을 '이리(狼)'로 나타낸 것이다.

둘째, '여우(狐)'의 경우이다. (21b)에서 '東方狐鰹(줄삼치)'은 입과 이빨 모양이 여우처럼 보여 붙은 이름이라 추정되고[19] '狐形長尾鯊(흰배환

---

[19] 이 물고기는 주둥이는 길고 끝이 뾰족하며 양 턱의 이빨은 크고 단단하며, 안쪽으로 굽어져 있다.

도상어)'는 꼬리지느러미의 길이가 매우 길어서 여우 꼬리를 닮았기 때문에 지어진 이름이다.

셋째, '소(牛)', '무소(犀)', '양(羊)'의 경우이다. (21c)와 같이 '소(牛)'는 '牛眼靑鯥(게르치)'에서 해당 물고기의 눈이 매우 큰 것을 나타내고 '무소(犀)'는 '日本犀鱈(날개멸)'에서 머리 위에 길게 뻗어 있는 지느러미가 무소의 뿔을 닮은 것을 반영하며 '양(羊)'은 '角羊舌鮃(목탁가자미)'에서 몸빛깔이 양처럼 하얗고 지느러미가 양털과 같이 가늘고 빽빽한 것을 나타낸다.

넷째, '토끼(兎)'의 경우이다. (21d)에서 '月尾兎頭魨(밀복)'은 머리 모양이 토끼 머리를 닮았다고 붙은 것이다. '箕竹兎銀鮫(갈은상어)'에서 '토끼'는 몸 양측의 가슴지느러미가 매우 크고 토끼 귀처럼 위로 뻗어 있는 모양을 반영한다.

다섯째, '족제비(鼬)'의 경우이다. (21e)에서 '棘鼬鰤(붉은메기)'는 몸이 길쭉하고 황갈색을 띠어 족제비를 닮은 것을 나타낸다. '鼬鯊(뱀상어)'는 성질이 포악스러워 족제비에 빗댄 이름이라 추정된다.

여섯째, '도마뱀(蜥)'의 경우이다. (21f)의 '异鱗海蜥魚(발광멸)'는 머리가 삼각형이고 몸이 가늘고 길며 약간 옆으로 납작하고 꼬리지느러미가 실 모양인 체형이 도마뱀과 같아 보인 것을 반영한다.

일곱째, '올챙이(蝌蚪)'의 경우이다. (21g)에서 '蝌蚪寬杜父魚(털수배기)'와 '晴尾蝌蚪鰕虎魚(오설망둑)'는 몸이 길고 머리가 넓으며 뒤로 갈수록 가늘어져 꼬리자루가 매우 가는 체형이 올챙이와 비슷하게 보여 붙은 이름이다.

여덟째, '새우(鰕)'의 경우이다. (21h)의 '鰕虎魚'류 물고기는 새우를 먹이로 삼기 때문에 이름에 '새우(鰕)'가 넣어진 것이다(李海霞 2005: 507).

아홉째, '참새(雀)'와 '봉(鳳)'의 경우이다. '참새(雀)'는 크기가 작다는 것을 나타낸다. (21i)의 '雀鯛'류 물고기는 체형이 '鯛'류 물고기와 비슷하지만 몸집이 작아 참새라 불린 것이다. '鳳鱭(싱어)'는 '鳳尾魚'라고도 하는데 꼬리지느러미가 가늘고 길어서 봉황의 꼬리를 닮았다고 하여 붙은 이름이다(盛超 2005: 7).

열째, '실잠자리(豆娘)'의 경우이다. (21j)와 같이 '豆娘魚(줄자돔), 六線豆娘魚(검은줄꼬리돔)' 등이 있다. '豆娘'은 잠자리의 한가지인 실잠자리를 가리키는 말로 물고기의 모습을 잠자리로 비유하는 것이다. 해당 물고기는 작고 예쁘며 등지느러미와 배지느러미가 날개처럼 뻗어져 있어 잠자리를 닮았기 때문이다(李海霞 2005: 485).

요컨대, 19가지의 공통적 동물명 기반 이외에, 한국어 물고기 이름에 또한 '곰, 새' 등 6가지 동물명 기반이 있고 중국어에 또한 '이리, 여우' 등 13가지 동물명이 따로 쓰여 있다. 이는 언어다양성의 표현으로 한·중 언어 문화적 의존성의 일면을 드러낸다.

3. 물고기 이름의 동기화 양상

이상에서 살펴본 바와 같이 동물명 기반 물고기 이름은 동물명에 의해 모양·습성과 같은 특징이 초점으로 부각됨으로써 그 지칭 대상으로서의 물고기와 동기화 관계가 이루어진 것이라 하겠다. 다음으로 한·중 물고기 이름의 동기화 양상을 살피기로 한다.

3.1. 한국어 물고기 이름의 동기화 양상

2절에서 살펴본 동물명에 기반한 한국어 물고기 이름의 동기화 양상을 체계화하면 <표 2>와 같다.

<표 2> 동물명에 기반한 한국어 물고기 이름의 동기화 양상

동기화 초점			동기화 기반	동기화 대상 어휘	
				수	예시
형태	체색	색상	쥐	1	쥐노래미
		무늬	범	4	범상어
			표범	5	표범상어
			까치	5	까치복
			개구리	1	개구리꺽정이
			벌레	1	벌레문치
	모양	머리	말	6	해마
			고양이	1	괭이상어
			뱀	1	뱀상어
			매	1	매가오리
		입·이빨	개	1	물천구
			쥐	22	쥐치
			학	2	황학치
			앵무	1	앵무고기
			새	5	백새치
			용	1	용치놀래기
		코	사자	1	사자코망둑
		수염	용	1	용상어
			고양이	1	고양이고기
		지느러미	쥐	1	쥐가오리
			나비	6	나비고기
		체형·겉모습	뱀	4	갈물뱀
			제비	4	제비활치
			나비	1	나비가오리
			용	1	용상어
			말	1	말쥐치
			곰	2	꼼치
			악어	1	악어양태
		크기	고래	1	고래상어
			돼지(돗)	2	돗돔
	촉감		거북	2	거북복

		곰	2	꼼치
생태	성질	용	1	용가자미
	습성	반딧불	1	반딧불게르치
		벌	1	벌감펭

<표 2>에서 보듯이 조사한 총 884개 한국어 어휘에서 동물명 기반을 가진 것은 총 84개로 9.50%에 달하고 사용된 동물명은 총 25가지이다. 동물명은 이들 어휘에서 물고기의 형태·생태적 특징을 동기화하는데 형태적 특징은 또한 체색(몸의 색상과 무늬), 모양, 촉감으로, 생태적 특징은 또한 성질과 습성으로 나누어진다.[20]

먼저, 동기화 초점[21] 즉, 동물명이 나타낸 의미요소가 동기화 기반으로서의 동물명과 대응하는 양상을 살펴보자.

첫째, 체색의 경우이다. 관련 동물명은 '쥐, 범, 표범, 까치, 개구리, 벌레' 6가지가 있는데 '쥐'는 '쥐노래미'에서 보듯이 색상을 나타내고 '범, 표범, 까치, 개구리, 벌레'는 무늬를 부각한다.

둘째, 모양의 경우이다. 관련 동물명은 총 17가지이다. 머리 모양을 부각하는 것은 '말, 고양이, 뱀, 매' 4가지가 있고, 입·이빨 모양에는 '개, 쥐, 학, 앵무, 새, 용' 6가지가 있다. 또 '사자'는 코의 모양을, '용'과 '고양이'는 수염 모양을, '쥐'와 '나비'는 지느러미 모양을 동기화한다. 체형이나 겉모습에는 '뱀, 제비, 나비, 용, 말, 곰, 악어' 7가지가 있고, 크기에는 '고래'와 '돼지(돗)'가 있다.

이들 모양의 하위유형과 동물명 간에 꼭 일대일로 대응되는 것은 아니

---

[20] 최윤 외(2014)에서는 물고기의 기본정보를 형태, 생태, 분포로 나누어 기술하고 있는데 형태에는 시각과 촉각을 통해 얻은 정보를 포함시켰고 생태에는 성질과 습성을 포함시켰다. 이 글은 최윤 외(2014)의 분류에 따라 물고기의 특징을 이와 같이 분류하여 기술하기로 한다.

[21] 이러한 동기화의 초점은 물고기 이름을 구성하는 의미요소로 물고기 이름과 그 지시 대상으로서의 물고기 간의 동기화 관계를 성립시킨다.

다. 즉 '말'은 '해마'에서 머리 모양을, '말쥐치'에서 체형을 나타낸다. '뱀'은 '뱀상어'에서 머리 모양을, '갈물뱀'에서 체형을 부각한다. '용'은 '용상어'에서 수염 모양과 체형을, '용치놀래기'에서 이빨 모양을 나타낸다. '고양이'는 '괭이상어'에서 머리 모양을, '고양이고기'에서는 수염 모양을 나타내며, '쥐'는 '쥐치'에서 입 모양을, '쥐가오리'에서는 지느러미 모양을 동기화한다. 또 '나비'는 '나비고기'에서 지느러미 모양을, '나비가오리'에서 체형을 나타낸다.

셋째, 촉감의 경우이다. '거북'은 딱딱한 촉감을 동기화한다. '꼼치'는 흐물흐물한 살집과 둔해 보이는 생김새가 '곰'에 의해 나타내는 거라서 촉감과 겉모습이 함께 동기화되는 양상을 보인다.

넷째, 성질의 경우이다. '용가자미'에서 보듯이 성질이 포악스러운 것을 '용'으로 나타내고 있다.

다섯째, 습성의 경우이다. '반딧불'은 빛을 낼 수 있는 것을 동기화하고 '벌'은 독침을 쏠 수 있는 습성을 부각한다.

요컨대, 한국어 물고기 이름에 사용된 동물명의 종류와 가짓수는 동기화 초점에 따라 다르게 나타난다. 첫째, 물고기의 무늬 모양을 나타내는 데 '범, 표범, 까치' 등 특징적인 무늬를 가진 동물을 주로 사용하였듯이 동기화 기반으로 쓰인 동물명과 그 동기화 초점으로서의 형태·생태적 특징 간에 자의적이 아니라 일치 관계가 성립된다. 둘째, 동기화 초점에 따라 사용된 동물명의 가짓수는 '모양(17)>체색(6)>촉감(2)=습성(2)>성질(1)'의 순위를 나타낸다.[22] 동물명이 모양을 나타내는 데 가장 많이 선호된다고 하겠다.

다음으로, 한국어 물고기 이름에서 각 동물명의 사용 빈도를 살펴보자.

---

[22] '쥐'는 체색과 모양, '용'은 모양과 성질, '곰'은 모양과 촉감을 모두 동기화하는 양상을 보여 중복적으로 계산되었다.

이는 <표 3>과 같다.

<표 3> 한국어 물고기 이름에서 동물명별 빈도 양상

동물명	빈도 건	빈도 %	동물명	빈도 건	빈도 %
쥐	24	26.97	거북	2	2.25
말	7	7.87	학	2	2.25
나비	7	7.87	사자	1	1.12
표범	5	5.62	개	1	1.12
뱀	5	5.62	고래	1	1.12
새	5	5.62	악어	1	1.12
까치	5	5.62	매	1	1.12
범	4	4.49	앵무	1	1.12
제비	4	4.49	개구리	1	1.12
용	3	3.37	벌레	1	1.12
돼지(돗)	2	2.25	반딧불	1	1.12
고양이	2	2.25	벌	1	1.12
곰	2	2.25	**합계**	89[23]	100

<표 3>에서 보듯이 조사한 한국어 물고기 이름에서 '쥐'는 24번이나 나타나 월등히 높은 빈도 순위를 보인다. 반면, '돼지, 고양이, 곰, 거북, 학'과 '사자, 개, 고래, 악어, 매, 앵무, 개구리, 벌레, 반딧불, 벌'은 2번이나 1번의 빈도로 매우 적게 사용되었다.

마지막으로, 동물명이 부각한 체색, 모양, 촉감, 성질, 습성 같은 의미 요소가 물고기 이름에서 분포하는 양상을 살펴보자. <표 4>와 같이 이들 가운데 모양이 가장 많은 분포를 보이고 그 다음에는 체색이며 성질과 습성이 극히 적게 분포한다.[24]

---

[23] 84개의 동물명 기반 어휘에서 '말쥐치, 표문쥐치, 제주표문쥐치, 큰뿔표문쥐치, 까치물뱀'이 각각 동물명 2가지가 들어가 있다. 그래서 조사된 한국어 어휘에서 모든 동물명의 합계 사용 빈도가 89번 나타난다.

〈표 4〉 한국어 물고기 이름에서 동물명이 부각한 의미요소의 분포 양상

	체색	모양	촉감	성질	습성	합계
건	17	67	4	1	2	91
%	18.68	73.63	4.40	1.10	2.20	100

모양의 하위유형을 나타내는 의미요소는 또한 <표 5>와 같은 분포 양상을 보인다.[25]

〈표 5〉 한국어 물고기 이름에서 동물명이 부각한 모양 하위유형의 분포 양상

	머리	입·이빨	코	수염	지느러미	체형·겉모습	크기	합계
건	9	32	1	2	7	14	3	68
%	13.24	47.06	1.47	2.94	10.29	20.59	4.41	100

<표 5>에서 보듯이 입·이빨 모양이 47.06%의 비율로 가장 많이 부각되고 그 다음에는 체형, 머리 및 지느러미 모양이며 코와 수염의 모양이 극히 적게 부각된다.

3.2. 중국어 물고기 이름의 동기화 양상

2절에서 살펴본 동물명에 기반한 중국어 물고기 이름의 동기화 양상을 체계화하면 <표 6>과 같다.

---

[24] <표 4>와 같이 89번의 동물명 사용 빈도에서 이들 의미요소는 합계 91번 나타났다. 이는 '꼼치', '분호꼼치'에서 '꼼(곰)'이 모양과 촉감을 모두 부각하여 두 어휘에 의미요소가 총 4번이 나타났기 때문이다.

[25] '용상어'에서 '용'은 수염과 체형을 모두 부각하여 2가지 의미요소를 부각한다. 그래서 <표 5>에서 모양 하위유형의 합계 빈도가 <표 4> 중 모양의 빈도보다 1번 더 많다.

〈표 6〉 동물명에 기반한 중국어 물고기 이름의 동기화 양상

동기화 초점		동기화 기반	동기화 대상 어휘	
			수	예시
체색	색상	양(羊)	1	角羊舌鰊(목탁가자미)
		족제비(鼬)	4	棘鼬鳚(붉은메기)
	무늬	범(虎)	49	虎紋猫鯊(범상어)
		표범(豹)	5	東方豹魴鮄(죽지성대)
		벌레(虫)	2	虫鰈(물가자미)
		매(鷹)	2	素尾鷹鯋(여덟동가리)
형태	머리	용(龍)	1	龍頭魚(물천구)
		사자(獅)	1	獅頭毒鮋(퉁쏠치)
		말(馬)	7	冠海馬(해마)
		토끼(兎)	7	棕斑兎頭魨(은띠복)
		쥐(鼠)	1	太平洋鼠鯊(악상어)
		뱀(蛇)	6	花斑蛇鯔(매퉁이)
		매(鳶)	1	鳶鱝(매가오리)
	입 · 이빨	이리(狼)	3	紅狼牙鰕虎魚(개소겡)
		개(狗·犬)	8	天狗旗鯛(육동가리돔)
		돼지(猪)	3	花鰭海猪魚(용치놀래기)
		쥐(鼠)	1	鼠鱈(압치)
		여우(狐)	1	東方狐鰹(줄삼치)
		학(鶴)	1	鶴喉盤魚(황학치)
		앵무(鸚鵡)	3	鸚鵡魚(앵무고기)
	눈	소(牛)	1	牛眼青鰊(게르치)
		고양이(猫)	1	虎紋猫鯊(범상어)
	수염	용(龍)	1	龍須蓑鮋(쏠배감펭)
	지느러미	사자(獅子)	9	細紋獅子魚(꼼치)
		무소(犀)	1	日本犀鱈(날개멸)
		양(羊)	1	角羊舌鰊(목탁가자미)
		토끼(兎)	1	箕竹兎銀鮫(갈은상어)
		나비(蝴蝶)	7	蝴蝶魚(나비고기)
	꼬리	여우(狐)	1	狐形長尾鯊(흰배환도상어)
		봉(鳳)	1	鳳鯕(싱어)
	체형 · 겉모습	뱀(蛇)	3	裾鰭蛇鰻(갈물뱀)
		제비(燕)	6	圓翅燕魚(제비활치)
		용(龍)	4	舒氏海龍(실고기)
		말(馬)	2	綠鰭馬面魨(말쥐치)
		악어(鰐)	3	正鰐鯔(까지양태)

			매(솔개/鳶)	1	日本鳶魟(나비가오리)
생태			매(새매/鷂)	14	斑鷂(홍어)
			매(독수리/鵰)	58	眞鯛(참돔)
			벌레(蟲)	1	隆吻海蠋魚(띠거물가시치)
			족제비(鼬)	4	棘鼬鰻(붉은메기)
			도마뱀(蜥)	2	异鱗海蜥魚(발광멸)
			올챙이(蝌蚪)	2	蝌蚪寬杜父魚(털수배기)
			실잠자리(豆娘)	5	豆娘魚(줄자돔)
	크기		고래(鯨)	1	鯨鯊(고래상어)
			말(馬)	6	藍点馬鮫(삼치)
			참새(雀)	8	紫雀鯛(점자돔)
	촉감		거북(龜)	1	前鱗龜鮟(등줄숭어)
	성질		용(鮫)	6	黑線銀鮫(은상어)
			족제비(鼬)	1	鼬鯊(뱀상어)
	습성		돼지(鈍)	58	刺鈍(가시복)
			새우(鰕)	43	鰕虎魚(망둑이)

<표 6>에서 보듯이 조사한 총 884개 중국어 물고기 이름 중에서 동물명 기반을 가진 것은 총 285개로서 33.77%에 달하고 사용된 동물명은 총 32가지이다.[26] 이들 동물명은 한국어의 경우와 같이 물고기의 체색, 모양, 촉감, 성질, 습성 등 특징을 부각한다.

먼저, 체색, 모양, 촉감, 성질, 습성과 같은 의미요소가 동물명과 대응하는 양상을 살펴보자.

첫째, 체색의 경우이다. 관련 동물명은 '양, 족제비, 범, 표범, 벌레, 매' 6가지가 있는데 그중에서 '양, 족제비'는 색상을 부각하고 '범, 표범, 벌레, 매'는 무늬를 나타낸다.

둘째, 모양의 경우이다. 관련 동물명은 총 28가지이다. 머리 모양을 나타내는 것은 '용, 사자, 말, 토끼, 쥐, 뱀, 매' 7가지이고, 입·이빨 모양에

---

[26] '猪'와 '鈍', '狗'와 '犬'은 같은 동물을, '龍'과 '鮫', '鷹'과 '鳶'·'鷂'·'鵰', 그리고 '虫'과 '蠋'은 형태상 비슷한 대상물을 가리켜서, 또 한국어와의 비교의 편리를 위해서 끼리끼리 함께 묶어 통계하였다.

는 '이리, 개, 돼지, 쥐, 여우, 학, 앵무' 7가지가 있다. '소, 고양이'는 눈의 모양을, '용'은 수염 모양을 부각한다. 또 '사자, 무소, 양, 토끼, 나비' 5가지는 지느러미 모양을, '여우, 봉'은 꼬리 모양을 나타낸다. 체형·겉모습에는 '뱀, 제비, 용, 말, 악어, 매, 벌레, 족제비, 도마뱀, 올챙이, 실잠자리' 12가지가 있고 크기에는 '고래, 말, 참새' 3가지가 있다.

이들 중에서 '용'은 머리·수염·체형을, '말'은 머리·체형·크기를, '여우'는 입과 꼬리를, '쥐'는 머리와 입을, '사자'와 '토끼'는 머리와 지느러미를, '뱀'과 '매'는 머리와 체형을 모두 나타내어 동기화 기반과 동기화 초점 간의 일대다 대응 양상을 보여 준다.

넷째, 성질의 경우이다. '용'과 '족제비' 2가지가 있는데 모두 포악스러운 성질을 나타낸다.

다섯째, 습성의 경우이다. '돼지'는 관련 물고기의 울음소리를 동기화하고 '새우'는 먹이를 부각한다.

요컨대, 중국어 물고기 이름에서 동기화 초점에 따라 사용된 동물명의 가짓수는 '모양(28)>체색(6)>습성(2)=성질(2)>촉감(1)'의 순위를 나타낸다. 각 동기화 초점 간에 중복적으로 쓰인 동물명도 있다. 즉, '양'은 체색과 지느러미를, '매'와 '벌레'는 체색과 모양을, '족제비'는 체색, 모양과 성질을, '용'은 모양과 성질을, '돼지'는 모양과 습성을 함께 나타낸다.

다음으로, 중국어 물고기 이름에서 각 동물명의 사용 빈도를 살펴보자. 이는 <표 7>과 같다.

<표 7> 중국어 물고기 이름에서 동물명별 빈도 양상

동물명	빈도		동물명	빈도	
	건	%		건	%
매(鷹·鳶·鱢·鯛)	76	21.35	이리(狼)	3	0.84
돼지(猪·魨)	61	17.13	악어(鰐)	3	0.84

범(虎)	49	13.76	앵무(鸚鵡)	3	0.84
새우(鰕)	43	12.08	벌레(虫·蠋)	3	0.84
말(馬)	15	4.21	여우(狐)	2	0.56
용(龍·鮫)	13	3.65	쥐(鼠)	2	0.56
사자(獅子)	10	2.81	도마뱀(蜥)	2	0.56
뱀(蛇)	9	2.53	올챙이(蝌蚪)	2	0.56
개(狗·犬)	8	2.25	소(牛)	1	0.28
토끼(兎)	8	2.25	무소(犀)	1	0.28
참새(雀)	8	2.25	양(羊)	1	0.28
나비(蝴蝶)	7	1.97	고양이(猫)	1	0.28
제비(燕)	6	1.69	고래(鯨)	1	0.28
표범(豹)	5	1.40	학(鶴)	1	0.28
족제비(鼬)	5	1.40	봉(鳳)	1	0.28
실잠자리(豆娘)	5	1.40	거북(龜)	1	0.28
			합계	356	100

<표 7>에서 보듯이 '매'는 76번이나 사용되어 가장 높은 빈도 순위를 차지한다. '돼지, 범, 새우'도 각각 61번, 49번, 43번의 빈도로 많이 사용된 편이다. '소, 무소, 양, 고양이, 고래, 학, 봉, 거북'은 각각 1번의 빈도로 적게 사용되었다.

마지막으로, 동물명이 부각한 의미요소의 분포 양상을 살펴보자. <표 8>과 같이 이들 가운데 모양이 가장 높은 분포율을 보이고 그 다음에는 습성과 체색이며 촉감이 극히 적게 분포한다.[27]

---

[27] <표 8>과 같이 체색, 모양, 촉감, 성질, 습성과 같은 의미요소가 총 349번 나타났다. '鰐蛇鱛(툼빌매통이)', '平井燕鰩魚(제비날치), 眞燕鰩魚(날치)', '黃線雀鯛(세줄가는돔), 紫雀鯛(점자돔), 三斑圓雀鯛(샛별돔), 淡黑雀鯛(파랑점자돔), 斑鰭雀鯛(파랑줄돔), 霓虹雀鯛(파랑돔), 尖斑眶鋸雀鯛(살자리돔)' 총 10개의 어휘에 들어가 있는 2가지 동물명이 모두 모양을 나타내 한 어휘당 빈도 1로 처리하였다. 그리고 '角羊舌鮃(목탁가자미)', '黑潮新鼬鳚(그물메기), 棘鼬鳚(붉은메기), 仙鼬鳚(동갈메기), 多須鼬鳚(수염첨치)'와 같은 5가지 어휘에 하나의 동물명으로 체색과 모양 2가지 동기화 초점을 부각해 한 어휘당 빈도 2로 처리

〈표 8〉 중국어 물고기 이름에서 동물명이 부각한 의미요소의 분포 양상

	체색	모양	촉감	성질	습성	합계
건	63	177	1	7	101	349
%	18.05	50.72	0.29	2.01	28.94	100

모양의 하위유형은 <표 9>와 같은 분포 양상을 보인다.[28] <표 9>에서 보듯이 체형이나 겉모습이 56.15%의 비율로 가장 많이 동기화되고 그 다음에는 머리, 입·이빨, 지느러미, 크기이며 수염, 눈, 꼬리의 모양이 극히 적게 부각된다.

〈표 9〉 중국어 물고기 이름에서 동물명이 부각한 모양 하위유형의 분포 양상

	머리	입·이빨	수염	눈	지느러미	꼬리	체형·겉모습	크기	합계
건	24	20	1	2	19	2	105	14	187
%	12.83	10.70	0.53	1.07	10.16	1.07	56.15	7.49	100

3.3. 한·중 물고기 이름의 동기화 양상 대조 분석

앞의 논의를 바탕으로 동물명의 사용 양상, 의미요소의 분포 양상, 그리고 개별 어휘의 동기화 양상을 중심으로 한·중 물고기 이름의 동기화 양상을 대조 분석하기로 한다.

3.3.1. 동물명의 사용 양상

먼저, 동물명 기반의 선호도에 대해 살펴보자. 총 884쌍의 한·중 대응 어휘 중에서 동물명 기반을 가진 것은 한국어 쪽에는 84개로 9.50%를 차하였다.

[28] 각주 27)에서 말했듯이 '鱷蛇鱸(톰빌매통이)'와 같은 10개의 어휘가 각각 2가지 모양을 나타내어 <표 9>의 합계 빈도가 <표 8> 중 모양의 빈도보다 10번 더 많다.

지하고 중국어 쪽에는 285개로서 33.77%에 달한다. 또 물고기 이름의 동기화에 참여된 동물명의 가짓수는 한국어 쪽에는 25가지이며, 중국어 쪽에는 32가지이다. 그러므로 평균 한 동물명당 동기화하는 물고기 이름의 수는 한국어 쪽에는 3.36개이고 중국어 쪽에는 8.91개이다. 이는 중국어 물고기 이름에서 동물명 기반의 선호도가 한국어보다 훨씬 더 높다는 것을 보여 준다.

다음으로, 동물명별 빈도 양상에 대해 살펴보자. 여기서 한·중 공통 동물명 19가지의 경우만 살피기로 한다. <표 10>과 같이 이들 동물명은 '나비, 표범, 고래'와 같이 한·중 간에 같은 빈도로 사용된 것과 '용', '사자'와 같이 근사한 빈도 비율로 사용된 것 이외에 모두 상이한 빈도 양상을 보인다. 특히 '쥐'는 한국어에서 빈도 24회, 26.97%의 비율로 가장 많이 사용되지만 중국어에서는 빈도 2회, 0.56%의 비율만 보인다. 반대로 '매'는 중국어에서 빈도 76회, 21.35%의 비율로 가장 많이 사용되지만 한국어에서 빈도 1회, 1.12%의 비율만 보인다. 이 외에 '돼지', '범'도 중국어에서 높은 빈도로 사용되지만 한국어에서 낮은 빈도를 보여 준다. 요컨대, 물고기 이름에서 각 동물명의 사용 빈도는 한국어와 중국어 간에 매우 상이한 양상을 나타내어 언어·문화적 다양성과 특수성을 잘 보여 준다.

<표 10> 한·중 물고기 이름에서 공통 동물명의 빈도 양상

동물명	한국어	중국어
쥐	24 (26.97%)	2 (0.56%)
말	7 (7.87%)	15 (4.21%)
나비	7 (7.97%)	7 (1.97%)
뱀	5 (5.62%)	9 (2.53%)
표범	5 (5.62%)	5 (1.40%)
범	4 (4.29%)	49 (13.76%)
제비	4 (4.29%)	6 (1.69%)

용	3 (3.37%)	13 (3.65%)
돼지	2 (2.25%)	61 (17.13%)
사자	2 (2.25%)	10 (2.81%)
고양이	2 (2.25%)	1 (0.28%)
거북	2 (2.25%)	1 (0.28%)
학	2 (2.25%)	1 (0.28%)
매	1 (1.12%)	76 (21.35%)
개	1 (1.12%)	8 (2.25%)
악어	1 (1.12%)	3 (0.84%)
앵무	1 (1.12%)	3 (0.84%)
벌레	1 (1.12%)	3 (0.84%)
고래	1 (1.12%)	1 (0.28%)

마지막으로, 체색, 모양, 촉감, 성질, 습성 등 물고기 이름을 구성하는 의미요소를 나타내는 데 한·중 동물명의 사용 양상을 살펴보자. 이를 <표 11>과 같이 구체적으로 정리할 수 있다.

〈표 11〉 의미요소별 한·중 동물명의 사용 양상

의미요소		동물명		
		공통	특유	
			한	중
체색	색상	(없음)	쥐	양, 족제비
	무늬	범, 표범, 벌레	까치, 개구리	매
모양	머리	말, 뱀, 매	고양이	용, 사자, 토끼, 쥐
	입·이빨	개, 쥐, 학, 앵무	새, 용	이리, 돼지, 여우
	수염	용	고양이	(없음)
	지느러미	나비	쥐	사자, 무소, 양, 토끼
	코	(없음)	사자	(없음)
	눈	(없음)	(없음)	소, 고양이
	꼬리	(없음)	(없음)	여우, 봉
	체형·겉모습	뱀, 제비, 용, 말, 악어	나비, 곰	매, 벌레, 족제비, 도마뱀, 올챙이, 잠자리
	크기	고래	돼지(돗)	말, 참새

촉감	거북	곰	(없음)
성질	용	(없음)	족제비
습성	(없음)	반딧불, 벌	돼지, 새우

<표 11>에서 보듯이, 물고기 이름을 구성하는 의미요소를 나타내는 데 사용된 동물명에는 한·중 간에 공통성과 특수성이 모두 존재한다. 체색의 경우를 예로 살펴보자. 한국어와 중국어에서 모두 '범, 표범, 벌레'로 물고기의 무늬 모양을 나타내는 데 사용하였다. 이는 한·중에서 모두 범과 표범의 무늬와 벌레의 생김새에 주의를 부각했다는 것을 반영한다. 또 한국어에서는 '쥐'로 색상을, '까치, 개구리'로 무늬를 나타내고 중국어에서는 '양, 족제비'로 색상을, '매'로 무늬를 나타내기도 하는데 언어의 문화적 변이성을 보여 준다. 특히 쥐의 색상에 주의를 기울여 '쥐'로 물고기의 색상을 개념화하는 것은 문화특징적인 한국어의 일면을 나타낸다.

3.3.2. 의미요소의 분포 양상

<표 12>와 같이 체색, 모양, 촉감, 성질, 습성 5가지 의미요소의 분포 순위는 한국어에서 '모양>체색>촉감>습성>성질'로, 중국어에서는 '모양>습성>체색>성질>촉감'으로 나타난다. 한국어에서 모양과 체색이 합계 92.31%의 분포로 절대적 비중을 차지하고 촉감, 습성, 성질은 극히 적게 분포한다. 중국어에서는 모양, 습성, 체색이 합계 97.71%의 분포로 절대적 비중을 차지하고 성질과 촉감이 극히 적게 분포한다.

⟨표 12⟩ 한·중 물고기 이름에서 동물명이 부각한 의미요소의 분포 양상

	체색	모양	촉감	성질	습성
한국어	18.68%	73.63%	4.40%	1.10%	2.20%
중국어	18.05%	50.72%	0.29%	2.01%	28.94%

한·중 물고기 이름에서 모두 시각적 의미요소인 모양과 체색이 집중적으로 분포한다는 사실은 인간의 세계에 대한 인식이 시각에 크게 의존하기 때문이라 하겠다. 또 모양과 체색 가운데 모양이 더 큰 비중을 차지하는데 이는 한·중 개념화자가 물고기에 대한 인식이 체색보다 모양에 더 민감하다는 사실을 보여 준다.

이 외에 한국어와 달리 중국어에서 습성을 나타내는 의미요소도 많은 분포를 보인다. 중국어에서 습성은 '돼지(魨)'에 의해 울음소리가 부각된 '魨'류(43개)와 '새우(鰕)'에 기반해 먹이가 부각된 '鰕虎魚'류(58개)에 집중적으로 분포한다. 이는 한편으로 특정 물고기의 습성에 대한 민감성이 중국에서 더 크다는 것을 보여 주고 한편으로는 관련 동물명이 물고기 합성어 구조에서 부류를 나타내는 핵어 위치를 차지하기 때문이며 중국어에서 동물명이 핵어 위치에 있는 비율이 비교적 크기 때문이라 하겠다.[29]

다음으로, 모양 하위유형 의미요소의 분포 양상은 <표 13>과 같이 정리할 수 있다.

<표 13> 한·중 물고기 이름에서 동물명이 부각한 모양 하위유형의 분포 양상

의미요소	한	중	의미요소	한	중
입·이빨	47.06%	10.70%	수염	2.95%	0.53%
체형	20.59%	56.15%	코	1.47%	0
머리	13.24%	12.83%	눈	0	1.07%
지느러미	10.29%	10.16%	꼬리	0	1.07%
크기	4.49%	7.49%			

<표 13>에서 보듯이, 동물명이 부각한 모양 의미요소의 하위유형은 한

---

[29] 인지언어학에 의하면 인간이 사물들을 하나하나씩 고립적으로 인식하는 것이 아니라 원형을 기준점으로 하는 범주화를 통해 인식하는 것이다. 한·중 물고기 이름도 마찬가지이다. 이는 조사 어휘 중 한국어 '쥐치'류의 큰 비중과 중국어 '魨'류의 큰 비중을 통해서 알 수 있겠다.

국어에 머리, 입・이빨, 수염, 코, 지느러미, 체형, 크기 7가지 모양이 있고 중국어에 이들 중에서 코를 빼고 눈과 꼬리 모양을 더 추가한 8가지가 있다. 이와 같은 구체적 모양 유형의 공통성과 특수성은 물고기를 인식하고 구별하는 데 한・중 개념화자 인지적 초점의 공통성과 특수성으로부터 비롯된 것이라 하겠다.

관련 의미요소의 순위는 한국어에서 '입・이빨>체형>머리>지느러미>크기>수염>코'로, 중국어에서 '체형>머리>입・이빨>지느러미>크기=꼬리>수염'으로 나타난다. 이는 물고기를 명명하는 데 한국어에서 입・이빨 모양을 주의의 초점으로 더 많이 부각하고 중국어에서 체형・겉모습에 더 많은 주의를 기울인다는 것을 보여 준다.

또, 입・이빨, 체형, 머리, 지느러미의 모양은 한국어와 중국어에서 각각 합계 91.18%와 89.84%의 분포율을 보여 두 언어에서 모두 잘 나타나는 의미요소이다. 이는 양국 개념화자가 똑같이 물고기의 이 4가지 모양에 많은 주의를 부각하였음을 의미한다.

3.3.3. 개별 어휘의 동기화 양상

마지막으로, 개별 어휘로서 물고기 이름의 동기화 양상을 살펴보자. 이 글에서 선정한 어휘는 같은 물고기를 가리키는 한・중 대응어이지만 같은 동물명에 기반한 것은 (22)와 같은 24개로 한국어 동물명 기반 물고기 이름 중에서 28.57%를 차지한다.

> (22) 고래상어(鯨鯊), 범상어(虎紋猫鯊), 갈물뱀(裾鰭蛇鰻), 바다뱀(大吻沙蛇鰻), 까치물뱀(艾氏蛇鰻), 황학치(鶴喉盤魚), 제비날치(平井燕鰩魚), 제비활치(圓翅燕魚), 깃털제비활치(燕魚), 초승제비활치(波氏燕魚), 앵무고기(鸚鵡魚), 해마(冠海馬), 가시해마(刺海馬), 점해마

(三斑海馬), 산호해마(日本海馬), 복해마(管海馬), 말쥐치(綠鰭馬面魨), 매가오리(鳶鱝), 나비고기(蝴蝶魚), 꼬리줄나비고기(魏氏蝴蝶魚), 가시나비고기(絲蝴蝶魚), 룰나비고기(月斑蝴蝶魚), 부전나비고기(項斑蝴蝶魚), 나비돔(暗帶蝴蝶魚).

(22)와 같은 어휘는 한·중 개념화자 인지 양상의 공통성을 반영한다. 이런 인지 양상은 한편으로 대상물을 인식할 때 인지적 초점이 어디에 부각되는지를 통해 나타나고 한편으로는 어떤 방식으로 그 인지적 초점을 동기화하는지와도 관련된다.

첫째, (22)와 같은 어휘는 특정 물고기의 같은 특징에 주의의 초점을 둔 결과라 하겠다. 예컨대, '고래상어(鯨鯊)'라는 이름은 한·중 개념화자가 모두 대상 물고기의 여러 특징들 중에서 크기가 큰 것에 인지적 초점을 부여해 붙인 것이다.

둘째, (22)와 같은 어휘는 모두 동물에 빗대어 물고기의 특징을 나타냄으로써 관련 물고기를 지칭하게 된 것이다. 이는 인간의 보편적 인지 기제인 개념적 은유가 작용한 결과라 하겠다. 개념적 은유는 유사성에 기초해 한 실체로 다른 한 실체를 개념화하는 인지전략이다. 예컨대, '고래상어(鯨鯊)'는 크기가 크다는 유사성에 기반하여 물고기를 고래로 은유한 결과이다.

그러나 더 많은 경우에 같은 물고기를 지칭하면서도 한·중 간에 다른 동기화 양상을 보여 준다.

첫째, 인지적 초점의 차이로 비롯된 개별적 동기화 양상을 살펴보자. 예컨대, '풀해마'는 물고기의 머리 모양이 주의의 초점으로 부각되어 말 머리와의 유사성에 의해 붙은 이름이다. 그러나 같은 물고기는 중국어에서 '帶紋須海龍'이라고 불리는데 체형이 가늘고 긴 것이 인지적 초점으로 부각되어 용에 의해 지칭된 것이다. 이런 인지적 초점의 대조 양상은

<그림 1>과 같이 나타낼 수 있다.

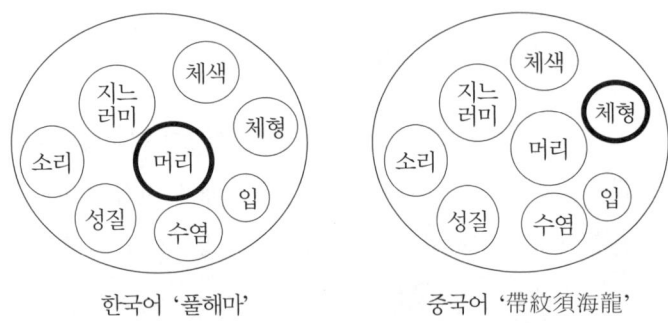

〈그림 1〉 '풀해마(帶紋須海龍)'에서 나타난 한·중 인지적 초점

둘째, 인지적 초점이 같지만 동원된 개념화 방식이나 개념화 과정이 달라서 동기화 양상이 다른 경우를 살펴보자. 예컨대, 중국어의 '豹紋鯊'는 한국어에서 '얼룩상어'라고 불린다. 즉 같은 인지적 초점인 무늬 모양에 대해 중국어에서는 개념적 은유 기제로 부각하고 있지만 한국어에서는 '얼룩'이라는 말로 직접 나타내고 있다.

또, '불범상어'는 중국어에서 '梅花鯊'라고 한다. 이는 한·중에서 모두 물고기의 무늬에 주의의 초점을 두었고 개념적 은유 기제로 그 초점을 부각하고 있지만 은유적 사상의 근원을 한국어에서는 '불범(표범)'으로, 중국어에서는 '매화'로 선택하였기 때문이다.

4. 마무리

이 글은 동물명 기반 물고기 이름을 중심으로 한·중 물고기 이름의 동기화 양상을 살펴보았다. 다음과 같이 논의 결과를 간추려 마무리하고자 한다.

첫째, 한·중 물고기 이름에 공통적으로 쓰인 동물명은 19가지가 있다. 이들 가운데 '범, 표범, 개, 고래, 악어, 뱀, 거북, 학, 제비, 앵무' 10가지는 같은 의미를 나타내고, '용, 말, 쥐, 매, 나비, 벌레' 6가지는 부분적으로 같은 의미, '사자, 돼지, 고양이'는 완전히 다른 의미를 나타낸다. 이 외에도 한국어에 또한 '곰, 새' 등 6가지 동물명이 쓰였고 중국어에 '이리, 여우' 등 13가지 동물명이 사용되었다.

둘째, 동물명을 가진 어휘수의 차이로 보아 동물명의 사용이 중국어 물고기 이름에서 더 선호된다. 한국어에서 '쥐'가, 중국어에서 '매'가 가장 많이 쓰였듯이 각 동물명의 사용 빈도는 한·중 간에 매우 차이적인 양상을 나타낸다. 그리고 동물명은 한·중에서 모두 물고기의 체색, 모양, 촉감, 성질, 습성 같은 형태·생태적 특징을 부각하지만 그 사용 양상은 두 언어 간에 특수성을 지닌다.

셋째, 동물명이 부각한 의미요소 중에서 모양과 체색이 집중적으로 나타나는데 시각의 1차성을 보여 준다. 또 모양이 가장 많은 분포를 보여 물고기에 대한 인식에서 모양이 가장 우위적인 것을 보여 준다. 이 외에 언어·문화적 다양성의 표현으로 중국어에서 습성을 나타내는 의미요소도 많은 분포를 보인다.

넷째, 모양의 하위유형을 나타내는 의미요소 가운데 입·이빨, 체형, 머리, 지느러미의 모양이 한국어와 중국어에서 모두 잘 나타난다. 다만 한국어에서 입·이빨 모양이 가장 많이 나타나고 중국어에서는 체형이 가장 많이 분포한다.

다섯째, 개별 물고기 이름의 동기화 양상을 살펴보면 같은 동물명에 기반한 한·중 대응어는 단지 24개이다. 관련 동기화 양상의 한·중 공통성과 특수성은 양국 개념화자 인지적 초점과 개념화 방식의 공통성과 특수성으로부터 생기게 된 것이라 하겠다.

참고문헌

강영봉. 1986. "제주도방언의 어명(魚名) 연구". 『제주대학교 논문집』 23: 51-68. 제주대학교.

김순자. 2013. "제주도방언의 어류 명칭 연구". 『영주어문』 25: 19-54. 영주어문학회.

김중빈. 2004. "魚譜類에 나타난 19C초의 수산물 어휘연구". 『한어문교육』 12: 137-173. 한국언어문학교육학회.

김홍석. 1996. "韓國産 魚類名稱의 語彙論的 硏究". 공주대학교 교육대학원 국어교육전공 석사학위논문.

김홍석. 2000. "魚名의 命名法에 대한 語彙論的 考察". 『국문학논집』 17: 71-111. 단국대학교.

명정구·조광현. 2016. 『바닷물고기 도감(보급판)』. 보리.

박수현. 2008. 『바다생물 이름 풀이사전』. 지성사.

손병태. 1997. 경북 동남 지역의 어류 명칭어 연구. 『한민족어문학』 32: 149-163. 한민족어문학회.

송현주. 2015. 『국어 동기화의 인지언어학적 탐색』. 한국문화사.

여찬영. 1994. "우리말 물고기 명칭어 연구". 『한국전통문화연구』 9: 1-26. 대구가톨릭대학교 사회과학연구소.

여찬영. 1995. "우리말 명칭어의 색채표지 연구". 『한국전통문화연구』 10: 1-35. 대구가톨릭대학교 사회과학연구소.

왕한석. 1996. "언어·사회·문화: 언어 인류학의 주요 조류". 『사회언어학』 4(1): 3-50. 한국사회언어학회.

윤정옥. 2008. "우리나라 물고기 이름의 형태·의미 구조 연구". 위산대학교 교육대학원 국어교육전공 석사학위논문.

이숭녕. 1936a. "어명 잡고(상)". 『한글』 4(10): 234-241. 한글학회.

이숭녕. 1936b. "어명 잡고(하)". 『한글』 4(11): 286-288. 한글학회.

이정재·백문하. 1982. "제주연안에 분포하는 해양동식물의 지방명에 관하여". 『濟州大 海資硏報』 6: 53-43. 제주대학교해양과 환경연구소.

이춘영·유흥균. 2014. "한국 동물 명물사 구조에 대한 소고". 『동아인문학』 29: 247-281. 동아인문학회.

임지룡. 1997. "새 낱말 창조의 인지적 연구". 『국어교육연구』 29: 201-234. 국어교육학회.

임지룡. 2008. 『의미의 인지언어학적 탐색』. 한국문화사.

장태진. 1969. "물고기 이름의 어휘 연구: 어부 집단을 중심으로". 『한글』 143: 112-141. 한글학회.

장태진. 1973. "海岸·島嶼方言의 言語社會學的 硏究(I): 魚名語彙를 中心으로". 『조선대학교 논문집』 1: 9-42. 조선대학교.

조숙정. 2012. "조기의 민족어류학적 접근". 『한국문화인류학』 45(2): 239-278. 한국문화인류학회.

최윤·김지현·박종영(2014). 『원색도감: 한국의 바닷물고기에 나오는 어류 명칭어』. 교학사.

홍기옥. 2012. "남해안 어촌지역 어획물 명칭 연구". 『한국방언학』 16: 327-350. 한국방언학회.

홍기옥. 2013a. "바다 생물어의 의미장 구축 연구". 경북대학교 대학원 국어학 전공 박사학위논문.

홍기옥. 2013b. "바다 생물어 명명 기반 연구". 『어문학』 122: 321-344. 한국어문학회.

蘭毅輝. 1989. "從 ≪本草綱目·釋名≫ 看中國古代動植物命名的方法". 『自然科學史硏究』 2: 166-170. 中國科學院自然科學史硏究所.

譚宏姣. 2005. "漢語植物命名取象選擇規律新探". 『北京林業大學學報(社會科學版)』 4(3): 65-68. 北京林業大學.

盛超. 2005. "漢語動物詞語硏究". 黑龍江大學 漢語言文字學 碩士學位論文.

王永厚. 1984. "屠本畯及其 ≪閩中海錯疏≫". 『中國水產』 2: 29-29. 中華人民共和國農業部漁業局.

劉昌芝. 1982. "我國現存最早的水產動物志——≪閩中海錯疏≫". 『自然科學史研究』 1(4): 47-52. 中國科學院自然科學史研究所.

劉興均. 2007. "漢語、壯語和韓語動物類名物詞音義關係初探". 『重慶三峽學院學報』 23(1): 70-74. 重慶三峽學院.

魏露苓. 1997. "郝懿行和他的 ≪記海錯≫". 『農業考古』 1: 172-174. 江西省社會科學院.

李海霞. 2000a. "漢語動物命名原則". 『殷都學刊』 2: 92-95. 安陽師范學院.

李海霞. 2000b. "漢語對動物命名取象的优先規律". 『南京社會科學』 10: 67-70. 南京市社會科學界聯合會・南京市社會科學院.

李海霞. 2001. 『漢語動物命名研究』. 巴蜀出版社.

李海霞. 2005. 『漢語動物名考釋』. 巴蜀書社.

周才武. 1983. "清代 ≪山東通志≫ 中魚名詮釋". 『山東大學學報(理學版)』 3: 109-122. 山東大學.

周曉燕. 2012. "漢語動物詞研究". 吉林大學 漢語言文字學 博士學位論文.

陳大剛・張美昭. 2015. 『中國海洋魚類』. 中國海洋大學出版社.

陳晦. 2014. "英漢植物名理据及生態觀對比分析". 『西安外國語大學學報』 22(3): 1-4. 西安外國語大學.

郝紅艷. 2010. "漢字'魚'及其文化蘊涵". 『洛陽理工學院學報(社會科學版)』 25(1): 8-11. 洛陽理工學院.

韓振乾・盧昌夏・金順玉. 2014. 『漢朝朝漢動植物名称詞典』. 遼宁民族出版社.

黃亞平・劉思媛. 2013. "≪說文解字≫ 魚部名物詞詞義研究". 『辭書研究』 6: 63-71. 中國辭書學會.

洪緯・曹樹基. 2013. "近代魚類分類知識在民國地方志中的傳播". 『安徽史學』 3: 22-27. 安徽省社會科學院.

Lakoff, G. 1987. *Women, Fire and Dangerous Things: What Categories Reveal about the Mind.* Chicago and London: The University of Chicago Press. (이기우 옮김. 1994. 『인지의미론』. 한국문화사.)

■ 찾아보기

용 어

ㄱ

가산명사 ·············· 45
가상 이동(fictive motion) ······· 90, 91
  99, 100, 101, 104, 105, 106
가상적(fictive) ·············· 99
가정 ················ 137, 140
개념 ················ 128
개념적 은유(conceptual metaphor)
  ················ 26, 257
개념적 재범주화(conceptual
  recategorisation) ··········· 43
개념적 표상(conceptual representation)
  ················ 23
개념적 혼성(conceptual blending)
  ················ 184
개념적 혼성 이론 ·········· 178, 184
개념적 환유(conceptual metonymy)
  ················ 26
개념화(conceptualization) ····· 41, 94
  223
개념화자(conceptualizer) ······ 92, 94
  98, 101, 102, 103, 106, 107, 225
객관적 사실 ············· 134
객관적 이동 ············ 98
거리적 도상성 ·········· 82, 113

경로(path) ·············· 99
경음화 ················ 169
고유한 한정성(inherent boundedness)
  ················ 47
공간횡단 사상(cross-space mapping)
  ················ 185
공명음 ············· 157, 169
공통 동물명 ············ 227
공통성 ··············· 254
과거시제 ············ 129, 130
관계성(relationality) ·········· 98
관용성 ··············· 179
관용표현 ············ 178, 182
관점 배열(viewing arrangement) ···· 24
관형사 ··············· 112
구문 ················ 141
구상화(reification) ··········· 61
구조동형성(isomorphism) ······ 12, 159
근접성(closeness) ············ 114
근접성의 원리 ············· 113
근접적 도상성 ············· 114
긍정적 ··············· 143
기호론적 관계 ············ 152

ㄴ

ㄴ-첨가 ················· 162, 163
내적 동질성(internal homogeneity)
  ································· 47
내포 ································· 139

ㄷ

다의어(polysemy) ················ 14
단일방향성 가설(unidirectionality
  hypothesis) ···················· 19
대응관계(correspondence) ········ 185
대화의 함축(implicature) ········· 28
대화적 목적 ························ 5
도상성(iconicity) ······ 10, 72, 114, 153
도상적(iconic) 기호 ············· 203
도식(schema) ······················ 24
도형적(diagrammatic) 도상성 ····· 204
동기 ································ 150
동기 이론 ························· 149
동기화(motivation) ····· 5, 91, 104, 107
  114, 151, 201, 223
동기화 기반 ······················· 243
동기화 초점 ······················· 243
동물명 기반 ······················· 226
동물화(animalization) ············ 61
뒷무대 인지(backstage cognition) ·· 41

ㅁ

명명 규칙 ························· 225
명명 기반 ························· 225

명명법 ···························· 225
명제 ································ 142
모방적 도상성 ···················· 153
모양 ································ 243
문법화(grammaticalisation) ······ 18, 22
문화적 변이성 ···················· 254
문화적 의존성 ···················· 241
물고기 이름 ······················· 223
미래시제 ·························· 130

ㅂ

반복성(replicability) ················ 47
발현구조(emergent structure) ······ 186
배경(ground) ······················· 99
배경화 ···························· 106
범주화(categorization) ············ 26
변동 현상 ························· 170
부정의 의미 ······················· 139
분리성(divisibility) ················· 47
분절음(segment) ·················· 207
분포 ································ 225
불가산명사 ························ 45
비음화 ···························· 170
비이동체 ················ 90, 101, 103
빈도 ································ 85

ㅅ

사상(mapping) ················ 26, 155
사소한 전환(minor conversion) ····· 44
사실 ································ 137

사실 증명 ········· 136	신체적 체험 ········· 92
사실적(factive) ········· 99	신체화(embodiment) ········· 91, 92
사잇소리 ········· 160, 162, 164	신체화된 개념 ········· 92
상 ········· 129	신체화된 마음 ········· 93
상대적 이동 ········· 101, 102, 105	신체화된 의미 ········· 93
상이 동물명 ········· 227	실제 이동 ········· 90, 99, 104, 106
상징어(symbolic words) ········· 205	심리적 이동 ········· 103, 105
상징적(symbolic) 기호 ········· 203	
상형문자 ········· 153	**ㅇ**
생태 ········· 225	앞무대 인지(frontstage cognition) ·· 41
생태적 지위(ecological niche) ········· 19	양상(modality) ········· 106
생태적 특징 ········· 243	양성모음 ········· 157
선개념적 경험(pre-conceptual experience) ········· 92	양적 도상성 ········· 114
	어순 ········· 112
선어말어미 ········· 128	언어 기호 ········· 151
선택(selection) ········· 97	언어·문화적 다양성 ········· 252
선택주의 ········· 96	언어다양성 ········· 241
선호도 ········· 252	언어적 동기화(linguistic motivation) ········· 193
성상관형사 ········· 112, 119	
성질 ········· 243	연결어미 ········· 73
소리상징성(sound symbolism) ········· 206	연상적 도상성(associative iconiticy) ········· 153, 154
수관형사 ········· 112	
순서적 도상성 ········· 114	영상 도식(image schema) ········· 23, 92
순차 주사(sequential scanning) ········· 105	영상적 도상성(image iconicity) ········· 153, 204
습성 ········· 243	
시각 ········· 255	영역(domain) ········· 98
시간성(temporality) ········· 104	예측 ········· 140, 142
시뮬레이션 ········· 107	완료상 ········· 129, 130
시점 ········· 97	완료형 ········· 130
식물화(vegetalization) ········· 61	요약 주사(summary scanning) ········· 105

운소(prosody) ················· 210
운율적 요소(prosodic feature) ······ 210
원형(prototype) ················· 24
위협문 ························· 137
유기음화 ···················· 174, 175
유사성 ························ 257
윤곽부여(profiling) ·············· 96
은유 ·························· 158
은유 내 환유(metonymy within metaphor) ···················· 64
은유적(metaphorical) 도상성 ······· 204
은환유(metaphtonymy) ············ 60
음감각소(phonaetheme) ······· 154, 202
음강(音强) ····················· 210
음고(音高) ····················· 210
음성(phone) ···················· 207
음성 도상성(phonetic iconicity) ··· 201
음성 상징(sound symbolism) ······· 201
음성 은유(phonetic metaphor) ····· 206
음소(phoneme) ·················· 207
음운 ·························· 150
음운론적 축약형 ················· 77
음운적인 도상성 ················ 153
음운주제(phonaetheme) ··········· 205
음장(音長) ····················· 209
의도 ······················ 132, 138
의미 ·························· 141
의사소통 ······················ 131
의성어(onomatopoeia) ········ 153, 158, 202, 205

의인화(personification) ··········· 61
의태어 ························ 157
이동(motion) ············ 90, 91, 99, 100, 104, 107
이동방식/원인(manner/cause) ········ 99
이동 사건(motion event) ······· 91, 98, 100, 104, 107
이동체 ···················· 90, 101
이상적 인지모형(Idealized Cognitive Model) ···················· 53, 98
이중 환유(double metonymy) ········ 58
인과관계 ······················ 142
인지 ··························· 41
인지·문화적 경향성 ··············· 225
인지적 초점 ··················· 238

ㅈ

자의성 ···················· 150, 151
적합성 ························ 134
전경(figure) ····················· 99
전경-배경 ··················· 97, 106
전경화(foregrounding) ············ 106
전설고모음(high front vowel) ······ 153
전제 ·························· 137
전환(conversion) ················· 42
정보 확인 ·················· 135, 136
정신 공간(mental space) ··········· 26
조건문 ························ 139
조음적 도상성 ············· 153, 154
존재론적 은유 ··················· 61

존재의 대연쇄(Great Chain of Being) ······ 61
종결어미 ······ 73
종결형 ······ 132
주관성 ······ 143
주관적 이동 ······ 98
주관화 ······ 84
주요한 전환(major conversion) ······ 44
주의(attention) ······ 24, 96, 256
중복 체계(overlapping systems) 모형 ······ 100
지시관형사 ······ 112
지표적(indexical) 기호 ······ 203
직접 범위(immediate scope) ······ 103

ㅊ

참조점(reference point) ······ 102, 161
첨가현상 ······ 160
청각적 도상성 ······ 153
체념 ······ 143
체색 ······ 243
체험 ······ 92
체험주의 ······ 93
초분절음(suprasegment) ······ 209
초점 ······ 241
촉감 ······ 243
최대 범위(maximal scope) ······ 103, 106
추론(inference) ······ 26

ㅌ

탐구 ······ 175
탐구 학습 ······ 149
통합 연결망(integration network) ······ 184
투사(projection) ······ 185
특수성 ······ 254
틀(frame) ······ 26, 98, 161
틀 의미론(frame semantics) ······ 98

ㅍ

평폐쇄음 ······ 168
평폐쇄음화 ······ 174
표준발음법 ······ 174

ㅎ

학교 문법 ······ 159
해석(construal) ······ 49, 91, 93, 94, 98, 103
현실 강조 ······ 139
현재완료 ······ 130
현저성 ······ 95
형태 ······ 141, 225
형태적 특징 ······ 243
혼성(blending) ······ 26
환유(metonymy) ······ 11, 53, 158, 161
환유 내 은유(metaphor within metonymy) ······ 64
환유로부터의 은유(metaphor from metonymy) ······ 64

인 명

강영봉 ·· 224
고영근 ···························· 112, 120, 129
구본관 ·· 112
구현정 ·· 84
김동식 ·· 73
김동환 ····························· 92, 204, 215
김선영 ·· 129
김순자 ·· 224
김정오 ··································· 96, 100
김중빈 ·· 224
김차균 ·· 129
김형규 ·· 202
김홍석 ································· 224, 225
남기심 ································· 120, 129
남풍현 ·· 202
민현식 ·· 181
박영준 ································· 130, 137
박종갑 ··· 6
서태룡 ·· 73
손병태 ·· 224
손세모돌 ··· 70
송창선 ·· 129
송현주 ···························· 6, 91, 181, 201
심지연 ·· 180
양정석 ································· 129, 132
여찬영 ·· 224
오충연 ································· 129, 130
윤병달 ·· 201
윤정옥 ································· 224, 227
이광호 ·· 70
이성하 ·· 19
이숭녕 ································· 202, 224
이영민 ·· 73
이익섭 ·· 129
이지양 ·· 80
이지용 ·· 180
이현희 ·· 80
이희승 ·· 202
임규홍 ································· 202, 209
임지룡 ····· 6, 10, 94, 96, 97, 99, 101
    103, 114, 204, 215, 217
임태성 ························· 93, 100, 101
장경기 ·· 73
장영희 ·· 119
장태진 ·· 224
정경숙 ·· 130
정병철 ··· 6
정원수 ·· 70
정원용 ·· 201
정인승 ·· 202
조석종 ·· 202
채완 ··· 202
최지훈 ·· 180
최진아 ·· 181
홍기옥 ·· 224
홍윤기 ·· 129

賈衛國	204	Geeraerts, D.	91
劉丹靑	201, 202	Gibbs, R. W.	180
李福印	201	Green, M.	92, 106
李弘	208	Haiman, J.	5, 6, 82
盛超	225	Johnson, M.	4, 83, 92, 93
施靜	208	Kanwisher, N.	100
王寅	204	Kim, K. O.	208
李海霞	225	Kourtzi, Z.	100
趙亮	202	Kövecses, Z.	93
朱憲超	202	Lakoff, G.	4, 82, 83, 92, 98, 107
周曉燕	225	Langacker, R. W.	103, 105
陳北郊	213	Matlock, T.	102
陳玉洁	201, 214	Panther, K. U.	4, 6, 9, 71
賀川生	204	Radden, G.	4, 6, 9, 71
Bergen, B.	107	Ross, J.	31
Cho, S. C.	201	Saussure, F.	4
Cooper, W.	31	Schmid, H. J.	5
Croft, W.	94, 96	Talmy, L.	96, 99
Cruse, D. A.	94, 96	Turner, M.	184
Crystal, D.	28	Ungerer, F.	5
Cuyckens, H.	91	Van Langendonck, W.	114, 117
Dirven, R.	5	Verspoor, M.	5
Evans, V.	92, 106	Woodworth, N. L.	213
Fauconnier, G.	184	Zipf, G.	28
Fillmore, C. J.	98		

동기화의 인지언어학적 탐색

1판 1쇄 발행 2018년 9월 10일

지 은 이 임지룡·김동환·김령환·김억조·김학훈·송현주
　　　　 임태성·정병철·정수진·리우팡·왕난난
펴 낸 이 김진수
펴 낸 곳 한국문화사
등　　록 1991년 11월 9일 제2-1276호
주　　소 서울특별시 성동구 광나루로 130 서울숲 IT캐슬 1310호
전　　화 02-464-7708
팩　　스 02-499-0846
이 메 일 hkm7708@hanmail.net
홈페이지 www.hankookmunhwasa.co.kr

책값은 뒤표지에 있습니다.

잘못된 책은 구매처에서 바꾸어 드립니다.
이 책의 내용은 저작권법에 따라 보호받고 있습니다.

ISBN 978-89-6817-678-4 93700

이 도서의 국립중앙도서관 출판예정도서목록(CIP)은 서지정보유통지원시스템 홈페이지
(http://seoji.nl.go.kr)와 국가자료종합목록시스템(http://www.nl.go.kr/kolisnet)에서
이용하실 수 있습니다. (CIP제어번호 : CIP2018028594)